职业教育新形态
财会精品系列教材

U0745701

审计基础与实务

微课版

王勇 常红 白洁 ◆ 主编

赵玉婷 赵志红 曹婷 ◆ 副主编

**Audit Basis
and Practice**

人民邮电出版社

北 京

图书在版编目（CIP）数据

审计基础与实务：微课版 / 王勇，常红，白洁主编
. -- 北京：人民邮电出版社，2022.1
职业教育新形态财会精品系列教材
ISBN 978-7-115-57856-3

Ⅰ. ①审… Ⅱ. ①王… ②常… ③白… Ⅲ. ①审计学
－职业教育－教材 Ⅳ. ①F239.0

中国版本图书馆CIP数据核字(2021)第228446号

内 容 提 要

本书结合审计专业教学实践，遵循理论与实践相统一的原则，详细介绍了审计的基本理论以及审计的实务。全书共 12 个项目，包括认识审计，注册会计师执业规范与法律责任，审计目标，审计过程，审计证据、审计工作底稿和审计抽样，风险评估和风险应对，销售与收款循环的审计，采购与付款循环的审计，生产与存货循环的审计，筹资与投资循环的审计，货币资金的审计，以及编写审计报告等内容。

本书可作为应用型本科院校、高等职业院校审计课程的教材，也可作为审计工作人员的参考书。

◆ 主　编　王　勇　常　红　白　洁
　　副主编　赵玉婷　赵志红　曹　婷
　　责任编辑　刘　尉
　　责任印制　王　郁　焦志炜
◆ 人民邮电出版社出版发行　　北京市丰台区成寿寺路 11 号
　　邮编　100164　电子邮件　315@ptpress.com.cn
　　网址　https://www.ptpress.com.cn
　　廊坊市印艺阁数字科技有限公司印刷
◆ 开本：787×1092　1/16
　　印张：15.75　　　　　　　　2022 年 1 月第 1 版
　　字数：442 千字　　　　　　 2025 年 8 月河北第 6 次印刷

定价：49.80 元

读者服务热线：(010)81055256　印装质量热线：(010)81055316
反盗版热线：(010)81055315

FOREWORD

############################ 前 言 ############################

本书结合近年会计、审计工作的最新发展动态及高等教育的教学要求编写而成。在立意上，知识以必需、够用为度，以能力培养为主。在内容上，原理与实务兼顾，以注册会计师审计为主线，加入微课和德育元素。在结构上，将理论知识分解嵌入各项目中，有利于模块教学。在教学上，运用项目教学模式，解决审计抽象问题。本书除具有以上特点外，还具有以下几大特色。

（1）结构新颖，应用性强。本书详细阐述财务报表审计的基本流程，以案例诠释抽象理论，各项目配有练习与实训及教辅资料，方便教学和自学，体现应用性和时效性。

（2）德育性与趣味性强。党的二十大报告指出，育人的根本在于立德。在编写体例上，本书加入"项目引入""试一试""项目实施""视野拓展"等内容，版面灵活，强化德育与兴趣教育。

（3）体现"互联网+教育"的微课学习理念。学生用手机等终端设备扫描书中二维码，即可免费观看微课，实现移动学习。

本书由山东青年政治学院王勇、济南职业学院常红和山东青年政治学院白洁任主编，山东青年政治学院赵玉婷、赵志红和曹婷任副主编。具体分工如下：项目一、二、四、五、六由王勇编写，项目三由白洁编写，项目七至项目十二由常红编写，赵玉婷、赵志红和曹婷负责练习与实训的编写，山东青年政治学院王艳艳、卞珅、赵悦琛和济南广播电视台柴林和负责案例的收集及教学课件的编写。全书统筹及审稿工作由王勇完成。

由于编写人员水平有限，书中难免存在疏漏与不妥之处，恳请广大读者批评指正。

编 者

2023 年 4 月

CONTENTS

////////////////////// 目 录 //////////////////////

项目十一　货币资金的审计 ·········· 192

项目十二　编写审计报告 ···· 210

参考文献 ································ 244

项目一

认识审计

知识目标 ↓

1. 认识什么是审计，理解审计的职能、作用；
2. 了解审计的分类；
3. 理解审计的监督体系，掌握注册会计师审计的业务内容。

能力目标 ↓

1. 能识别不同类型的审计；
2. 能把握注册会计师审计的业务范围。

项目引入

小唐听说最近股票市场回报率比银行存款利率高得多，于是决定拿出 10 万元存款购买股票。他登录证券网站后，看到许多上市公司，不知购买哪一家公司的股票。于是，他请教了几个朋友。小王告诉他，这很简单，查一下上市公司公布的利润表，购买盈利最好的公司股票就不会有错。于是，他准备购买 A 公司的股票，因为 A 公司每股盈利是最高的。而另一位朋友小宋提醒他，建议再看看 A 公司的审计报告，看看注册会计师是怎样说的。小唐查到了 A 公司的审计报告，注册会计师对 A 公司的财务报表持保留意见。小宋告诉他，A 公司的财务报表有一些问题，最好不要立即购买这家公司的股票。果然，没有多久，A 公司股票的价格大跌。小唐在庆幸之余思考：审计是什么？注册会计师究竟是干什么的？

相关知识

一、审计概述

（一）审计产生的客观基础

审计是社会经济发展到一定阶段的产物。当经济发展到一定程度，必然出现经济组织规模扩大、经济活动过程更复杂、经营管理层次增多的情况，这就使得财产所有者无法亲自从事各项经济活动，只好委托他人代为经营和管理，形成了财产所有权和经营权的分离，同时，也使财产所有者和经营者之间形成了一种受托经济责任关系。一方面，财产所有者在经营者接受委托之后，对经营管理状况和效果究竟如何、账簿记录是否真实可靠，往往是不放心的，因此财产所有者就需要委托独立于财产所有者和经营者的第三方——审计机构或审计人员对自己委托经营管理的财产及其记录进行审查，以核实其真实性、合法性、效益性，评价经济责任，指出差错和弊端，确认或解除经济责任，促进经济效益的不断提高。另一方面，经营者接受委托之后，要向财产所有者证明自己有效管理了受托代理的财产，以得到相应的褒奖或解除自身的经营管理责任，因此经营者也需要具有相对独立身份的第三者对其经营活动加以检查和评价。审计机构或审计人员就扮演着这种第三者的角色，他们依靠专业技能对受托人履行责任的情况进行客观公正的监督和评价。因此，财产所有权和经营权的分离及随之产生的受托经济责任关系，是审计产生的客观基础。

（二）审计的概念

审计经过不断的完善和发展，到今天已经成为一套比较完备的科学体系，人们对审计的概念也进行了深入的研究。美国会计学会在颁布的《审计基本概念说明》中，把审计概念描述为："为确定关于经济行为及经济现象的认定和所制定的标准之间的一致程度，而对与这种结论有关的证据进行客观收集、评定，并将结果传达给利害关系人的系统的过程。"

借鉴不同的审计组织对审计所做的定义，一般可认为，审计是由独立的专职机构和人员接受委托或根据授权，依法对被审计单位的财政财务收支及其经济活动的真实性、合法性、效益性进行监督、鉴证和评价，以维护国家财经法纪、改善经营管理、提高经济效益、促进宏观调控的独立性经济监督活动。

审计的概念由以下几个要素构成。

1．审计主体

审计主体是在审计活动中主动实施审计行为，行使审计监督权的审计机构及其审计人员。在实际工作中，审计主体是专职机构和专业人员。专职机构是以审计为专门工作的单位，包括国家审计机关、内部审计机构和民间审计组织。专业人员是指专门从事政府审计的人员、部门和单位内部审计人员及依法批准的执业注册会计师。

2．审计授权者（或委托者）

审计授权者是指授权进行审计的政府审计机关、政府有关部门的领导以及单位主管机构和相关领导，是针对国家审计和内部审计而言的。审计委托者是针对民间审计而言的。我国的民间审计都是在接受委托人委托，签订审计业务约定书后进行的。

3．审计客体

审计客体也称审计对象，是指接受审查、监督与评价的被审计单位或个人，主要是指被审计单位在一定时期内全部或部分经济活动及其相关资料。

审计主体不同，审计对象也有差别。国家审计的对象是国务院各部门和地方各级政府的财政收支，国家财政金融机构和国有企业、事业组织的财务收支。内部审计的对象是本部门、本单位的财务收支以及其他有关的经济活动。民间审计的对象是委托人指定的被审计单位的财务收支及其有关的经营管理活动。

4．审计目标

审计目标是指针对被审计单位经济活动的真实性、合法性、合规性和效益性进行审查和评价，发表审计意见，维护财经法纪，改善经营管理，提高经济效益。

5．审计职能及作用

审计的职能是对经济活动进行监督、评价和鉴证，其中监督是审计的基本职能。审计的作用是改善经营管理、提高经济效益、促进宏观调控。

01

6．审计本质

审计是一项独立性的经济监督活动，独立性是审计的本质特征。

试一试

审计是一项（　　）的经济监督活动。
A．权威性　　　　B．独立性　　　　C．客观性　　　　D．合法性

（三）审计的职能

审计的职能是指审计本身所具有的内在功能，它由审计的本质特征决定，是审计本质的客观反映。它不以人的主观意志为转移，而是由社会经济发展的客观需要决定的。审计的职能并不是一成不变的，它随着社会经济的发展而逐步发展和完善。在学术界，关于审计的职能有各种论述，但比较一致的意见是：审计具有经济监督、经济鉴证和经济评价的职能。

1．经济监督

经济监督是审计最基本的职能，就是检查与督促被审计单位的经济活动，使其符合规定的标准和要求，按照预定的方向合理运行。

2．经济鉴证

鉴证就是鉴定和证明。经济鉴证是指审计机构和审计人员依法对被审计单位的会计资料及其相关资料进行审核检查，确定财务状况的公允性、合法性，并出具书面证明，为审计授权者或委托者提供会计信息资料的证明，以取信于政府和社会公众的一种职能。注册会计师审计侧重于此职能。

3．经济评价

经济评价职能就是在审核检查的基础上对被审计单位的经济决策、财政财务收支、经济效益、经济责任的履行及其内部控制制度进行评定和建议。

试一试

注册会计师审计最主要的职能是（　　　）。
A．经济监督　　　　B．经济鉴证　　　　C．经济评价　　　　D．经济咨询

（四）审计的作用

审计的作用与特定的社会、经济环境有着密切的联系。审计的作用是指审计职能在审计工作中产生的客观效果。审计主要有制约作用、促进作用。

1．制约作用

审计的制约作用是指检查被审计单位的财务收支及其有关经营管理活动的真实性与合法性，监督国家的方针政策、财经法规和财务制度等在被审计单位的执行情况。这样可以揭露被审计单位的各种错误与舞弊行为，以保护所有者的权益，保证会计资料的真实可靠，维护财经法纪及经济秩序，防止违法乱纪行为的发生，以确保市场经济健康有效地运行。

2．促进作用

审计的促进作用是通过对被审计单位的经营管理活动和经营管理制度进行审查和评价，确定被审计单位取得的成绩，并总结经验，提出努力的方向，揭示经营管理活动中存在的问题、内部控制中的薄弱环节和不合理的地方，并深入分析，提出改进意见，以利于被审计单位不断完善和健全内部控制制度，改善经营管理，提高经济效益和加强宏观调控。

二、审计的分类

（一）按审计主体分类

1．政府审计

政府审计是由政府审计机关代表政府依法进行的审计，在我国一般称为国家审计。政府审计机关代表政府实行审计监督，依法独立行使审计监督权，政府审计具有强制性和无偿性的特点。

我国政府审计的主体包括审计署、县级以上各级人民政府设置的审计（厅）局、审计机关的派出机构及其审计人员。在我国，审计署是最高的政府审计机关，依法对国务院各部门和地方各级人民政府、国家金融机构、国有企事业单位以及其他国有资产单位的财政财务收支和经济效益情况进行检查监督。

2．内部审计

内部审计是由各部门和各单位内部设置的专门机构或人员实施的审计。内部审计的特点主要是内向性、广泛性和及时性。

内部审计的主体为部门内部、单位内部审计机构及其审计人员。内部审计机构独立于财会部门，直接受本部门、本单位主要负责人的领导，并向其报告工作。内部审计的主要目的是查错防弊，改善经营管理，提高经济效益。内部审计所涉及的范围广泛，审计方式灵活，一般根据本部门、本单位经营管理的需要而定。

3．注册会计师审计

注册会计师审计是由经政府有关部门审核批准的注册会计师组成的会计师事务所进行的审计，又称为民间审计或社会审计。

会计师事务所依法接受委托，对被审计单位的财务报表及其他相关资料进行独立审查并发表审计意见，或者提供其他鉴证业务或相关服务业务。注册会计师审计的主要特点是独立性、委托性和有偿性。

📖✍ 试一试

注册会计师审计是独立性、强制性和有偿性的审计。这种说法对吗？

（二）按审计的目的和内容分类

1．财务报表审计

财务报表审计的目的是通过执行审计工作，对财务报表是否按照适用的会计准则及相关规定编制，是否在所有重大方面公允反映被审计单位的财务状况、经营成果和现金流量发表审计意见。财务报表通常包括资产负债表、利润表、现金流量表和所有者权益变动表，以及报表附注。

按审计的目的和内容分类

2．经营审计

经营审计也称绩效审计，是审计人员为了评价被审计单位经营活动的效率和效果，而对其运营流程和方法进行的审计。经营审计的对象涉及会计核算、组织机构、信息系统、生产方法、市场营销等领域。

3．合规性审计

合规性审计的目的是确定被审计单位是否遵循了特定的法律、法规、程序或规则，或是否遵守将影响经营或报告的合同要求。例如，确定企业会计人员是否按照企业内部规章制度的要求履行其职责。

（三）按审计范围分类

1. 全面审计

全面审计也称全部审计，是指对被审计单位一定期间的财政财务收支及有关经济活动的各个方面所进行的审计，如对企业的资产、负债、所有者权益、收入、费用和利润等都进行的审查。

2. 局部审计

局部审计又称部分审计，是指对被审计单位一定期间的部分财务收支及有关经济活动所进行的审计，如对企业的货币资金、税金、借款等的审查。

（四）按审计实施时间分类

1. 事前审计

事前审计是指在被审计单位经济活动发生前所进行的审计，如对财政预算、财务预算的编制、投（筹）资的预测与决策等的审查。事前审计的主要目的是审查预算、投（筹）资方案的可行性、合理性，为国家和企业单位节约资金，避免重大失误或损失，防患于未然。

2. 事中审计

事中审计是指在被审计单位的经济活动发生的过程中所进行的审计，如对企业费用预算、材料消耗定额、事业单位的经费开支执行过程和大型工程项目的建设过程进行审查。其主要目的是及时发现问题，实施过程控制，保证经济活动的合法性、合理性和有效性。事中审计比较适用于内部审计机构对本单位的经济活动、国家审计机关对国家重大在建项目的审查。

3. 事后审计

事后审计是指在被审计单位的经济活动结束后所进行的审计，如财务报表审计、厂长经理离任审计、政府部门领导离任审计、经济效益审计等。

（五）按审计时间是否定期分类

1. 定期审计

定期审计是指按照预先规定的时间所进行的审计，如注册会计师对企业年度财务报表的审计，一般在年度终了至财务报表报出前进行。政府审计机关对国有企业单位的年度财务报表每年或几年一次的审计，也属定期审计。

2. 不定期审计

不定期审计是指未预先规定时间而临时进行的审计。政府审计机关对群众举报的违法违纪审计，内部审计机构出于某种目的所进行的抽查审计，注册会计师除财务报表审计外的受托审计等，均为不定期审计。

（六）按审计执行地点分类

1. 就地审计

就地审计是指审计人员到被审计单位所在地进行的审计。就地审计是审计监督中广泛使用的一种审计方式，适用于对业务量大的企业单位的审查、企业年度财务报表审计和其他需要进行实地审查方能确定问题性质的审计。

2. 报送审计

报送审计又称送达审计，是指被审计单位按照审计机关的要求，将全部被审资料送达审计机关所在地点进行的审计。报送审计一般适用于政府审计机关对规模较小的单位、内部审计机构对基层和其他不需要到被审计单位现场进行的审计，不适用于经济效益审计和案情重大的违法违纪审计。

（七）按审计的强制性分类

1. 强制审计

强制审计是指审计机关依法对被审计单位实施的带有强制性的审计。我国强制审计类型包括：政府审计机关对管辖范围内或受上级审计机关授权进行的审计，内部审计机构对本单位及下属单位所进行的审计，民间审计组织接受政府审计机关委托对指定的被审计单位进行的审计。

2. 任意审计

任意审计是指被审计单位根据法律法规的规定，自定审计组织进行的审计。任意审计一般指民间审计。例如，企业根据法规规定，选择某会计师事务所对其年度财务报表进行审计、资本验证等属于任意审计。任意审计是相对于强制审计而言的，被审计单位可以自由选择审计组织对其进行审计，但并非不需要审计。注册会计师依法对一般企业、国有企业和外商投资企业的年度财务报表进行审计，从广义上来说，具有一定的强制性。

（八）按是否事先通知被审计单位分类

1. 预告审计

预告审计也称通知审计，是指审计机构事先将审计的有关事项通知被审计单位的审计。我国政府审计机关的常规审计采用审计通知书的方式、注册会计师审计采用签署审计业务约定书的方式通知被审计单位进行审计，均属于预告审计。预告审计适用于财政财务审计和经济效益审计。

2. 突击审计

突击审计是指审计机构事先不通知被审计单位，采取突然到被审计单位或就某个项目临时通知立即进行的审计。突击审计一般适用于财经法纪审计，也适用于财政财务审计中的货币资金、有价证券等审计。

三、我国审计监督体系

（一）政府审计

1. 我国政府审计的历史沿革

政府审计产生的基础有两个：私有财产、财产所有者与经营者分离。西周时期，这两个条件即已具备，政府审计也就顺理成章地出现了。西周负责履行政府审计职责的官员被称为宰夫。到了春秋战国时期，政府审计工作由丞相、御史、尚书等官吏兼任。这一时期，一套完整的审计监督制度——上计制度已经出现。该制度实际上是一种定期的报表审核制度，即每年由负责审计的官员向皇帝汇报各地提供的税赋收入、财政支出数据。秦汉时期，由御史承担会计账簿审计的职责，上计制度日趋完善，审计地位提高，职权扩大。三国两晋南北朝时期，第一次出现了专职的政府审计机构——比部，政府审计部门从财政部门中分离出来，由比部负责对政府和部门经费开支进行财务审计。隋朝则明确比部隶属于刑部，使审计工作走向司法化，将审计工作融于惩治贪官污吏的机制中。南宋初期，"诸军诸司专勾司"更名为"审计院"，从此便有了"审计"一词，但当时的审计院是内部审计机构，政府审计机构仍是比部。元明清时期，审计机构隶属于监察系统——御史台和监察院，没有独立的、专业性的政府审计机构。

我国近代，先后设置了审计处、审计院、审计局、监察院审计科、监察院审计部等机构履行政府审计职能。中华人民共和国成立初期，国家没有设置独立的审计机构。20世纪80年代，为适应改革开放和经济建设的需要，我国全面开展审计工作，于1983年成立了政府审计最高机关——审计署，在地方设置各级审计机关。1985年发布了《国务院关于审计工作的暂行规定》，1988年颁布了《中华人民共和国审计条例》，1994年颁布了《中华人民共和国审计法》，2010年颁布《中华人民共和国国家审计准则》。上述法律法规的颁布，进一步确立了政府审计的地位。

2. 政府审计机关的设置

《中华人民共和国审计法》（以下简称《审计法》）规定国家实行审计监督制度。国务院和县级以上地方人民政府设立审计机关。

政府审计机关实行统一领导、分级负责的原则。国务院设立审计署，在国务院总理领导下，负责组织领导全国的审计工作。审计长是审计署的行政首长。县级以上各级人民政府设立审计机关。地方各级审计机关分别在省长、自治区主席、市长、州长、县长、区长和上一级审计机关的领导下，负责本行政区域内的审计工作。地方各级审计机关对本级人民政府和上一级审计机关负责并报告工作，审计业务以上级审计机关领导为主。审计机关根据工作需要，可以在其审计管辖范围内派出审计特派员。审计特派员根据审计机关的授权，依法进行审计工作。

试一试

审计署由（　　）设立。

A. 中国注册会计师协会　　　　　　　B. 财政部

C. 国务院　　　　　　　　　　　　　D. 全国人民代表大会

---

3. 政府审计的职责和权限

根据《审计法》的规定，政府审计机关的职责包括以下方面。

（1）审计机关对本级各部门（含直属单位）和下级政府预算的执行情况和决算以及其他财政收支情况，进行审计监督。

（2）审计署在国务院总理领导下，对年度中央预算执行和其他财政收支情况进行审计监督，向国务院总理提出审计结果报告。

地方各级审计机关分别在省长、自治区主席、市长、州长、县长、区长和上一级审计机关的领导下，对年度本级预算执行和其他财政收支情况进行审计监督，向本级人民政府和上一级审计机关提出审计结果报告。

（3）审计署对中央银行的财务收支，进行审计监督。

审计机关对国有金融机构的资产、负债、损益，进行审计监督。

（4）审计机关对国家的事业组织和使用财政资金的其他事业组织的财务收支，进行审计监督。

（5）审计机关对国有企业的资产、负债、损益，进行审计监督。

（6）对国有资本占控股地位或者主导地位的企业、金融机构的审计监督，由国务院规定。

（7）审计机关对政府投资和以政府投资为主的建设项目的预算执行情况和决算，进行审计监督。

（8）审计机关对政府部门管理的和其他单位受政府委托管理的社会保障基金、社会捐赠资金以及其他有关基金、资金的财务收支，进行审计监督。

（9）审计机关对国际组织和外国政府援助、贷款项目的财务收支，进行审计监督。

（10）审计机关按照国家有关规定，对国家机关和依法属于审计机关审计监督对象的其他单位的主要负责人，在任职期间对本地区、本部门或者本单位的财政收支、财务收支以及有关经济活动应负经济责任的履行情况，进行审计监督。

01

（11）除《审计法》规定的审计事项外，审计机关对其他法律、行政法规规定应当由审计机关进行审计的事项，依照《审计法》和有关法律、行政法规的规定进行审计监督。

（12）审计机关有权对与国家财政收支有关的特定事项，向有关地方、部门、单位进行专项审计调查，并向本级人民政府和上一级审计机关报告审计调查结果。

（13）依法属于审计机关审计监督对象的单位，应当按照国家有关规定建立健全内部审计制度；其内部审计工作应当接受审计机关的业务指导和监督。

（14）社会审计机构审计的单位依法属于审计机关审计监督对象的，审计机关按照国务院的规定，有权对该社会审计机构出具的相关审计报告进行核查。

根据《审计法》的规定，政府审计机关的权限包括：要求报送资料权，监督检查权，调查取证权，行政强制权，建议纠正权，处理处罚权。

4. 国家审计准则

《中华人民共和国国家审计准则》（以下简称《国家审计准则》）是审计人员在实施审计工作时，必须恪守的最高行为准则。我国国家审计准则是依据《审计法》和《审计法实施条例》制定的。《国家审计准则》正文分为七章，即总则、审计机关和审计人员、审计计划、审计实施、审计报告、审计质量控制和责任、附则，共200条。

（二）内部审计

1. 我国内部审计的历史沿革

内部审计的产生同样源于财产所有者与经营者的分离。在这种情况下，财产所有者希望了解经营者的受托责任履行情况，就委托亲信作为第三者监督、评价经营者的经营业绩。西周时期，就出现了司会一职，负责对部门日常会计核算和会计报告进行审查。南宋时期，由"诸军诸司专勾司"更名而来的"审计院"也是当时的内部审计机构。但是总体而言，奴隶、封建社会的内部审计处于发展缓慢阶段。

19世纪后半叶，效仿西方企业管理模式建立的一些银行、兵工厂、造船厂等大企业在企业内部设立了"稽核"一职，负责对企业内部的财务收支和经营状况进行监督和评价。

新中国成立后，我国内部审计的快速发展是在1980年以后。审计署成立不久，就开始要求大中型企业建立内部审计制度，实行内部审计监督。1985年，国务院颁布了《内部审计暂行办法》，对内部审计的性质、任务、职权和程序做出了具体规定。在《内部审计暂行办法》中指出："内部审计是部门、单位加强财政财务监督的重要手段，是政府审计体系的组成部分。国家行政机关、国有企事业组织应建立内部审计监督制度，以健全内部控制，严肃财经纪律，改善管理，提高效益。"此后，审计署在1995年7月公布了《审计署关于内部审计工作的规定》，并在2003年5月颁布了新的规定，同时废止了1995年7月发布的规定。此外，1997年12月中国证监会颁布的《上市公司章程指引》（证监〔1997〕16号）、2004年8月国务院国有资产监督管理委员会颁布的《中央企业内部审计管理暂行办法》（国务院国资委令第8号）、2006年6月中国银监会颁布的《银行业金融机构内部审计指引》（银监发〔2006〕51号）等都对内部审计机构的设置、职责等内容进行了详细的规定。内部审计在企业风险管理、内部控制、财务监管等方面正在发挥越来越重要的作用。

2. 内部审计机构设置

我国的内部审计机构，主要包括部门内部审计机构和单位内部审计机构。

部门内部审计机构是县级以上各级人民政府的各部门设置的内部审计机构，它负责对本部门及所属单位的财务收支和经济效益进行审计，向本部门负责人和同级政府审计机关报告工作，审计业务受同级国家审计机关指导。

单位内部审计机构是在大中型企业、事业单位设置的内部审计机构，它负责对本单位的财务收支及经济效益进行审计，向本单位负责人和上一级部门审计机构报告工作，审计业务受上一级部门审计机构指导。

根据相关法规的规定，应当设置内部审计机构的部门和单位有：①审计机关未设派出机构，财政、财务收支金额较大或者所属单位较多的政府部门；②县级以上国有金融机构；③国有大中型企业；④国有资产占控股地位或主导地位的大中型企业；⑤财政、财务收支金额较大或者所属单位较多的国家事业单位；⑥其他需要设立内部审计机构的单位。非国有单位可以根据自己经营管理的需要设置内部审计机构。

审计署负责指导全国的内部审计工作，地方各级国家审计机构负责指导本地区的内部审计工作，国家审计派出机构负责指导直属单位和行业的内部审计工作，上级内部审计机构负责指导下属单位的内部审计工作。

3. 内部审计机构的职责和权限

（1）内部审计机构的职责

内部审计机构或者履行内部审计职责的内设机构应当按照国家有关规定和本单位的要求，履行下列职责。

① 对本单位及所属单位贯彻落实国家重大政策措施情况进行审计。

② 对本单位及所属单位发展规划、战略决策、重大措施以及年度业务计划执行情况进行审计。

③ 对本单位及所属单位财政财务收支进行审计。

④ 对本单位及所属单位固定资产投资项目进行审计。

⑤ 对本单位及所属单位的自然资源资产管理和生态环境保护责任的履行情况进行审计。

⑥ 对本单位及所属单位的境外机构、境外资产和境外经济活动进行审计。

⑦ 对本单位及所属单位经济管理和效益情况进行审计。

⑧ 对本单位及所属单位内部控制及风险管理情况进行审计。

⑨ 对本单位内部管理的领导人员履行经济责任情况进行审计。

⑩ 协助本单位主要负责人督促落实审计发现问题的整改工作。

⑪ 对本单位所属单位的内部审计工作进行指导、监督和管理。

⑫ 国家有关规定和本单位要求办理的其他事项。

（2）内部审计机构的权限

内部审计机构或者履行内部审计职责的内设机构应有下列权限。

① 要求被审计单位按时报送发展规划、战略决策、重大措施、内部控制、风险管理、财政财务收支等有关资料（含相关电子数据，下同），以及必要的计算机技术文档。

② 参加单位有关会议，召开与审计事项有关的会议。

③ 参与研究制定有关的规章制度，提出制定内部审计规章制度的建议。

④ 检查有关财政财务收支、经济活动、内部控制、风险管理的资料、文件和现场勘察实物。

⑤ 检查有关计算机系统及其电子数据和资料。

⑥ 就审计事项中的有关问题，向有关单位和个人开展调查和询问，取得相关证明材料。

⑦ 对正在进行的严重违法违规、严重损失浪费行为及时向单位主要负责人报告，经同意做出临时制止决定。

⑧ 对可能转移、隐匿、篡改、毁弃会计凭证、会计账簿、会计报表以及与经济活动有关的资料，经批准，有权予以暂时封存。

⑨ 提出纠正、处理违法违规行为的意见和改进管理、提高绩效的建议。

⑩ 对违法违规和造成损失浪费的被审计单位和人员，给予通报批评或者提出追究责任的建议。

⑪ 对严格遵守财经法规、经济效益显著、贡献突出的被审计单位和个人，可以向单位党组织、董事会（或者主要负责人）提出表彰建议。

4. 内部审计准则

中国内部审计协会负责依据《中华人民共和国审计法》《审计署关于内部审计工作的规定》及相关法律法规制定内部审计准则。中国内部审计准则适用于内部审计机构和人员进行内部审计的全过程，并且适用于各类组织。无论组织是否以营利为目的，也无论组织规模大小和组织形式如何，内部审计机构和人员在进行内部审计时，都应遵循中国内部审计准则。

中国内部审计准则是中国内部审计工作规范体系的重要组成部分，由内部审计基本准则、内部审计具体准则、内部审计实务指南三个层次组成。

（1）内部审计基本准则

内部审计基本准则是内部审计准则的总纲，是内部审计机构和人员进行内部审计时应当遵循的基本规范，是制定内部审计具体准则、内部审计实务指南的基本依据。

（2）内部审计具体准则

内部审计具体准则是依据内部审计基本准则制定的，内部审计机构和人员进行内部审计时应当遵循的具体规范。内部审计基本准则、内部审计具体准则是内部审计机构和人员进行内部审计的执业规范，内部审计机构和人员在进行内部审计时应当遵照执行。

（3）内部审计实务指南

内部审计实务指南是依据内部审计基本准则、内部审计具体准则制定的，为内部审计机构和人员进行内部审计提供的具有可操作性的指导意见。内部审计实务指南是对内部审计机构和人员实施内部审计的具体指导，内部审计机构和人员在进行内部审计时应当参照执行。

（三）注册会计师审计

1. 我国注册会计师审计的历史沿革

我国的注册会计师审计起源于 1918 年。1918 年 9 月，我国出现了第一部注册会计师法规——《会计师暂行章程》，谢霖成为我国第一个注册会计师。其后，谢霖在北京创办了我国第一家会计师事务所——正则会计师事务所。1927—1949 年，先后颁布了《会计师注册章程》《会计师条例》。

1949—1980 年，由于当时的宏观调控政策因素，注册会计师行业处于萎缩甚至中断阶段。十一届三中全会以后，随着改革开放的不断推进，外商来华投资日益增多。1980 年 12 月 14 日财政部颁布了《中华人民共和国中外合资经营企业所得税法施行细则》，规定了外资企业财务报表须经注册会计师审计，这为恢复我国注册会计师行业提供了法律依据。1980 年 12 月 23 日，财政部发布《关于成立会计顾问处的暂行规定》，标志着我国注册会计师行业开始复苏。1981 年 1 月 1 日，上海会计师事务所宣告成立，成为我国第一家由财政部批准、独立承办注册会计师业务的会计师事务所。1986 年，国务院颁布《中华人民共和国注册会计师条例》，第一次确立了注册会计师的法律地位。1988 年 11 月，中国注册会计师协会作为注册会计师行业的自律组织正式成立，这标志着注册会计师行业恢复重建工作的完成。20 世纪 90 年代初，我国证券市场的逐步建立、发展以及国有企业改革进程的加快，都推动了会计师事务所数量和规模的增长。1993 年，《中华人民共和国注册会计师法》颁布，并于 2014 年修正。

2. 注册会计师

注册会计师，是指依法取得注册会计师证书并接受委托从事审计和会计咨询、会计服务等业务的执业人员。

具有高等专科以上学历，或者具有会计及相关专业（指审计、统计、经济）中级以上技术职称的中国公民，可以申请参加由中国注册会计师协会组织的全国统一考试。注册会计师考试分为两个阶段。第一阶段为专业考试阶段，有会计、审计、财务成本管理、公司战略与风险管理、经济法和税法6个考试科目。第二阶段为综合考试阶段，只设了职业能力综合测试1个考试科目。两个阶段的考试每年各举行一次。考生在通过第一阶段的全部考试科目后，才能参加第二阶段的考试。对于5年内取得第一阶段全部科目合格成绩的考生（单科合格成绩5年内有效），将发放专业阶段合格证。对取得第二阶段考试合格成绩的考生，将发放全科合格证。

注册会计师全国统一考试成绩合格，或者经依法认定（或者考核）具有注册会计师资格，并且从事审计业务工作2年以上，可以向省、自治区、直辖市注册会计师协会申请注册，即成为执业注册会计师。

3. 会计师事务所的组织形式

根据《中华人民共和国注册会计师法》的规定，我国允许设立有限责任会计师事务所和合伙会计师事务所。

（1）有限责任会计师事务所

有限责任会计师事务所是指由注册会计师出资发起设立、承办注册会计师业务并负有限责任的社会中介机构。负有限责任的会计师事务所以其全部资产对其债务承担责任。

有限责任会计师事务所的优点是，可以通过公司制形式迅速聚集一批注册会计师，建立大型事务所，承办大型业务；缺点是降低了风险责任对执业行为的高度制约，弱化了注册会计师的个人责任。

（2）合伙会计师事务所

合伙设立的会计师事务所债务由合伙人按出资比例或者协议的约定，以各自的财产承担责任，合伙人对会计师事务所的债务承担连带责任。

合伙会计师事务所的优点是，在风险牵制和共同利益的驱动下，能促使事务所强化专业发展，扩大规模，提升规避风险的能力；缺点是建立一个跨地区、跨国界的大型会计师事务所要经历一个漫长的过程，同时，任何一个合伙人在执业中的失误、舞弊行为，都可能会导致会计师事务所倒闭。

需要注意的是，财政部办公厅2021年10月15日发布了关于《中华人民共和国注册会计师法修订草案（征求意见稿）》向社会公开征求意见的通知，11月18日前征集完毕。征求意见稿提到，会计师事务所应当采用普通合伙或者特殊普通合伙组织形式。

设立普通合伙会计师事务所，应当具备下列条件：①两名以上由注册会计师担任的合伙人，且合伙人均符合国务院财政部门规定的条件；②书面合伙协议；③实地经营场所。设立特殊普通合伙会计师事务所，应当具备下列条件：①十五名以上由注册会计师担任的合伙人，且合伙人均符合国务院财政部门规定的条件；②六十名以上注册会计师；③书面合伙协议；④实地经营场所；⑤国务院财政部门规定的其他条件。

4. 注册会计师的业务范围

根据我国注册会计师法规定，注册会计师依法承办审计业务和会计咨询、会计服务业务。此外，注册会计师根据委托人的委托，还可从事审阅业务、其他鉴证业务和相关服务业务。

① 审计业务，具体包括以下几点。

a. 审查企业财务报表，出具审计报告。

b. 验证企业资本，出具验资报告。

c. 办理企业合并、分立、清算事宜中的审计业务，出具有关报告。

d. 办理法律法规规定的其他审计业务，出具相应审计报告。

② 审阅业务，如财务报表审阅。

③ 其他鉴证业务，包括预测性财务信息审核、内部控制审核等。

④ 相关服务业务，包括执行商定程序、代编财务信息、税务服务、管理咨询和会计服务（如会计制度设计、担任会计顾问、培训财务会计人员）等。

5. 注册会计师执业准则

1993 年，《中华人民共和国注册会计师法》颁布。2006 年，财政部颁布了《中国注册会计师鉴证业务基本准则》等 22 项准则，后期陆续修订了一些执业准则。注册会计师的执业准则将在项目二中介绍。

6. 注册会计师行业管理

我国注册会计师的管理采用政府监管与自律管理相结合的机制。政府监管主要由财政部、审计署等机构负责，自律管理则由中国注册会计师协会负责。

（1）政府监管

申请会计师事务所执业许可，应当经省级财政部门批准，并报国务院财政部门备案。省级财政部门日常监管会计师事务所和注册会计师执业质量情况，并对会计师事务所持续符合执业许可条件等情况开展年度检查考核。国务院财政部门建立会计师事务所、注册会计师信用管理机制，会同相关部门推行严重失信主体名单管理制度和联合惩戒机制。此外，依据《中华人民共和国审计法》的规定，如果会计师事务所审计的单位属于审计机关审计监督对象，审计署有权对会计师事务所出具的相关审计报告进行核查。

（2）自律管理

中国注册会计师协会成立于 1988 年，并于 1995 年与中国注册审计师协会实行联合。中国注册会计师协会的职责主要是从事注册会计师行业的自律管理，并履行一定的行政管理职责。

中国注册会计师协会履行自律管理职能的内容主要包括：制定职业道德规范，并监督注册会计师和会计师事务所共同遵守；拟定执业准则、规则和工作制度；检查会计师事务所业务质量，制定会计师事务所同行检查和内部检查办法；协调行业内、外部关系，支持注册会计师和会计师事务所依法执业，维护其合法权益；组织实施注册会计师全国统一考试；组织和推动会员培训工作；组织业务交流，开展理论研究，提供技术支持；开展注册会计师行业宣传；代表中国注册会计师行业开展国际交往活动等。

同时，中国注册会计师协会还履行一定的行政管理职责，如办理执业登记、注册会计师的注册登记和财政部门委托或授权的其他事务。

中国注册会计师协会会员有两类：个人会员和团体会员。个人会员是指取得注册会计师资格的自然人，分为执业会员和非执业会员两类；团体会员是指依法批准设立的会计师事务所。

项目实施

（1）审计是由独立的专职机构和人员接受委托或根据授权，依法对被审计单位的财政财务收支及其经济活动的真实性、合法性、效益性进行监督、鉴证和评价，用以维护国家财经法纪、改善经营管理、提高经济效益、促进宏观调控的独立性经济监督活动。

三种审计主体的关系

（2）注册会计师审计是由经政府有关部门审核批准的注册会计师组成的会计师事务所进行的审计，又称为民间审计或社会审计。注册会计师依法承办审计业务、审阅业务、其他鉴证业务和相关服务业务。

视野拓展

南海公司破产案

18世纪初，英国海外贸易有了很大发展，1710年成立了南海公司。南海公司经过近10年的经营，表现平平。1719年，该公司的董事们开始对外散布各种所谓的公司利好消息，即公司在年底将有大量利润，并预计在1720年公司可能要按面值的60%支付股利。之后，南海公司的股票价格节节攀升，到1720年7月，股票价格已高达1050英镑。这样，随着南海公司股票价格扶摇直上，一场投机浪潮席卷英国全国。为了制止各类"泡沫公司"的膨胀，英国议会通过了《泡沫公司取缔法》。自此，许多公司被解散，南海公司也难逃破产，使股东和债权人损失惨重。

为了平息南海公司所引发的经济恐慌，1720年9月，英国议会聘请会计师查尔斯·斯耐尔对南海公司进行审计。斯耐尔以"会计师"的名义提交了"查账报告书"，从而宣告了独立会计师——注册会计师的诞生。南海公司的舞弊案例，被称为世界上第一起比较正式的民间审计案例，对世界的民间审计具有里程碑式的影响。

练习与实训

一、单项选择题

1. 审计最本质的特征是（　　）。
    A. 独立性　　　　　　　B. 客观性　　　　　　C. 公正性　　　　　　D. 营利性
2. 下列各项中，需要接受被审计单位委托才能提供审计服务的是（　　）。
    A. 政府审计　　　　　　　　　　　　B. 注册会计师审计
    C. 部门内部审计　　　　　　　　　　D. 单位内部审计
3. （　　）不是按照审计主体进行分类的。
    A. 政府审计　　　B. 注册会计师审计　　　C. 内部审计　　　D. 财务报表审计
4. （　　）是审计最基本的职能。
    A. 经济司法　　　　　B. 经济评价　　　　　C. 经济监督　　　　　D. 经济鉴证
5. 下列关于注册会计师审计的提法中，不正确的是（　　）。
    A. 注册会计师审计产生的直接原因是财产所有权与经营权的分离
    B. 注册会计师审计是由会计师事务所和注册会计师实施的审计
    C. 注册会计师审计独立于政府和任何企业或经济组织
    D. 注册会计师审计的产生早于政府审计
6. 下列各项中，不属于注册会计师审计特点的是（　　）。
    A. 受托审计　　　　　B. 独立审计　　　　　C. 有偿审计　　　　　D. 强制审计
7. 在审计工作中，揭示审计对象的差错和弊端，属于审计的（　　）。
    A. 制约作用　　　　　B. 促进作用　　　　　C. 鉴证作用　　　　　D. 建设作用
8. 下列注册会计师执行的业务中，不属于注册会计师鉴证业务的是（　　）。
    A. 审查财务报表，出具审计报告　　　　B. 审阅财务报表，出具审阅报告

C. 审核内部控制，出具审计报告　　　D. 代编财务信息

9. 我国审计组织构成不包括（　　　）。

    A. 政府审计机关　　B. 会计师事务所　　C. 内部审计机构　　D. 资产评估机构

10. 对被审计单位具有处罚权的是（　　　）。

    A. 政府审计机关　　B. 会计师事务所　　C. 内部审计机构　　D. 资产评估机构

二、多项选择题

1. 按审计执行地点分类，审计可以分为（　　　）。

    A. 就地审计　　　　B. 预告审计　　　　C. 报送审计　　　　D. 突击审计

2. 按审计的目的和内容分类，审计可以分为（　　　）。

    A. 财务报表审计　　B. 经营审计　　　　C. 经济责任审计　　D. 合规性审计

3. 我国政府审计主体包括（　　　）。

    A. 审计署　　　　　　　　　　　　　B. 审计（厅）局

    C. 审计机关的派出机构　　　　　　　D. 政府审计人员

4. 注册会计师的业务范围包括（　　　）。

    A. 审查企业财务报表，出具审计报告

    B. 验证企业资本，出具验资报告

    C. 办理企业合并、分立、清算事宜中的审计业务，出具有关的报告

    D. 承办会计咨询、会计服务业务

5. 审计具有（　　　）。

    A. 制约作用　　　　B. 协调作用　　　　C. 促进作用　　　　D. 鉴证作用

6. 审计的基本职能包括（　　　）。

    A. 经济监督　　　　B. 经济评价　　　　C. 经济建设　　　　D. 经济鉴证

7. 按审计实施时间分类，审计可分为（　　　）。

    A. 事前审计　　　　B. 事中审计　　　　C. 事后审计　　　　D. 通知审计

8. 关于审计对象，下列说法正确的有（　　　）。

    A. 审计对象可概括为被审计单位的经济活动

    B. 被审计单位的财务收支及其有关的经营管理活动

    C. 被审计单位的各种作为提供财务收支及其有关经营管理活动信息载体的财务报表和其他有关资料

    D. 国家审计的对象是一切营利及非营利单位

9. 内部审计与注册会计师审计在工作上的一致性主要表现在（　　　）方面。

    A. 审计内容　　　　B. 审计方式　　　　C. 审计依据　　　　D. 审计方法

10. 下列关于注册会计师审计与政府审计的提法中，恰当的有（　　　）。

    A. 注册会计师审计和政府审计均属外部审计，相对于被审计单位而言，具有较强的独立性

    B. 由于政府审计机构属于国家机关，所以较民间审计更具有独立性

    C. 注册会计师审计与政府审计的审计目标是不同的

    D. 注册会计师审计和政府审计均依据审计准则执行审计业务

三、判断题

1. 审计是经济发展到一定阶段的产物。　　　　　　　　　　　　　　　　　（　　　）

2. 政府审计不具有强制性的特点。　　　　　　　　　　　　　　　　　　　（　　　）

3. 内部审计的主要目的是查错防弊，改善经营，以提高管理水平、工作效率及经济效益。

（　　）

4. 注册会计师审计的主要特点是独立性、委托性和有偿性。（　　）

5. 南宋时期的"审计院"是一个内部审计机构。（　　）

6. 我国注册会计师的管理采用政府监管与自律管理相结合的机制。政府监管主要由财政部、审计署等机构负责，自律管理则由中国注册会计师协会负责。（　　）

7. 凡通过注册会计师全国统一考试，即全科均合格者，即能成为执业注册会计师。（　　）

8. 在我国审计监督体系中，政府审计是主导，内部审计是基础，而注册会计师审计是不可缺少的重要力量。（　　）

9. 从执行地点来看，报送审计是使用更为广泛的一种方式。（　　）

10. 我国审计机关只需要发表审计意见，对违纪的单位和个人无权给予制裁。（　　）

四、实训题

一日，董事长秘书小周接待两位来访客人，经简单问询，小周将两位客人引进董事长办公室后，就忙自己的工作了。过了一会儿，董事长要她将客人带到审计部和财务部以继续联系业务。开门时，小周无意中听他们谈论如何收费及年度报表的情况等。

（1）根据上述资料，判断小周接待的是哪类审计人员，简述其审计内容。

（2）根据审计的分类，分析本次审计事项各属于哪类审计。

项目二
注册会计师执业规范与法律责任

项目引入

某会计师事务所注册会计师小张接受本市一家外贸产品厂委托的审计业务，约定在 1 个月后开始审计。但是，没过几天，工厂王经理请小张帮忙销售产品以解燃眉之急。经询问，得知该厂产品没有稳定的销路，近来产品大量积压，资金紧张，工资已几个月未发放，整个工厂人心涣散。

小张想到他的同学小孙是做外贸的，于是联系上小孙，小孙拿走几件产品作为样品。一周后，该厂接到订单，积压产品陆续发出，货款逐渐收回。王经理高兴得聘请小张为该厂财务顾问，小张欣然应允。王经理想请小张到某风景区观光，小张说快到审计时间了，审计计划还未编制完，等审计结束后再说。

小张帮助该厂以及接受聘任是否影响审计的客观公正？审计结束后如果王经理邀请小张观光，他应该接受吗，为什么？审计之前如果时间充裕，小张可以接受邀请吗？

相关知识

一、注册会计师执业准则

（一）注册会计师执业准则体系的基本框架

注册会计师执业准则是专业审计人员在实施审计工作时，必须恪守的最高行为准则，是审计工作质量的权威性判断标准。注册会计师执业准则作为规范注册会计师执行业务的权威性标准，对提高注册会计师执业质量、降低审计风险、维护社会公众利益具有重要的作用。

注册会计师执业准则体系涵盖注册会计师所有执业领域，包括鉴证业务基本准则、审计准则、审阅准则、其他鉴证业务准则以及相关服务准则，还包括用于保证各类业务质量的会计师事务所质量控制准则。注册会计师执业准则体系的基本框架如图 2-1 所示。

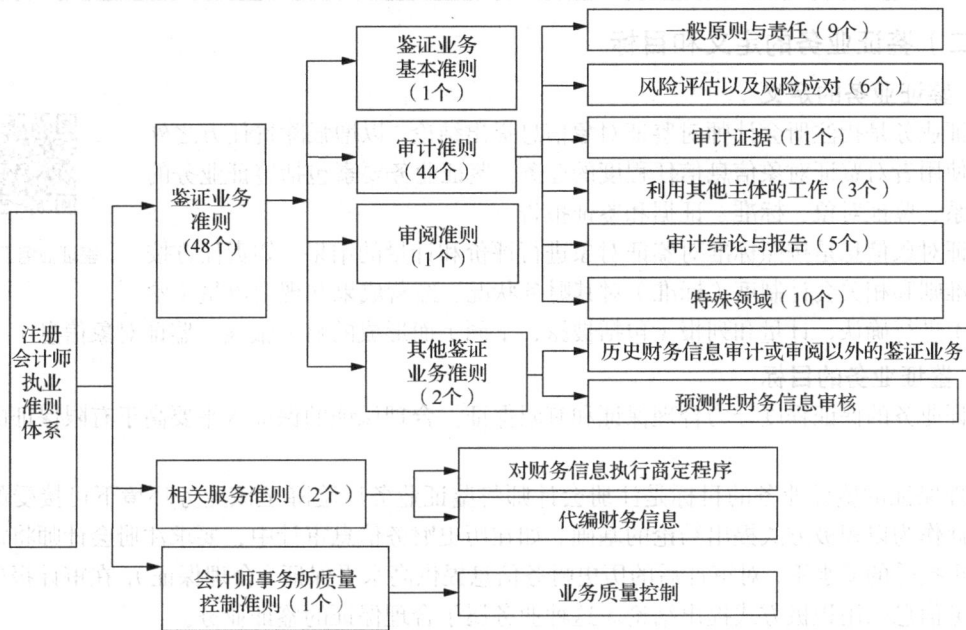

图 2-1　注册会计师执业准则体系

1．鉴证业务准则

鉴证业务准则由鉴证业务基本准则统领，按照鉴证业务提供的保证程度和鉴证对象的不同，还有审计准则、审阅准则和其他鉴证业务准则。其中，审计准则是注册会计师执业准则体系的核心内容。

审计准则用以规范注册会计师执行历史财务信息审计业务。在提供审计服务时，注册会计师对所审计信息是否不存在重大错报提供合理保证，并以积极方式提出结论。

审阅准则用以规范注册会计师执行历史财务信息审阅业务。在提供审阅服务时，注册会计师对所审阅信息是否不存在重大错报提供有限保证，并以消极方式提出结论。

其他鉴证业务准则用以规范注册会计师执行历史财务信息审计或审阅以外的其他鉴证业务。在提供其他鉴证业务时，注册会计师应根据鉴证业务的性质和业务约定书的要求，提供有限保证或合理保证。其他鉴证业务主要包括预测性财务信息审核、内部控制鉴证等。

2．相关服务准则

相关服务准则用以规范注册会计师执行除鉴证业务外的其他相关服务业务。相关服务业务主要包括对财务信息执行商定程序、代编财务信息、税务咨询和管理咨询等。在提供相关服务业务时，注册会计师不提供任何程度的保证。

3．质量控制准则

质量控制准则用以规范会计师事务所在执行各类业务时应当遵守的质量控制政策和程序，是对会计师事务所质量控制提出的制度要求。

CPA 业务准则和
质量控制准则的关系

> **试一试**
>
> （　　　）是整个注册会计师执业准则体系的核心。
> A. 审计准则　　　B. 审阅准则　　　C. 相关服务准则　　　D. 质量控制准则

（二）鉴证业务的定义和目标

1. 鉴证业务的定义

鉴证业务是指注册会计师对鉴证对象信息提出结论，以增强除责任方之外的预期使用者对鉴证对象信息信任程度的业务。鉴证业务要素包括鉴证业务的三方关系、鉴证对象、标准、证据和鉴证报告。

鉴证对象信息是按照标准对鉴证对象进行评价和计量的结果。如责任方按照会计准则和相关会计制度（标准）对其财务状况、经营成果和现金流量（鉴证对象）进行确认、计量和列报（包括披露，下同）而形成的财务报表（鉴证对象信息）。

鉴证业务五要素

2. 鉴证业务的目标

鉴证业务的保证程度分为合理保证和有限保证。合理保证的保证水平要高于有限保证的保证水平。

合理保证的鉴证业务的目标是注册会计师将鉴证业务风险降至该业务环境下可接受的低水平，以此作为以积极方式提出结论的基础。如在历史财务信息审计中，要求注册会计师将审计风险降至可接受的低水平，对审计后的历史财务信息提供高水平保证（合理保证），在审计报告中对历史财务信息采用积极方式提出结论。这种业务属于合理保证的鉴证业务。

有限保证的鉴证业务的目标是注册会计师将鉴证业务风险降至该业务环境下可接受的水平，以此作为以消极方式提出结论的基础。如在历史财务信息审阅中，要求注册会计师将审阅风险降至该业务环境下可接受的水平（高于历史财务信息审计中可接受的低水平），对审阅后的历史财务信息提供低于高水平的保证（有限保证），在审阅报告中对历史财务信息采用消极方式提出结论。这种业务属于有限保证的鉴证业务。

（三）财务报表审计业务的要素

注册会计师通过收集充分、适当的证据来评价财务报表是否在所有重大方面符合会计准则，并出具审计报告，从而提高财务报表的可信性。因此，对财务报表审计而言，审计业务要素包括审计业务的三方关系人、财务报表、财务报告编制基础、审计证据和审计报告。

1. 审计业务的三方关系人

三方关系人分别是注册会计师、被审计单位管理层（责任方）、财务报表预期使用者。注册会计师对由被审计单位管理层负责的财务报表发表审计意见，以增强除管理层之外的预期使用者对财务报表的信赖程度。

由于财务报表是由被审计单位管理层负责的，因此，注册会计师的审计意见主要是向除管理层之外的预期使用者提供的。在某些情况下，管理层和预期使用者可能来自同一企业，但并不意味着两者就是同一方。例如，某公司同时设有董事会和监事会，监事会需要对董事会和管理层负责编制的财务报表进行监督。由于审计意见有利于提高财务报表的可信性，有可能对管理层有用，因此，在这种情况下，管理层也会成为预期使用者之一，但不是唯一的预期使用者。例如，管理层是审计报告的预期使用者之一，但预期使用者还包括企业的股东、债权人、监管机构等。因此是否存在三方关系是判断某项业务是否属于审计业务的重要标准之一。

2. 财务报表

在财务报表审计中，审计对象是历史的财务状况、经营业绩和现金流量，审计对象的载体是财务报表。财务报表，是指依据某一财务报告编制基础对被审计单位历史财务信息做出的结构性表述，旨在反映某一时点的经济资源或义务或者某一时期经济资源或义务的变化。财务报表通常是指整套财务报表，有时也指单一财务报表。披露包括适用的财务报告编制基础所要求的、明确允许的或通过其他形式允许做出的解释性或描述性信息。披露是财务报表不可分割的组成部分，主要在财务报表附注中反映，也可以在财务报表表内反映，或通过财务报表中的交叉索引予以提及。

3. 财务报告编制基础

注册会计师在运用职业判断对审计对象做出合理一致的评价或计量时，需要有适当的标准。在财务报表审计中，财务报告编制基础即标准。适用的财务报告编制基础，是指法律法规要求采用的财务报告编制基础；或者管理层和治理层（如适用）在编制财务报表时，就被审计单位性质和财务报表目标而言，采用的可接受的财务报告编制基础。

财务报告编制基础分为通用目的编制基础和特殊目的编制基础。通用目的编制基础，是指旨在满足广大财务报表使用者共同的财务信息需求的财务报告编制基础，主要是指企业会计准则和相关会计制度。特殊目的编制基础，是指旨在满足财务报表特定使用者对财务信息需求的财务报告编制基础，包括计税核算基础、监管机构的报告要求和合同的约定等。

4. 审计证据

注册会计师对财务报表提供合理保证是建立在获取充分、适当证据的基础上的。

注册会计师应当以职业怀疑态度计划和执行鉴证业务，获取有关鉴证对象信息是否不存在重大错报的充分、适当的证据。注册会计师应当及时对制订的计划、实施的程序、获取的相关证据以及得出的结论做出记录。

注册会计师在计划和执行鉴证业务，尤其在确定证据收集程序的性质、时间和范围时，应当考虑重要性、鉴证业务风险以及可获取证据的数量和质量。

5. 审计报告

注册会计师应当针对财务报表在所有重大方面是否符合适当的财务报告编制基础，以书面报告的形式发表能够提供合理保证程度的意见。

试一试

审计业务的三方关系人不包括（　　）。

A. 注册会计师　　　　　　　　　　B. 被审计单位管理层

C. 报表预期使用者　　　　　　　　D. 社会公众

二、质量控制准则

会计师事务所应当根据会计师事务所质量控制准则，制定质量控制制度，以合理保证业务质量。质量控制制度主要在以下两个方面提出合理保证。

（1）会计师事务所及其人员遵守职业准则和适用的法律法规的规定。

（2）会计师事务所和项目合伙人出具适合具体情况的报告。

项目合伙人，是指会计师事务所中负责某项业务及其执行，并代表会计师事务所在出具的报告上签字的合伙人。

会计师事务所在制定质量控制政策和程序时，应当考虑自身规模和业务特征等因素。

会计师事务所的质量控制制度应当包括针对下列要素而制定的政策和程序：对业务质量承担的领导责任、相关职业道德要求、客户关系和具体业务的接受与保持、人力资源、业务执行和监控。

会计师事务所应当将质量控制政策和程序形成书面文件，并传达到全体人员。

（一）对业务质量承担的领导责任

会计师事务所应当制定政策和程序，培育以质量为导向的内部文化。这些政策和程序应当要求会计师事务所主任会计师对质量控制制度承担最终责任。

在审计实务中，会计师事务所需要建立与业务规模相匹配的质量控制部门，以具体落实各项质量控制措施。

（二）相关职业道德要求

会计师事务所应当制定政策和程序，以合理保证会计师事务所及其人员遵守相关职业道德要求。

会计师事务所及其人员执行任何类型的业务，都应当遵守相关职业道德要求。这里所说的遵守相关职业道德要求，不仅包括遵守职业道德的基本原则，如诚信、独立性、客观和公正、专业胜任能力和应有的关注、保密、良好职业行为等，还包括遵守有关职业道德的具体规定。执行鉴证业务，应当遵守独立性要求。

（三）客户关系和具体业务的接受与保持

会计师事务所应当制定有关客户关系和具体业务接受与保持的政策和程序，以合理保证只有在下列情况下，才能接受或保持客户关系和具体业务。

（1）能够胜任该项业务，并具有执行该项业务必要的素质、时间和资源。

（2）能够遵守相关职业道德要求。

（3）已考虑客户的诚信，没有信息表明客户缺乏诚信。

在接受新客户的业务前，或决定是否保持现有业务或考虑接受现有客户的新业务时，会计师事务所应当根据具体情况获取上述信息。在接受新客户或现有客户的新业务时，如果识别出潜在的利益冲突，会计师事务所应当分析接受该业务是否适当；当识别出问题而又决定接受或保持客户关系或具体业务时，会计师事务所应当记录问题如何得到解决。

（四）人力资源

会计师事务所应当制定政策和程序，合理保证拥有足够的具有胜任能力和必要素质并承诺遵守相关职业道德要求的人员，以使会计师事务所和项目合伙人能够按照注册会计师执业准则和适用的法律法规的规定执行业务，并能够出具适合具体情况的报告。

在实务中，会计师事务所承接的每项业务都委派给项目组具体办理。委派项目组是否得当，直接关系到业务完成的质量。会计师事务所应当对每项业务委派至少一名项目合伙人。

（五）业务执行

业务执行是指会计师事务所委派项目组按照注册会计师执业准则和适用的法律法规的规定执行业务，会计师事务所和项目合伙人能够出具适合具体情况的报告。由于业务执行对业务质量有直接的重大影响，是业务质量控制的关键环节，因此，会计师事务所应当要求项目合伙人负责组织对业务执行实施指导、监督与复核。

02

1．指导、监督与复核

会计师事务所通常使用书面或电子手册、软件工具、标准化底稿以及行业和特定业务对象的指南性材料等方式，通过质量控制政策和程序，保持业务执行质量的一致性。

2．咨询

项目组在业务执行中时常会遇到各种各样的疑难问题或者争议事项。当这些问题和事项在项目组内不能得到解决时，有必要向项目组之外的适当人员咨询。

会计师事务所应当建立政策和程序，以合理保证就疑难问题或争议事项进行适当咨询、可获取充分的资源进行适当咨询、咨询的性质和范围得以记录、咨询形成的结论得到记录和执行。

咨询包括与会计师事务所内部或外部具有专门知识的人员，在适当专业层次上进行的讨论，以解决疑难问题或争议事项。

3．意见分歧

会计师事务所应当制定政策和程序，以处理和解决项目组内部、项目组与被咨询者之间以及项目负责人与项目质量控制复核人员之间的意见分歧。形成的结论应当得以记录和执行。只有意见分歧问题得到解决，项目负责人才能出具报告。

4．项目质量控制复核

（1）项目质量控制复核的含义

项目质量控制复核，是指会计师事务所挑选不参与该业务的人员，在出具报告前，对项目组做出的重大判断和在准备报告时对形成的结论做出客观评价的过程。

值得注意的是，项目质量控制复核并不减轻项目负责人的责任，更不能替代项目负责人的责任。

（2）项目质量控制复核对象的确定

会计师事务所制定的项目质量控制复核政策和程序应当包括下列要求。

① 对所有上市实体财务报表审计实施项目质量控制复核。

② 明确标准，据此评价所有其他的历史财务信息审计和审阅、其他鉴证和相关服务业务，以确定是否应当实施项目质量控制复核。

③ 对所有符合适当标准的业务实施项目质量控制复核。

（3）项目质量控制复核的具体要求

会计师事务所应当制定政策和程序，规定项目质量控制复核的性质、时间和范围；项目质量控制复核人员的资格标准以及对项目质量控制复核的记录要求。

5．业务工作底稿

会计师事务所应当制定政策和程序，以使项目组在出具业务报告后及时将业务工作底稿归整为最终业务档案。

会计师事务所应当制定政策和程序，以满足下列要求：安全保管业务工作底稿并对业务工作底稿保密；保证业务工作底稿的完整性；便于使用和检索业务工作底稿；按照规定的期限保存业务工作底稿。业务工作底稿的所有权属于会计师事务所。会计师事务所可自主决定允许客户获取业务工作底稿部分内容，或摘录部分业务工作底稿，但披露这些信息不得损害会计师事务所执行业务的有效性。

（六）监控

会计师事务所应当制定监控政策和程序，以合理保证质量控制制度中的政策和程序是相关、适当的，并正在有效运行。这些监控政策和程序应当包括持续考虑和评价会计师事务所的质量控制度度，如定期选取已完成的业务进行检查。

对会计师事务所质量控制制度的监控应当由具有专业胜任能力的人员实施，会计师事务所可以委派主任会计师、副主任会计师或具有足够、适当经验和权限的其他人员履行监控责任，监控内容包括质量控制制度设计的适当性和运行的有效性。

三、注册会计师职业道德规范

职业道德，是指某一职业组织以公约、守则等形式公布的，其会员自愿接受的职业行为标准。注册会计师职业道德是指注册会计师职业品德、职业纪律、专业胜任能力及职业责任等的总称。

注册会计师的职业性质决定了其对社会公众应承担的责任。注册会计师行业之所以在现代社会产生和发展，是因为注册会计师能够站在独立的立场，对企业管理当局编制的财务报表进行审计，并提出客观、公正的审计意见，作为企业会计信息外部使用者进行决策的依据。社会公众对注册会计师的职业服务信任的程度直接关系到社会经济秩序是否正常运行。因此，注册会计师行业应自觉建立并遵循行为规范和道德准则。

（一）注册会计师职业道德基本原则

注册会计师为实现执业目标，必须遵守一些基本的原则。与职业道德有关的基本原则包括诚信、独立性、客观和公正、专业胜任能力和应有的关注、保密、良好职业行为。

1. 诚信

诚信，是指诚实、守信。也就是说，一个人言行与内心思想一致，不虚假，能够履行与别人的约定而取得对方的信任。诚信原则要求注册会计师应当在所有的职业关系和商业关系中保持正直和诚实，秉公处事、实事求是。

注册会计师如果认为业务报告、申报资料或其他信息存在下列问题，则不得与这些有问题的信息发生牵连。

（1）含有严重虚假或误导性的陈述。

（2）含有缺乏充分依据的陈述或信息。

（3）存在遗漏或含糊其词的信息。

注册会计师如果注意到已与有问题的信息发生牵连，应当采取措施消除牵连。

2. 独立性

独立性，是指不受外来力量控制、支配，按照一定之规行事。注册会计师执行审计和审阅业务以及其他鉴证业务时，应当从实质上和形式上保持独立性，不得因任何利害关系影响其客观性。如果注册会计师不能与客户保持独立性，而是存在经济利益、关联关系，或屈从于外界压力，就很难取信于社会公众。会计师事务所在承办审计和审阅业务以及其他鉴证业务时，应当从整体层面和具体业务层面采取措施，以保持会计师事务所和项目组的独立性。

实质上的独立性是一种内心状态，使得注册会计师在提出结论时不受损害职业判断的因素影响，诚信行事，遵循客观和公正原则，保持职业怀疑态度。形式上的独立性是一种外在表现，使得一个理性且掌握充分信息的第三方，在权衡所有相关事实和情况后，认为会计师事务所或审计项目组成员没有损害诚信原则、客观和公正原则或职业怀疑态度。

3. 客观和公正

客观，是指按照事物的本来面目去考察，不添加个人的偏见。公正，是指公平、正直、不偏袒。客观和公正原则要求注册会计师应当公正处事、实事求是，不得由于偏见、利益冲突或他人的不当影响而损害自己的职业判断。如果存在导致职业判断出现偏差，或对职业判断产生不当影响的情形，不得提供相关专业服务。

4．专业胜任能力和应有的关注

注册会计师应当具有专业知识、技能或经验，能够胜任承接的工作。"专业胜任能力"既要求注册会计师具有专业知识、技能或经验，又要求其经济、有效地完成客户委托的业务。注册会计师如果不能保持和提升专业胜任能力，就难以完成客户委托的业务。事实上，如果缺乏足够的知识、技能和经验，提供专业服务就构成了欺诈。一个合格的注册会计师不仅要充分认识自己的能力，对自己充满信心，更重要的是，必须清醒认识到自己在专业胜任能力方面的不足，不承接自己不能胜任的业务。如果注册会计师不能认识到这一点，承接了难以胜任的业务，就可能给客户乃至社会公众带来危害。专业胜任能力可分为两个独立阶段：①专业胜任能力的获取；②专业胜任能力的保持。注册会计师应当持续了解和掌握相关的专业技术和业务的发展，以保持专业胜任能力。注册会计师作为专业人士，在许多方面都要履行相应的责任，保持和提升专业胜任能力就是其中之一。

应有的关注，要求注册会计师遵守执业准则和职业道德规范的要求，勤勉尽责，认真、全面、及时地完成工作任务。在审计过程中，注册会计师应当保持职业怀疑态度，运用专业知识、技能和经验，获取和评价审计证据。同时，注册会计师应当采取措施，以确保在其授权下工作的人员能得到适当的培训和督导。在适当情况下，注册会计师应当使客户、被审计单位和专业服务的其他使用者了解专业服务的固有局限性。

5．保密

注册会计师能否与客户维持正常的关系，有赖于双方能否自愿而又充分地进行沟通和交流，不掩盖任何重要的事实和情况。注册会计师与客户的沟通，必须建立在为客户信息保密的基础上。这里所说的客户信息，通常是指商业秘密。一旦商业秘密被泄露或被利用，往往会给客户造成损失。因此，许多国家规定，在公众领域执业的注册会计师，除非法律法规的要求或取得客户同意，否则不允许泄露任何客户的秘密信息。保密原则要求注册会计师不得有下列行为。

（1）未经客户授权或法律法规允许，向会计师事务所以外的第三方披露其所获知的涉密信息。

（2）利用所获知的涉密信息为自己或第三方谋取利益。

注册会计师在社会交往中也应当履行保密义务，要警惕无意泄密的可能性，特别是警惕无意中向近亲属或关系密切的人员泄密的可能性。

6．良好职业行为

注册会计师应当遵守相关法律法规，避免发生任何损害职业声誉的行为。注册会计师在向公众传递信息以及推介自己和工作时，应当客观、真实、得体，不得损害职业形象。注册会计师应当诚实、实事求是，不得有下列行为。

（1）夸大宣传提供的服务、拥有的资质或获得的经验。

（2）贬低或无根据地比较其他注册会计师的工作。

试一试

注册会计师应遵循的基本原则不包括（　　　）。

A．独立性　　　　B．诚信　　　　C．客观和公正　　　　D．廉洁

（二）对遵循职业道德基本原则产生不利影响的因素

注册会计师对职业道德基本原则的遵循可能受到多种因素的不利影响。不利影响的性质和严重程度因注册会计师提供服务类型的不同而不同。可能对遵循职业道德基本原则产生不利影响的因素包括自身利益、自我评价、过度推介、密切关系和外在压力。

1．自身利益

如果经济利益或其他利益对注册会计师的职业判断或行为产生不当影响，将产生自身利益导致的不利影响。自身利益导致不利影响的情形主要包括以下几点。

（1）鉴证业务项目组成员在鉴证客户中拥有直接经济利益。

（2）会计师事务所的收入过分依赖某一客户。

（3）鉴证业务项目组成员与鉴证客户存在重要且密切的商业关系。

（4）会计师事务所担心可能失去某一重要客户。

（5）鉴证业务项目组成员正在与鉴证客户协商受雇于该客户。

（6）会计师事务所与客户就鉴证业务达成或有收费的协议。

（7）注册会计师在评价所在会计师事务所以往提供的专业服务时，发现了重大错误。

2．自我评价

如果注册会计师对其（或者其所在会计师事务所或工作单位的其他人员）以前的判断或服务结果做出不恰当的评价，并且将据此形成的判断作为当前服务的组成部分，将产生自我评价导致的不利影响。自我评价导致不利影响的情形主要包括以下几点。

（1）会计师事务所在对客户提供财务系统的设计或操作服务后，又对系统的运行有效性出具鉴证报告。

（2）会计师事务所为客户编制原始数据，这些数据构成鉴证业务的对象。

（3）鉴证业务项目组成员担任或最近曾经担任客户的董事或高级管理人员。

（4）鉴证业务项目组成员目前或最近曾受雇于客户，并且所处职位能够对鉴证对象施加重大影响。

（5）会计师事务所为鉴证客户提供直接影响鉴证对象信息的其他服务。

3．过度推介

如果注册会计师过度推介客户或工作单位的某种立场或意见，使其客观性受到损害，将产生过度推介导致的不利影响。过度推介导致不利影响的情形主要包括以下两点。

（1）会计师事务所推介被审计客户的股份。

（2）在被审计客户与第三方发生诉讼或纠纷时，注册会计师担任该客户的辩护人。

4．密切关系

如果注册会计师与客户或工作单位存在长期或亲密的关系，而过于倾向他们的利益，或认可他们的工作，将产生密切关系导致的不利影响。密切关系导致不利影响的情形主要包括以下几点。

（1）项目组成员的近亲属担任客户的董事或高级管理人员。

（2）项目组成员的近亲属是客户的员工，其所处职位能够对业务对象施加重大影响。

（3）客户的董事、高级管理人员或所处职位能够对业务对象施加重大影响的员工，最近曾担任会计师事务所的项目合伙人。

（4）注册会计师接受客户的礼品或款待。

（5）会计师事务所的合伙人或高级员工与鉴证客户存在长期业务关系。

5．外在压力

如果注册会计师受到实际的压力或感受到压力而无法客观行事，将产生外在压力导致的不利影响。外在压力导致不利影响的情形主要包括以下几点。

（1）会计师事务所受到客户解除业务关系的威胁。

（2）客户表示，如果会计师事务所不同意对某项交易的会计处理，则不再委托其承办拟议中的非鉴证业务。

02

（3）客户威胁将起诉会计师事务所。

（4）会计师事务所受到降低收费的影响而不恰当地缩小工作范围。

（5）由于客户员工对所讨论的事项更具有专长，注册会计师面临服从其判断的压力。

（6）会计师事务所合伙人告知注册会计师，除非同意客户不恰当的会计处理，否则将影响晋升。

（三）应对不利影响的防范措施

在具体工作中，应对不利影响的防范措施包括会计师事务所层面的防范措施和具体业务层面的防范措施。

1. 会计师事务所层面的防范措施

（1）领导层强调遵循职业道德基本原则的重要性。

（2）领导层强调鉴证业务项目组成员应当维护公众利益。

（3）制定有关政策和程序，实施项目质量控制，监督业务质量。

（4）制定有关政策和程序，识别对职业道德基本原则的不利影响，评价不利影响的严重程度，采取防范措施消除不利影响或将其降低至可接受的水平。

（5）制定有关政策和程序，保证遵循职业道德基本原则。

（6）制定有关政策和程序，识别会计师事务所或项目组成员与客户之间的利益或关系。

（7）制定有关政策和程序，监控对某一客户的依赖程度。

（8）向鉴证客户提供非鉴证服务时，指派鉴证业务项目组以外的其他合伙人和项目组，并确保鉴证业务项目组和非鉴证业务项目组分别向各自的业务主管报告工作。

（9）制定有关政策和程序，防止项目组以外的人员对业务结果施加不当影响。

（10）及时向所有合伙人和专业人员传达会计师事务所的政策和程序及其变化情况，并就这些政策和程序进行适当的培训。

（11）指定高级管理人员负责监督质量控制系统是否有效运行。

（12）向合伙人和专业人员提供鉴证客户及其关联实体的名单，并要求合伙人和专业人员与之保持独立。

（13）制定有关政策和程序，鼓励员工就遵循职业道德基本原则方面的问题与领导层沟通。

（14）建立惩戒机制，保障相关政策和程序得到遵守。

2. 具体业务层面的防范措施

（1）对已执行的非鉴证业务，由未参与该业务的注册会计师进行复核，或在必要时提供建议。

（2）对已执行的鉴证业务，由鉴证业务项目组以外的注册会计师进行复核，或在必要时提供建议。

（3）向客户审计委员会、监管机构或注册会计师行业协会咨询。

（4）与客户治理层讨论有关的职业道德问题。

（5）向客户治理层说明提供服务的性质和收费的范围。

（6）由其他会计师事务所执行或重新执行部分业务。

（7）轮换鉴证业务项目组合伙人和高级员工。

（四）审计业务对独立性的要求

在执行审计业务时，审计项目组成员、会计师事务所应当维护公众利益，独立于被审计客户。同时，注册会计师在执行审计和审阅业务时应当遵守相同的独立性要求。

影响注册会计师审计和审阅业务独立性的情形包括以下几点。

1. 经济利益

在被审计客户中拥有经济利益，可能因自身利益导致不利影响。经济利益是指因持有某一实体的股权、债券和其他证券以及其他债务性的工具而拥有的利益，包括为取得这种利益享有的权利和承担的义务。不利影响存在与否及其严重程度取决于下列因素：拥有经济利益的人员的角色；经济利益是直接的还是间接的；经济利益的重要性。会计师事务所、审计项目组成员或其主要近亲属不得在被审计客户中拥有直接经济利益或重大间接经济利益。

2. 贷款和担保

会计师事务所、审计项目组成员或其主要近亲属从银行或类似金融机构等被审计客户取得贷款，或获得贷款担保，可能对独立性产生不利影响。会计师事务所、审计项目组成员或其主要近亲属向被审计客户提供贷款或为其提供担保，将因自身利益产生非常严重的不利影响，导致没有防范措施能够将其降低至可接受的水平。

3. 商业关系

会计师事务所、审计项目组成员或其主要近亲属与被审计客户或其高级管理人员之间，由于商务关系或共同的经济利益而存在密切的商业关系，可能因自身利益或外在压力产生严重的不利影响。这些商业关系主要包括：在与客户或其控股股东、董事、高级管理人员共同开办的企业中拥有经济利益；按照协议，将会计师事务所的产品或服务与客户的产品或服务结合在一起，并以双方名义捆绑销售；按照协议，会计师事务所销售或推广客户的产品或服务，或者客户销售或推广会计师事务所的产品或服务。

4. 家庭和私人关系

如果审计项目组成员与被审计客户的董事、高级管理人员，或所处职位能够对客户会计记录或被审计财务报表的编制施加重大影响的员工存在家庭和私人关系，可能因自身利益、密切关系或外在压力产生不利影响。不利影响存在与否及其严重程度取决于多种因素，包括该成员在审计项目组的角色、其家庭成员或相关人员在客户中的职位以及关系的密切程度等。

5. 与被审计客户发生雇佣关系

如果被审计客户的董事、高级管理人员或特定员工，曾经是审计项目组的成员或会计师事务所的合伙人，可能因密切关系或外在压力对独立性产生不利影响。如果会计师事务所向被审计客户借出员工，可能因自我评价对独立性产生不利影响。如果审计项目组成员最近曾担任被审计客户的董事、高级管理人员或特定员工，可能因自身利益、自我评价或密切关系对独立性产生不利影响。如果会计师事务所的合伙人或员工兼任被审计客户的董事或高级管理人员，将因自我评价和自身利益对独立性产生非常严重的不利影响。

6. 与被审计客户长期存在业务关系

会计师事务所长期委派同一名合伙人或高级员工执行某一客户的审计业务，将因密切关系和自身利益产生不利影响。不利影响的严重程度主要取决于下列因素：该人员加入审计项目组的时间长短；该人员在审计项目组中的角色；会计师事务所的组织结构；审计业务的性质；客户的管理团队是否发生变动；客户的会计和报告问题的性质或复杂程度是否发生变化。

7. 为被审计客户提供非鉴证服务

会计师事务所向被审计客户提供非鉴证服务，可能对独立性产生不利影响，包括自我评价、自身利益和过度推介等产生的不利影响。在接受委托向被审计客户提供非鉴证服务之前，会计师事务所应当确定提供该服务是否将对独立性产生不利影响。

8. 收费

如果会计师事务所从某一被审计客户收取的全部费用占其审计收费总额的比重很大，则对该客户的依赖及对可能失去该客户的担心将因自身利益或外在压力对独立性产生不利影响。不利影响的严重程度主要取决于下列因素：会计师事务所的业务类型及收入结构；会计师事务所成立时间的长短；该客户对会计师事务所是否重要。

9. 影响独立性的其他事项

如果某一审计项目组成员的薪酬或业绩评价与其向被审计客户推销的非鉴证服务挂钩，将因自身利益产生不利影响。会计师事务所或审计项目组成员接受被审计客户的礼品或款待，可能因自身利益和密切关系产生不利影响。如果会计师事务所或审计项目组成员与被审计客户发生诉讼或很可能发生诉讼，将因自身利益和外在压力产生不利影响。

试一试

会计师事务所承揽业务时可以通过低价策略取得优势。这种说法对吗？

四、注册会计师的法律责任

（一）会计责任和审计责任

1. 会计责任

法律法规规定了管理层和治理层与财务报表相关的责任。管理层是指对被审计单位经营活动的执行负有经营管理责任的人员。治理层是指对被审计单位战略方向以及管理层履行经营管理责任负有监督责任的人员或组织。治理层的责任包括监督财务报告过程。财务报表是由被审计单位管理层在治理层的监督下编制的。管理层和治理层认可与财务报表相关的责任，是注册会计师执行审计工作的前提，构成注册会计师按照审计准则的规定执行审计工作的基础。管理层和治理层应当承担下列责任。

（1）按照适用的财务报告编制基础编制财务报表，并使其实现公允反映（如适用）。

（2）设计、执行和维护必要的内部控制，以使财务报表不存在舞弊或错误导致的重大错报。

（3）向注册会计师提供必要的工作条件，包括允许注册会计师接触与编制财务报表相关的所有信息（如记录、文件和其他事项），向注册会计师提供审计所需的其他信息，允许注册会计师在获取审计证据时不受限制地接触其认为必要的内部人员和其他相关人员。

2. 审计责任

按照审计准则的规定对财务报表发表审计意见是注册会计师的责任。为履行这一职责，注册会计师应当遵守相关职业道德要求，按照审计准则的规定计划和实施审计工作，获取充分、适当的审计证据，并根据获取的审计证据得出合理的审计结论，发表恰当的审计意见。注册会计师通过签署审计报告确认其责任。

财务报表审计不能减轻被审计单位管理层和治理层的责任。财务报表编制和财务报表审计是财务信息生成链条上的不同环节，两者各司其职。法律法规要求管理层和治理层对编制财务报表承担责任，有利于从源头上保证财务信息质量。作为内部人员，管理层和治理层对企业的情况更为了解，更能做出适合企业特点的会计处理决策和判断，因此，管理层和治理层理应对编制财务报表承担完全责任。如果财务报表存在重大错报，财务报表审计不能减轻被审计单位管理层和治理层的责任。

（二）注册会计师法律责任的成因

1. 注册会计师方面的原因

（1）违约。违约是指注册会计师未能达到合同条款的要求负违约责任。如，在时间和保密方面违约。

（2）过失。过失是指注册会计师在一定条件下，缺少应有的合理的谨慎。过失按其程度分为普通过失和重大过失。

① 普通过失，指没有完全遵守审计准则造成的过失。没有完全遵守通常是指没有保持职业上应有的合理的谨慎。比如，未按特定项目取得必要和充分的审计证据。

② 重大过失，指根本没有遵循审计准则造成的过失。根本没有遵循通常是指连基本的职业谨慎都不保持，对业务或事务不加考虑，满不在乎。比如，没有采用实质性程序。

（3）欺诈。欺诈是指以欺骗或坑害他人为目的的一种故意行为，又称注册会计师的舞弊。如明知委托单位的会计报表有重大错报，却加以虚伪的陈述，出具无保留意见的审计报告。

2. 被审计单位方面的原因

（1）错误、舞弊和违法行为。被审计单位只有存在重大的错误、舞弊和违反法规的行为，才有可能承担法律责任。

① 错误。错误是指会计报表中存在的非故意错报。错误主要包括：原始记录和会计数据的计算、抄写错误；对事实的疏忽和误解；对会计政策的误用。如据以编制会计报表的数据收集或处理错误，疏忽或误解造成计价不正确，或在金额、分类、表达、披露方面用错了会计政策等。算术计算和抄写错误、盘点中的错漏等，都是常见的错误例子。

② 舞弊。舞弊是指会计报表中存在不实反映的故意行为。舞弊主要包括：伪造、编造记录或凭证；侵占资产；隐瞒或删除交易或事项；记录虚假的交易或事项；蓄意使用不当的会计政策。

错误和舞弊的区别在于错误是无意识的，舞弊是故意的。如蓄意漏记重要业务，蓄意遗漏应披露的事项，篡改、伪造、虚构编制会计报表的数据，蓄意错用会计政策，极力掩盖错报事项等都是舞弊。

③ 违法行为。违法行为是指被审计单位存在违反国家法律法规的财务经营行为。

（2）经营失败。经营失败是指经济或经营条件的变化（比如，经济萧条、管理决策失误或者无法预期的同业竞争等）导致企业无力偿还到期债务或者无法达到投资者的预期。经营失败的极端后果常常是企业破产。

被审计单位发生错误、舞弊和违法行为或经营失败时，可能会连累注册会计师。因为发生这些情况，可能诱发审计失败。当被审计单位存在这些行为的同时也存在审计失败时，注册会计师才应对此承担审计责任。

> **试一试**
>
> 因审计程序不恰当或未执行某些必要的审计程序而被追究法律责任，通常视为重大过失。这种说法对吗？

（三）法律责任的种类

《中华人民共和国公司法》《中华人民共和国证券法》《中华人民共和国注册会计师法》《中华人民共和国刑法》等法律法规都规定了会计师事务所及注册会计师的法律责任。会计师事务所及注册会计师因违约、过失或欺诈给被审计单位或其他利害关系人造成损失的，需要承担行政责任、民事责任或刑事责任。这三种责任可单处，也可并处。

1. 行政责任

行政责任是指注册会计师和会计师事务所接受行业主管部门和其他监管部门对其实施的处罚措施。对注册会计师个人来说，行政处罚包括警告、暂停执业、吊销注册会计师证书等；对会计师事务所而言，行政处罚包括警告、没收违法所得、罚款、暂停营业、撤销等。

2. 民事责任

民事责任主要是指赔偿受害人损失。

3. 刑事责任

刑事责任主要是指按有关法律程序判处一定的徒刑。

一般来说，违约和过失可能使注册会计师负行政责任和民事责任，欺诈可能使注册会计师负民事责任和刑事责任。

（四）注册会计师避免法律诉讼的措施

1. 注册会计师减少过失和防止欺诈的措施

注册会计师要避免法律诉讼，就必须在执行审计业务时尽量减少过失行为，防止欺诈行为。要尽可能不发生过失或防止欺诈，注册会计师应当达到以下基本要求。

CPA 的法律责任

（1）增强执业独立性

独立性是注册会计师行业生存的基础。在实际工作中，绝大多数注册会计师能够始终如一地遵循独立性原则；但也有少数注册会计师忽略独立性，甚至接受被审计单位的虚假报表，并且帮助被审计单位掩饰舞弊。

（2）保持执业谨慎

注册会计师的过失行为主要是缺乏认真而谨慎的职业态度造成的。在执行审计业务过程中，未严格遵守审计准则，不执行适当的审计程序，对被审计单位的问题未能保持应有的职业道德，或者为了节约时间或成本而缩小审计范围或简化审计程序，都会导致审计的报表存在重大错报。

（3）强化执业监督

审计中的许多差错是注册会计师失察，或未能对助理人员或其他人员进行切实的监督而造成的。对于业务复杂且重大的被审计单位来说，其审计是由多个注册会计师及许多助理人员共同配合完成的。如果他们的分工存在重叠或空白点，又缺乏严密的职业监督，都会出现过失行为。

2. 注册会计师避免法律诉讼的具体措施

注册会计师避免法律诉讼的具体措施，可以概括为以下几点。

（1）严格遵循职业道德和专业标准的要求

既然不能苛求注册会计师对会计报表中所有的错报漏报事项都承担法律责任，那么，注册会计师是否应承担法律责任的关键在于注册会计师是否有过失或欺诈行为。而判别注册会计师是否存在过失的关键在于注册会计师是否按照专业标准的要求执业。因此，保持良好的职业道德，严格遵循专业标准的要求执行业务、出具报告，对于避免法律诉讼或在诉讼中保护注册会计师是非常重要的。

（2）建立、健全会计师事务所质量控制制度

会计师事务所不同于一般的公司企业，质量管理是会计师事务所各项管理工作的核心和关键，会计师事务所是否建立严格的质量控制制度，是关系到会计师事务所生存的关键问题。有些注册会计师和会计师事务所在法律诉讼案件中败诉的主要原因，是自身的执业质量不高。

（3）与委托人签订业务约定书

《中华人民共和国注册会计师法》第十六条规定，注册会计师承办业务，会计师事务所应与委托人签订委托合同（即业务约定书）。业务约定书有法律效力，它是确定注册会计师和委托人责任的重要文件。如果不签订业务约定书，在涉及法律诉讼时，将很难分清注册会计师与委托人之间的责任，这对注册会计师不利。因此会计师事务所无论承办何种业务，都要按照要求与委托人签

02

订业务约定书，明确规定业务的性质、范围、承担的责任和委托人对工作的要求，这样才能在发生法律诉讼时将争辩减到最低限度。

（4）深入了解被审计单位的业务，审慎选择被审计单位

了解被审计单位情况，是指对被审计单位所处的经济环境及所在行业的一般了解和对被审计单位内部情况的具体了解。会计师事务所选择被审计单位时，必须了解被审计单位的情况，这样才能审慎选择被审计单位，以降低风险。如果忽视了解被审计单位的情况，只要有委托，不论风险的高低，照单全收，则无疑给自己埋下了一颗不定时炸弹。审慎选择被审计单位，一是要选择正直的被审计单位，二是对陷入财务和法律困境的被审计单位要尤为注意。

（5）提取风险基金或购买责任保险

购买责任保险，是以会计师事务所为单位进行投保，会计师事务所与保险公司签订职业责任保险合同，由保险公司依据合同的约定补偿会计师事务所承担责任后的损失或直接向当事人支付赔偿款。我国注册会计师法规定，会计师事务所需要按规定提取风险基金，办理职业保险。

（6）聘请熟悉注册会计师法律责任的律师

会计师事务所如有条件，应尽可能聘请熟悉相关法规及注册会计师法律责任的律师。在执业过程中，如遇到重大法律问题，注册会计师应与本所的律师或聘请律师详细讨论所有潜在的风险并仔细考虑律师的建议。一旦发生法律诉讼，也应请有经验的律师参加诉讼。

（7）加强注册会计师队伍建设

当代社会知识更新的周期越来越短，新问题、新方法、新制度大量涌现，注册会计师的业务领域也在不断地拓展和深化。这就要求注册会计师必须适应时代的要求，不断接受继续教育，更新和积累专业知识，保持和提升专业技能，熟悉并掌握现行各种有关规定和实务标准，不断提升业务能力。只有做到了这些，注册会计师才能在审计执业中减少审计失败。

项目实施

注册会计师小张帮助该厂以及接受聘任在一定程度上影响审计的客观公正性，因为帮助该厂销售产品有不确定的经济利益存在，接受聘任一定会得到报酬。所以，小张参与了客户的经营管理，与客户有直接的经济利益关系，对审计的独立性有不利影响，进而影响审计的客观公正性。审计前或结束后如果接受邀请，等同于接受礼物、金钱，违反职业道德规范。

视野拓展

安然公司的审计问题

安然公司总部设在美国得克萨斯州的休斯敦。该公司拥有498亿美元资产，曾是世界上最大的天然气交易商和电力交易商，它还从事纸浆、纸张、塑料、金属交易，以及为世界各地的客户提供金融和风险管理服务。2000年，安然公司达到了其事业顶峰，当年收入达1 010亿美元，股价一年之内上升了89%，当年8月份股价更是攀升至历史最高点，达到每股90.56美元。安然公司曾在美国公司500强中名列第7，连续六年被美国《财富》杂志评为美国最有创新精神的公司。然而，2001年12月2日，安然公司却申请了破产保护，创下美国历史上最大宗的公司破产纪录。

安然公司自1985年成立，其财务报表一直由安达信审计。安达信对安然公司的审计缺乏独立性。独立性是社会审计的灵魂，离开了独立性，审计质量只是奢谈。

（1）安达信不仅为安然公司提供审计鉴证服务，而且提供收入不菲的咨询业务。安然公司是

安达信的第二大客户，2000 年，安达信向安然公司收取了高达 5 200 万美元的费用，其中审计费用 2 500 万美元，而 2 700 万美元是咨询服务收费。安达信提供的咨询服务甚至包括代理记账。

（2）安然公司的许多高层管理人员为安达信的前雇员，这种密切关系至少有损安达信形式上的独立性。安然公司的首席财务主管、首席会计主管和公司发展部副总经理等高层管理人员都是安然公司从安达信招聘的。至于从安达信辞职，到安然公司担任较低级别管理人员的情形更是不胜枚举。在安然公司，有安达信审计师专用的办公室；安达信审计师与安然公司员工享受同等待遇，参加集体活动等。

练习与实训

一、单项选择题

1. 被审计单位的责任不包括（　　）。
   A. 建立健全内部控制
   B. 保证审计报告的真实性、合法性
   C. 保证会计资料的合法性和公允性
   D. 选择和运用恰当的会计政策

2. 关于经营失败与审计失败的下列表述中，不恰当的是（　　）。
   A. 经营失败是指企业由于经济或经营条件的变化，如经济衰退、不当的管理决策或出现意料之外的行业竞争等，而无法满足投资者的预期
   B. 审计失败是指注册会计师由于没有遵守审计准则的要求而发表了错误的审计意见
   C. 经营失败不一定导致审计失败
   D. 经营失败必然会导致审计失败

3. 注册会计师没有保持职业上应有的合理谨慎，没完全遵循专业标准的要求执业，这属于（　　）。
   A. 普通过失　　　　B. 重大过失　　　　C. 欺诈　　　　D. 舞弊

4. 会计师事务所如无法胜任或不能按时完成审计业务，应该（　　）。
   A. 减少审计收费
   B. 转包给其他会计师事务所
   C. 拒绝接受委托
   D. 聘请其他专家帮助

5. 以下关于注册会计师过失的说法，不正确的是（　　）。
   A. 过失是指在一定条件下，缺少应具有的合理的谨慎
   B. 普通过失是指注册会计师没有完全遵循专业准则的要求
   C. 重大过失是指注册会计师根本没有遵循专业准则或没有按专业准则的基本要求执行审计
   D. 注册会计师一旦出现过失就要赔偿损失

6. 会计师事务所给他人造成经济损失时，应予赔偿，这表明会计师事务所要承担（　　）。
   A. 行政责任　　　　B. 刑事责任　　　　C. 民事责任　　　　D. 道德责任

7. 如果注册会计师对某公司财务报表进行审计，注册会计师没有对有关存货进行监盘，因此未能查出与存货有关的重大错弊，则该行为应属于（　　）。
   A. 没有过失　　　　B. 普通过失　　　　C. 重大过失　　　　D. 欺诈

8. 注册会计师减少过失和防止欺诈的基本要求不包括（　　）。
   A. 强化执业监督
   B. 保持职业谨慎
   C. 签订业务约定书
   D. 增强执业独立性

9. 如果注册会计师的审计程序恰当，但因不够谨慎而要被追究法律责任，通常视为（　　）。
   A. 普通过失　　　　B. 重大过失　　　　C. 欺诈　　　　D. 违约

10. 以下关于注册会计师避免法律诉讼的具体措施中，不能认同的是（　　）。

    A. 会计师事务所在承担审计业务时，应当按照业务约定书准则的要求与委托人签订业务约定书，但在验资业务时可以不要求签约

    B. 如果一个会计师事务所质量管理不严，很有可能因某一个人或一个部门导致整个会计师事务所倒闭

    C. 不能苛求注册会计师对财务报表中的所有错报事项都要承担法律责任，注册会计师是否应承担法律责任，关键在于注册会计师是否有过失或欺诈行为

    D. 会计师事务所应当按规定建立职业风险基金，办理职业保险

11. 会计师事务所业务质量控制的要素不包括（　　）。

    A. 对业务质量承担的领导责任　　　　　B. 职业道德规范与人力资源

    C. 客户关系和具体业务的接受与保持　　D. 审计报告规范要求

12. 在注册会计师鉴证业务准则中，起统领作用的是（　　）。

    A. 鉴证业务基本准则　　　　　　　　　B. 审计准则

    C. 审阅准则　　　　　　　　　　　　　D. 鉴证业务准则指南

13. （　　）就是指在第三者面前，注册会计师与委托人及被审计单位之间保持一种独立的身份。

    A. 实质上独立　　　B. 经济上独立　　　C. 形式上独立　　　D. 组织上独立

14. 注册会计师的服务是一种有偿服务，下列不能成为会计师事务所收费依据的是（　　）。

    A. 审计结果大小　　　　　　　　　　　B. 服务性质

    C. 工作量大小　　　　　　　　　　　　D. 参加人员层次的高低

15. 下列各项中，属于注册会计师违反职业道德规范行为的是（　　）。

    A. 注册会计师应按照业务约定和专业准则的要求完成委托业务

    B. 注册会计师应当对执行业务过程中知悉的商业秘密保密，并不得利用其为自己或他人谋取利益

    C. 除有关法规允许的情形外，会计师事务所不得以或有收费形式为客户提供各种鉴证服务

    D. 注册会计师可以在一定范围内对其能力进行广告宣传，但不得诋毁同行

二、多项选择题

1. 注册会计师减少过失和防止欺诈的措施包括（　　）。

    A. 增强执业独立性　　B. 保持执业谨慎　　C. 强化执业监督　　D. 听从客户安排

2. 注册会计师执业准则体系包括（　　）。

    A. 相关服务准则　　　B. 职业道德规范　　C. 质量控制准则　　D. 鉴证业务准则

3. 注册会计师的（　　）行为可能导致其承担法律责任。

    A. 过失　　　　　　　B. 欺诈　　　　　　C. 保密　　　　　　D. 违约

4. 会计师事务所有可能承担（　　）的行政责任。

    A. 暂停营业　　　　　　　　　　　　　B. 没收违法所得并罚款

    C. 撤销　　　　　　　　　　　　　　　D. 警告

5. 对注册会计师个人来说，行政处罚主要包括（　　）。

    A. 警告　　　　　　　　　　　　　　　B. 暂停执业

    C. 吊销注册会计师证书　　　　　　　　D. 罚款

6. 注册会计师应遵循的基本原则有（　　）。

    A. 独立性　　　　　　B. 诚信　　　　　　C. 客观和公正　　　D. 保密

7. 鉴证业务要素包括（　　　）。
 A. 鉴证对象　　　　　B. 鉴证对象信息　　　C. 证据　　　　　　D. 鉴证报告

8. 鉴证业务的目标可分为（　　　）。
 A. 合理保证　　　　　B. 绝对保证　　　　　C. 消极保证　　　　D. 有限保证

9. 根据注册会计师的专业胜任能力的要求，注册会计师（　　　）。
 A. 应接受继续教育，以保持和提升专业胜任能力
 B. 不得提供不能胜任的专业服务
 C. 应当保持应有的关注
 D. 不得按服务成果的大小收取各项费用

10. 注册会计师应当对在执业过程中获知的客户信息保密，但在（　　　）情况下可以披露客户的有关信息。
 A. 取得客户的授权
 B. 根据法规要求，为法律诉讼准备文件或提供证据或向监管机构报告发现的违反法规的行为
 C. 接受同业复核以及注册会计师行业协会和监管机构依法进行的质量检查
 D. 另一客户提出查看的要求

11. 下列（　　　）属于或有收费。
 A. 被审计客户要求注册会计师出具标准审计报告，否则就不付费
 B. 被审计客户按照审计后的净利润水平高低付费
 C. 法规认可按照被审计对象的一定百分比收取费用
 D. 被审计客户按照审计后的净资产高低付费

12. 下列有关会计师事务所的业务承接，说法正确的有（　　　）。
 A. 会计师事务所承接新业务时必须考虑独立性
 B. 会计师事务所连续接受委托时不必考虑其独立性
 C. 如果某项业务需要借助外部专家的工作，会计师事务所也可以承接
 D. 如果某项业务整个会计师事务所都无法胜任，会计师事务所应当拒绝接受该业务的委托

13. 下列各项中，属于注册会计师违反职业道德规范的行为有（　　　）。
 A. 按照业务约定和专业准则的要求承接业务
 B. 对执行业务过程中知悉的商业秘密保密，业务结束后可以利用其为自己或他人牟取利益
 C. 除有关法规允许的情形外，会计师事务所不以或有收费形式为客户提供各种鉴证服务
 D. 对其能力进行客观真实的广告宣传，在宣传中并无诋毁同行的言辞

14. 以下有关职业道德的说法中，不正确的有（　　　）。
 A. 注册会计师应竭诚为客户服务
 B. 会计师事务所可以降低审计收费，只要仍能保证审计质量、保持职业谨慎并遵循专业准则和质量控制程序
 C. 注册会计师应当保守客户的商业机密，即便客户存在违法行为
 D. 会计师事务所可以在为任何客户代编财务信息的当年接受其审计委托，只要承担审计业务的注册会计师没有代编财务信息

15. 在以下各种情形中，（　　　）属于注册会计师为保持审计的独立性而必须回避的事项。
 A. 在客户中有非重大间接经济利益
 B. 向客户借入小额款项

C. 从某客户处收取的审计费用占其收入的比例较大

D. 按审定金额的百分比收取审计费用

三、判断题

1. 注册会计师的责任是在实施审计工作的基础上对财务报表发表审计意见。　　（　　）

2. 只要注册会计师未查出被审计单位财务报表中的错报，就必须承担法律责任。（　　）

3. 合理保证的鉴证业务的目标是注册会计师将鉴证业务风险降至该业务环境下可接受的低水平，以此作为以积极方式提出结论的基础。　　　　　　　　　　　　　　　（　　）

4. 在审计过程中，注册会计师应当能够发现和揭露被审计单位财务报表中的所有错误和舞弊。　　　　　　　　　　　　　　　　　　　　　　　　　　　　　　　　　（　　）

5. 审计准则是注册会计师在执行各项业务时必须遵守的行为规范。　　　　　（　　）

6. 因审计程序不恰当或未执行某些必要的审计程序而被追究法律责任，通常视为普通过失。　　　　　　　　　　　　　　　　　　　　　　　　　　　　　　　　　（　　）

7. 鉴证业务是指注册会计师对鉴证对象信息提出结论，以增强责任方对鉴证对象信息信任程度的业务。　　　　　　　　　　　　　　　　　　　　　　　　　　　　　　（　　）

8. 会计师事务所及注册会计师因违约、过失或欺诈给被审计单位或其他利害关系人造成损失的，需要承担行政责任、民事责任或刑事责任。这三种责任可单处，也可并处。（　　）

9. 具有行政处罚权的机构主要是财政部门和证券监管机构。　　　　　　　　（　　）

10. 注册会计师的刑事责任主要是指根据刑法规定注册会计师应接受的处罚，包括拘役、有期徒刑等。　　　　　　　　　　　　　　　　　　　　　　　　　　　　　　　　（　　）

四、实训题

某会计师事务所接受委托，承办某商业银行年度财务报表审计业务。会计师事务所指派 A 和 B 注册会计师为该审计项目负责人。假定存在以下情况。

（1）该商业银行以该年度经营亏损为由，要求会计师事务所降低一定数额的审计收费，但允诺给予其正在申请的购买办公楼的按揭贷款利率相应的优惠。会计师事务所同意了该商业银行的要求，并与之签订了补充协议。

（2）A 注册会计师持有该商业银行的股票 500 股，市值约 3 000 元。由于数额较小，A 注册会计师未将该股票售出，也未予以回避。

（3）B 注册会计师的妹妹在该商业银行财务部从事会计核算工作，但非财务部负责人。B 注册会计师未予以回避。

（4）由于计算机专家李先生曾在该商业银行信息部工作，且参与了其现行计算机信息系统的设计，会计师事务所特聘李先生协助测试该商业银行的计算机信息系统。

（5）会计师事务所与该商业银行信贷评审部进行业务合作：由信贷评审部介绍需要审计的贷款客户，会计师事务所负责审计工作，最后由信贷评审部复核审计质量。鉴于双方各自承担的工作，相关审计收费由双方各按 50% 比例分配。

（6）会计师事务所委托该商业银行信贷部向申请贷款的客户赠送其简介，该简介内容真实、客观。

要求：针对上述情况，判断会计师事务所或注册会计师是否违反职业道德规范的相关规定，并简要说明理由。

项目三

审计目标

项目引入

注册会计师小王在审计某单位"存货"报表项目时，发现库存商品的期末余额是50万元。他应如何确定库存商品审计的具体审计目标？

相关知识

审计目标分为审计的总目标和具体审计目标。审计的总目标是指注册会计师为完成整体审计工作而要达到的预期目的。具体审计目标是指注册会计师通过实施审计程序，以确定管理层在财务报表中确认的各类交易、账户余额、披露层次认定是否恰当。注册会计师在了解每个项目的认定后，就能很容易确定每个项目的具体目标。

一、审计的总目标

中国注册会计师审计准则规定，审计的目的是提高财务报表预期使用者对财务报表的信赖程度。这一目的可以通过注册会计师对财务报表是否在所有重大方面按照适用的财务报告编制基础编制并实现公允反映发表审计意见得以实现。因此，执行财务报表审计工作时，注册会计师的总目标如下。

（1）对财务报表整体是否不存在舞弊或错误导致的重大错报获取合理保证，使得注册会计师能够对财务报表是否在所有重大方面按照适用的财务报告编制基础编制发表审计意见。

（2）按照审计准则的规定，根据审计结果对财务报表出具审计报告，并与管理层和治理层沟通。

简言之，审计的总目标即评价财务报表的合法性及公允性并发表审计意见。

财务报表使用者之所以希望注册会计师对财务报表的合法性和公允性发表意见，主要有以下四方面原因。

（1）利益冲突。财务报表使用者往往有着各自的利益，且这种利益与被审计单位管理层的利益大不相同。出于对自身利益的关心，财务报表使用者常常担心管理层提供带有偏见、不公正，甚至欺诈性的财务报表。为此，他们往往向注册会计师寻求鉴证服务。

（2）财务信息的重要性。财务报表是财务报表使用者进行经济决策的重要信息来源，在有些情况下，还是唯一的信息来源。在进行投资、贷款和其他决策时，财务报表使用者期望财务报表中的信息翔实、丰富，并且期望注册会计师确定被审计单位是否按照公认会计原则编制财务报表。

（3）复杂性。由于会计业务的处理及财务报表的编制日趋复杂，财务报表使用者因缺乏会计知识而难以对财务报表的质量做出评估，所以他们要求注册会计师对财务报表的质量进行鉴证。

（4）间接性。绝大多数财务报表使用者都远离被审计单位，这种地域的限制导致财务报表使用者不可能接触编制财务报表所依据的会计记录，即使财务报表使用者可以获得会计记录并对其进行审查，也往往由于时间和成本的限制，无法对会计记录做有意义的审查。在这种情况下，财务报表使用者有两种选择：一是相信这些会计信息的质量，二是依赖第三者鉴证报表。显然，财务报表使用者喜欢选择第二种方式。

财务报表审计的目标对注册会计师的审计工作发挥着导向作用，它界定了注册会计师的责任范围，直接影响注册会计师计划和实施审计程序的性质、时间和范围，决定了注册会计师如何发表审计意见。但值得注意的是，注册会计师作为独立第三方，运用专业知识、技能和经验对财务报表进行审计并发表审计意见，旨在提高财务报表的可信赖程度。由于审计存在固有限制，审计工作不能对财务报表整体不存在重大错报提供绝对保证。虽然财务报表使用者可以根据财务报表和审计意见对被审计单位未来生存能力或管理层的经营效率、经营效果做出某种判断，但审计意见本身并不是对被审计单位未来生存能力或管理层经营效率、经营效果提供的保证。

二、管理层认定

认定与审计目标密切相关，注册会计师的基本职责就是确定被审计单位管理层对其财务报表的认定是否恰当。认定是指管理层对财务报表组成要素的确认、计量、列报做出的明确或隐含的表达。例如，管理层在资产负债表中列报存货及其金额，意味着做出下列明确的认定：①记录的存货是存在的；②存货以恰当的金额包括在财务报表中，与之相关的计价或分摊调整已恰当记录。同时，管理层也做出下列隐含的认定：所有应当记录的存货均已记录；记录的存货都由被审计单位所有。

管理层对财务报表各组成要素均做出认定，注册会计师的审计工作就是确定管理层的认定是否恰当。

（一）关于所审计期间各类交易、事项及相关披露的认定

关于所审计期间各类交易、事项及相关披露的认定通常分为下列类别。

（1）发生：记录或披露的交易和事项已发生，且这些交易和事项与被审计单位有关。

（2）完整性：所有应当记录的交易和事项均已记录，所有应当包括在财务报表中的相关披露均已包括。

（3）准确性：与交易和事项有关的金额及其他数据已恰当记录，相关披露已得到恰当计量和描述。

（4）截止：交易和事项已记录于正确的会计期间。

（5）分类：交易和事项已记录于恰当的账户。

（6）列报：交易和事项已被恰当地汇总或分解且表述清楚，相关披露在适用的财务报告编制基础下是相关的、可理解的。

交易、事项及相关
披露的认定

（二）关于期末账户余额及相关披露的认定

关于期末账户余额及相关披露的认定通常分为下列类别。

（1）存在：记录的资产、负债和所有者权益是存在的。

（2）权利和义务：记录的资产由被审计单位拥有或控制，记录的负债是被审计单位应当履行的偿还义务。

（3）完整性：所有应当记录的资产、负债和所有者权益均已记录，所有应当包括在财务报表中的相关披露均已包括。

（4）准确性、计价和分摊：资产、负债和所有者权益以恰当的金额包括在财务报表中，与之相关的计价或分摊调整已恰当记录，相关披露已得到恰当计量和描述。

（5）分类：资产、负债和所有者权益已记录于恰当的账户。

（6）列报：资产、负债和所有者权益已被恰当地汇总或分解且表述清楚，相关披露在适用的财务报告编制基础下是相关的、可理解的。

注册会计师可以按照上述分类运用认定，也可按其他方式表述认定，但应涵盖上述所有方面。例如，注册会计师可以选择将关于各类交易、事项及相关披露的认定与关于账户余额及相关披露的认定综合运用。又如，当发生和完整性认定包含了对交易是否记录于正确会计期间的恰当考虑时，就可能不存在与交易和事项截止相关的单独认定。

三、具体审计目标

注册会计师了解了管理层认定和审计的总目标，就能很容易确定每个项目的具体审计目标，并以此作为评估重大错报风险以及设计和实施进一步审计程序的基础。具体审计目标是审计总目标的具体化，对指导具体审计工作更具有可操作性。一般说来，具体审计目标必须根据审计总目标和被审计单位管理层的认定来确定。

（一）与所审计期间各类交易、事项及相关披露相关的审计目标

（1）发生：由发生认定推导的审计目标是确认已记录的交易是真实的。例如，如果没有发生销售交易，但在销售日记账中记录了一笔销售，则违反了该目标。

发生认定所要解决的问题是管理层是否把不曾发生的项目列入财务报表，它主要与财务报表组成要素的高估有关。

（2）完整性：由完整性认定推导的审计目标是确认已发生的交易确实已经记录，所有应包括在财务报表中的相关披露均已包括。例如，如果发生了销售交易，但没有在销售明细账和总账中记录，则违反了该目标。

发生和完整性强调的是相反的关注点。发生目标针对多记、虚构交易（高估），而完整性目标则针对少记、漏记交易（低估）。

试一试

发生认定主要与财务报表组成要素的低估有关，完整性认定主要与财务报表组成要素的高估有关。这种说法对吗？

（3）准确性：由准确性认定推导出的审计目标是确认已记录的交易是按正确金额反映的，相关披露已得到恰当计量和描述。例如，如果在销售交易中，发出商品的数量与账单上的数量不符，或是开账单时使用了错误的销售价格，或是账单中的乘积或加总有误，或是在销售明细账中记录了错误的金额，则违反了该目标。

准确性与发生、完整性之间存在区别。例如，若已记录的销售交易是不应当记录的（如发出的商品是寄销商品），则即使发票金额是准确计算的，仍违反了发生认定。再如，若已入账的销售交易是对正确发出商品的记录，但金额计算错误，则违反了准确性认定，没有违反发生认定。完整性与准确性之间也存在同样的关系。

（4）截止：由截止认定推导出的审计目标是确认接近于资产负债表日的交易记录于恰当的期间。例如，如果本期交易推到下期，或下期交易提到本期，则违反了截止认定。

> **试一试**
>
> 年前的销售收入均在年前入账，没有违反截止认定。这种说法对吗？

（5）分类：由分类认定推导出的审计目标是确认被审计单位记录的交易经过适当分类。例如，如果将出售经营性固定资产所得的收入记录为营业收入，则导致交易分类的错误，违反了分类认定。

（6）列报：由列报认定推导出的审计目标是确认被审计单位的交易和事项已被恰当地汇总或分解且表述清楚，相关披露在适用的财务报告编制基础下是相关的、可理解的。

（二）与期末账户余额及相关披露相关的审计目标

（1）存在：由存在认定推导的审计目标是确认记录的金额确实存在。例如，如果不存在某顾客的应收账款，在应收账款明细表中却列入了对该顾客的应收账款，则违反了存在认定。

（2）权利和义务：由权利和义务认定推导的审计目标是确认资产归属于被审计单位，负债属于被审计单位的义务。例如，将他人寄售商品列入被审计单位的存货，违反了权利认定；将不属于被审计单位的债务入账，违反了义务认定。

（3）完整性：由完整性认定推导的审计目标是确认已存在的金额均已记录，所有应包括在财务报表中的相关披露均已包括。例如，如果存在某顾客的应收账款，而应收账款明细表中没有列入，则违反了完整性认定。

> **试一试**
>
> 注册会计师对下列各项目提出的目标，（　　　）是检查完整性认定的。
> A. 有价证券的市价是否予以列示　　　　B. 长期投资是否虚增
> C. 购货的借贷双方是否在同期入账　　　D. 应收账款是否登记入账

（4）准确性、计价和分摊：由准确性、计价和分摊认定推导的审计目标是确认资产、负债和所有者权益以恰当的金额包括在财务报表中，与之相关的计价或分摊调整已恰当记录，相关披露已得到恰当计量和描述。

（5）分类：由分类认定推导的审计目标是确认资产、负债和所有者权益已记录于恰当的账户。

（6）列报：由列报认定推导的审计目标是确认资产、负债和所有者权益已被恰当地汇总或分解且表述清楚，相关披露在适用的财务报告编制基础下是相关的、可理解的。

通过上面介绍可知，认定是确定具体审计目标的基础。注册会计师通常将认定转化为能够通过审计程序予以实现的审计目标。针对财务报表每一项目所表现出的各项认定，注册会计师应相应地确定一项或多项审计目标，然后通过执行一系列审计程序获取充分、适当的审计证据以实现审计目标。认定、审计目标和审计程序之间的关系举例如表 3-1 所示。

表 3-1　　　　　　　　　　认定、审计目标和审计程序之间的关系举例

认定	审计目标	审计程序
存在	资产负债表列示的存货存在	实施存货监盘程序
完整性	销售收入包括所有已发货的交易	检查发货单和销售发票的编号以及销售明细账
准确性	应收账款反映的销售业务是否基于正确的价格和数量，计算是否准确	比较价格清单与发票上的价格、发货单与销售订购单上的数量是否一致，重新计算发票上的金额
截止	销售业务记录在恰当的期间	比较上一年度最后几天和下一年度最初几天的发货单日期与记账日期
权利和义务	资产负债表中的固定资产确实为公司所有	查阅所有权证书、购货合同、结算单和保险单
计价和分摊	以净值记录应收款项	检查应收账款账龄分析表、评估计提的坏账准备是否充足

03

项目实施

与库存商品相关的管理层认定包括：存在，完整性，权利和义务，准确性、计价和分摊，分类，列报。由此确定的具体审计目标包括：①确定记录的库存商品是否确实存在；②确定已存在的库存商品金额是否均已记录，所有应包括在财务报表中的相关披露是否均已包括；③确定库存商品是否归被审计单位所有；④确定库存商品是否以恰当的金额包括在财务报表中，与之相关的计价或分摊调整是否已恰当记录，相关披露是否已得到恰当计量和描述；⑤确定库存商品是否已记录于恰当的账户；⑥确定库存商品是否已被恰当地汇总或分解且表述清楚，相关披露在适用的财务报告编制基础下是否是相关的、可理解的。

视野拓展

是什么导致了审计失败

某会计师事务所已多年对一家制造型有限责任公司执行审计工作，由于该公司的内部控制一直是令人满意的，而且该公司所处的行业非常稳定，实施控制测试和实质性程序的结果都表明公司的财务报表表述合法、公允，因此该会计师事务所从未向该公司出具非无保留意见审计报告。

在最近一次审计中，该会计师事务所委派一位新招募的职员负责该公司的审计工作。主任会计师通知他，这次的时间预算应当与以前年度保持一致。审计期间他主要对以下事项向会计师事务所做了报告：该公司最近对其存货系统实行电算化改造；总会计师于此期间辞职，其职位空闲有两个月；控制测试发现许多错误。尽管如此，原定的时间预算并未做修改。由于时间紧迫，审计人员并未对电算化系统进行测试。年末审计刚好在时间预算内完成，最终发表了无保留意见。但几个月后这家公司陷入严重的财务困境，无法偿还到期债务。随后的调查表明，计算机系统错误的存货定价、未考虑存货的过期贬值，导致了高估存货价值。新任总会计师伪造销售发票，维持销售收入水平与以前年度相当，由此高估了销售收入和债权。此外，负责存货审计的助理人员

是一个刚毕业的学生，只测试了很少的存货样本，这些样本中存在的存货定价错误被认定为不重要，因此没有追加进一步的审计程序。另外，由于时间限制，没有执行债务周转率等分析程序。这些情况导致了审计失败。

启示：编制充分的审计计划、制定合理的审计目标和执行恰当的审计程序对于审计成功是至关重要的。

练习与实训

一、单项选择题

1. "存在"或"发生"认定与"完整性"认定，分别与（　　）有关。
   - A. 财务报表数据的低估和高估
   - B. 财务报表数据的高估和低估
   - C. 财务报表数据的分类错误和计算错误
   - D. 财务报表数据的舞弊和违法行为

2. 通过分析存货周转率最有可能证实的是（　　）认定。
   - A. 存在
   - B. 权利和义务
   - C. 分类
   - D. 准确性、计价和分摊

3. 如果主营业务收入明细账记录了一笔没有发生的销售交易，则违反了交易和事项的（　　）认定。
   - A. 完整性
   - B. 准确性
   - C. 权利和义务
   - D. 发生

4. 在注册会计师所关心的下列各种问题中，确认（　　）是为了检查截止认定。
   - A. 年前开出的支票是否均在年前入账
   - B. 应收账款是否属实
   - C. 存货跌价准备的期末余额是否正确
   - D. 固定资产是否有做抵押的

5. 下列各项中，（　　）违反了分类认定。
   - A. 把寄存的商品记录在企业账上
   - B. 将已发生的销售业务不登记入账
   - C. 将接近资产负债日的交易记录于下年度
   - D. 将现销记录为赊销，将出售经营性固定资产所得的收入计入营业收入

6. 注册会计师在审计应收账款时，应确认被审计单位应收账款的坏账准备计提是否充分，这是为了证实管理层的（　　）认定。
   - A. 存在
   - B. 权利和义务
   - C. 分类
   - D. 准确性、计价和分摊

7. 甲公司将 2021 年度的主营业务收入列入 2020 年度的财务报表，则其 2020 年度财务报表存在错误的认定是（　　）。
   - A. 截止
   - B. 准确性
   - C. 发生
   - D. 完整性

8. 下列各项中，违反了"权利和义务"认定的是（　　）。
   - A. 将未曾发生的销售提前入账
   - B. 将已发生的销售业务不登记入账
   - C. 未将已抵押的存货披露
   - D. 坏账准备的计提不正确

9. 具体审计目标的确定依据是（　　）。
   - A. 审计对象
   - B. 被审计单位管理层的认定
   - C. 审计总目标
   - D. 被审计单位管理层的认定和审计总目标

10. 下列有关"完整性"的认定中，表达不正确的是（　　）。
    - A. 检查完整性认定是确认应在报表中列示的所有交易和项目是否均已列入

    B. 完整性认定主要与报表组成要素的低估有关

    C. 完整性认定还涉及所报告的交易和项目的金额是否正确

    D. 检查完整性认定是确认管理层是否把应包括的项目遗漏或省略了

二、多项选择题

1. 财务报表使用者之所以希望注册会计师对财务报表的合法性和公允性发表意见，主要是因为（　　）。

    A. 利益冲突   B. 财务信息的重要性

    C. 间接性   D. 复杂性

2. 注册会计师所确定的以下具体审计目标中，（　　）是根据管理层关于完整性认定推论得出的。

    A. 主营业务收入明细账余额合计是否与总账余额相符

    B. 存货是否已适当地计提存货跌价准备

    C. 存放在其他企业的存货是否包括在存货项目内

    D. 有关短期借款的入账是否及时

3. 注册会计师通过实施"检查外来账单与本单位有关账目的记录是否相符"这一程序，可能证实被审计单位管理层对财务报表的（　　）认定。

    A. 存在   B. 完整性

    C. 截止   D. 准确性、计价和分摊

4. 与交易、事项及相关披露相关的认定有（　　）。

    A. 发生   B. 完整性   C. 截止   D. 权利和义务

5. 注册会计师对财务报表审计是对财务报表的（　　）方面发表审计意见。

    A. 财务报表是否不存在重大错报

    B. 财务报表是否按照适用的财务报告编制基础编制

    C. 财务报表是否反映了管理层的判断和决策

    D. 财务报表是否在所有重大方面公允反映被审计单位的财务状况、经营成果和现金流量

三、判断题

1. 关于期末账户余额及相关披露的认定包括存在、完整性、权利和义务、截止、分类。（　　）

2. A 公司于某年 12 月 31 日向 B 公司发出商品 50 万元，次年 1 月 4 日办妥托收手续，A 公司在发出商品时确认收入，则其违反了"完整性"认定。（　　）

3. "存在"或"发生"认定所要解决的问题是确认管理层是否把不应包括的项目记入了财务报表，并不涉及所报告的金额是否正确。（　　）

4. "准确性"认定主要与财务报表组成要素的低估有关。（　　）

5. "存在"或"发生"认定和"权利和义务"认定与资产负债表和利润表的组成要素都相关，"完整性"认定只与资产负债表的组成要素相关。（　　）

四、实训题

注册会计师通常依据各类交易、账户余额及相关披露的认定确定审计目标，根据审计目标设计审计程序。以下给出了采购交易的审计目标，并列举了部分实质性程序。

1. 审计目标。

（1）确认所记录的采购交易是否发生，且与被审计单位有关。

（2）确认所有应当记录的采购交易是否已记录。

（3）确认与采购交易有关的金额及其他数据是否恰当记录。

（4）确认采购交易是否记录于恰当的账户。

（5）确认采购交易是否记录于正确的会计期间。

2. 实质性程序。

（1）将采购明细账中记录的交易同购货发票、验收单和其他证明文件比较。

（2）根据购货发票反映的内容，比较会计科目表上的分类。

（3）从购货发票追查至采购明细账。

（4）从验收单追查至采购明细账。

（5）将验收单和购货发票上的日期与采购明细账中的日期进行比较。

（6）检查购货发票、验收单、订购单和请购单的合理性和真实性。

（7）追查存货的采购至存货永续盘存记录。

要求：

请根据题中给出的审计目标，指出对应的相关认定；针对每一审计目标，选择相应的实质性程序（一项实质性程序可能对应一项或多项审计目标，每一审计目标可能需选择一项或多项实质性程序）。请将财务报表相关认定及选择的实质性程序的序号填入表 3-2 中。

表 3-2　　　　　　　　　　　相关认定及对应的实质性程序

相关认定	审计目标	实质性程序
	（1）	
	（2）	
	（3）	
	（4）	
	（5）	

项目四

审计过程

知识目标 ↓

1. 了解审计工作过程；
2. 理解总体审计策略、具体审计计划及其编制要求；
3. 掌握审计计划阶段的工作内容；
4. 掌握重要性及审计风险的含义。

能力目标 ↓

1. 能完成审计计划阶段的基本工作；
2. 能确定重要性水平；
3. 能运用审计风险模型。

项目引入

某会计师事务所对 A 公司财务报表审计后发表了无保留意见。半年后，A 公司因无法按时偿还债务而破产。股东与债权人起诉该会计师事务所，理由是 A 公司年度报表中存在严重错误，而注册会计师发表了无保留意见，从而误导了报表使用者。会计师事务所对此提出了抗辩，认为审计中发现的重大错报都已经要求 A 公司调整，且 A 公司也进行了调整，未调整的错报是不重要的，且在审计报告中使用了"在所有重大方面公允地反映了 A 公司 20××年 12 月 31 日的财务状况以及 20××年度的经营成果和现金流量"这一表述。

法院经过审理最终认定：A 公司将下一年的销售收入提前计入本年的报表中，造成本年虚增收入 10 万元，高估资产 12 万元，漏计与少计负债 20 万元。对于销售额和资产近千万元的 A 公司来说，这些错报虽然从金额上来看并不重要，却导致 A 公司的盈利保持持续增长的状态，偿债指标也恰巧达到了银行贷款门槛，无疑会误导报表使用者，所以会计师事务所理应承担赔偿责任。

试问：

1. 为什么财务报表有错报而注册会计师还要出具无保留意见的审计报告呢？
2. 在该笔业务中注册会计师是否应当承担赔偿责任呢？

相关知识

审计过程指审计工作从开始到结束的整个过程。审计过程一般分为计划阶段、实施阶段和完成阶段。

一、审计计划阶段

1. 接受业务委托

会计师事务所应当按照注册会计师执业准则的规定，谨慎决策是否接受或保持某客户关系和具体审计业务。在接受新客户的业务前，或决定是否保持现有业务或考虑接受现有客户的新业务时，会计师事务所应当执行有关客户接受与保持的程序，以获取以下信息：①考虑客户的诚信，是否有信息表明客户缺乏诚信；②是否具有执行业务必要的素质、专业胜任能力、时间和资源；③是否能够遵守相关职业道德要求。只有在了解后，认为符合专业胜任能力、独立性和应有的关注等职业道德要求，并且拟承接的业务具备审计业务特征时，注册会计师才能将其作为审计业务予以承接。

2. 签订审计业务约定书

通过对客户和环境的了解，对确定要接受委托的客户，需要与其签订审计业务约定书，以明确和确认双方的权利与义务。审计业务约定书具有经济合同的性质，一经约定各方签字或盖章认可，即成为法律上生效的契约，对各方均具有法定约束力。

3. 计划审计工作

计划审计工作十分重要。如果没有恰当的审计计划，不仅无法获取充分、适当的审计证据，影响审计目标的实现，而且还会浪费有限的审计资源，影响审计工作的效率。因此，对于任何一项审计业务，注册会计师在执行具体审计程序之前，都必须根据具体情况制订科学、合理的计划，使审计业务以有效的方式得到执行。一般来说，计划审计工作主要包括：在本期审计业务开始时开展的初步业务活动；制定总体审计策略；制订具体审计计划等。需要指出的是，计划审计工作不是审计业务的一个孤立阶段，而是一个持续的、不断修正的过程，贯穿审计过程的始终。

二、审计实施阶段

风险导向审计要求注册会计师以重大错报风险的识别、评估和应对为审计工作的主线，以提高审计效率和效果。审计实施阶段的工作包括：实施风险评估程序、控制测试和实质性程序。

1. 风险评估程序

所谓风险评估程序，是指注册会计师实施的了解被审计单位及其环境并识别和评估财务报表重大错报风险的程序。风险评估程序是必要程序，了解被审计单位及其环境为注册会计师在许多关键环节做出职业判断提供了重要基础。一般来说，实施风险评估程序的主要工作包括：了解被审计单位及其环境；识别和评估财务报表层次以及各类交易、账户余额和披露认定层次的重大错报风险，包括确定需要特别考虑的重大错报风险（即特别风险）以及仅通过实施实质性程序无法应对的重大错报风险等。

2. 控制测试和实质性程序

注册会计师实施风险评估程序本身并不足以为发表审计意见提供充分、适当的审计证据，还应当实施进一步审计程序，包括实施控制测试（必要时或决定测试时）和实质性程序。

（1）控制测试

控制测试是指用于评价内部控制在防止或发现并纠正认定层次重大错报方面的运行有效性的审计程序，控制测试的结果是注册会计师在确定实质性程序的范围时的重要考虑因素。如果控制测试的结果进一步证实内部控制是有效的，注册会计师可以认为相关账户及认定发生重大错报的可能性较低，对相关账户及认定实施实质性程序的范围也将缩小。

（2）实质性程序

实质性程序是指注册会计师针对评估的重大错报风险实施的直接用以发现认定层次重大错报的审计程序。注册会计师应当针对评估的重大错报风险设计和实施实质性程序，以发现认定层次的重大错报。实质性程序包括对各类交易、账户余额及披露的细节测试以及实质性分析程序。

三、审计完成阶段

审计完成阶段的主要工作是完成审计工作和编制审计报告。

注册会计师在完成财务报表所有循环的进一步审计程序后，还应当按照有关审计准则的规定做好审计完成阶段的工作，并根据所获取的各种证据，合理运用专业判断，形成适当的审计意见。本阶段的主要工作有：审计期初余额、比较数据、期后事项和或有事项；考虑持续经营问题和获取管理层声明；汇总审计差异，并提请被审计单位调整或披露；复核审计工作底稿和财务报表；与管理层和治理层沟通；评价审计证据，形成审计意见；编制审计报告等。

四、计划审计工作

（一）开展初步业务活动

1. 开展初步业务活动的目的

在本期审计业务开始时，注册会计师需要开展初步业务活动，以实现以下三个主要目的：①具备执行业务所需的独立性和能力；②不存在因管理层诚信问题而可能影响注册会计师保持该项业务的意愿的事项；③与被审计单位之间不存在对业务约定条款的误解。

2. 初步业务活动的内容

注册会计师应当开展下列初步业务活动：①针对保持客户关系和具体审计业务实施相应的质量控制程序；②评价遵守相关职业道德要求的情况；③就审计业务约定条款达成一致意见。

针对保持客户关系和具体审计业务实施质量控制程序，并且根据实施相应程序的结果做出适当的决策是注册会计师控制审计风险的重要环节。在确定是否接受新客户或现有客户的新业务时，注册会计师执业准则要求会计师事务所根据具体情况获取必要的信息，下列信息可以帮助项目合伙人确定有关客户关系和审计业务的接受与保持是否恰当：①被审计单位的主要股东、关键管理人员和治理层是否诚信；②项目组是否具有执行审计业务的专业胜任能力及必要的时间和资源。

评价遵守相关职业道德要求的情况也是一项非常重要的初步业务活动。质量控制准则含有包括独立性在内的有关职业道德要求，注册会计师应当按照其规定执行。虽然保持客户关系及具体审计业务和评价职业道德的工作贯穿审计业务的全过程，但是这两项活动需要安排在其他审计工作之前，以确保注册会计师已具备执行业务所需要的独立性和专业胜任能力，且不存在因管理层诚信问题而影响注册会计师保持该项业务的意愿等情况。在连续审计的业务中，这些初步业务活动通常在上期审计工作结束后不久或将要结束时就已经开始了。

在做出接受或保持客户关系及具体审计业务的决策后，注册会计师应当按照《中国注册会计师审计准则第 1111 号——就审计业务约定条款达成一致意见》的规定，在审计业务开始前，与被审计单位就审计业务约定条款达成一致意见，签订或修改审计业务约定书，以避免双方对审计业务的理解产生分歧。

📖 试一试

下列活动中，（　　　　）不是初步业务活动包括的内容。

A. 针对保持客户关系和具体审计业务实施相应的质量控制程序
B. 评价遵守职业道德规范的情况
C. 就审计业务约定条款达成一致意见
D. 了解被审计单位及其环境

（二）签订审计业务约定书

1. 审计业务约定书的概念

审计业务约定书是指会计师事务所与被审计单位签订的，用以记录和确认审计业务的委托与受托关系、审计目标和范围、双方的责任以及报告的格式等事项的书面协议。

会计师事务所承接任何审计业务，都应与被审计单位签订审计业务约定书。《中国注册会计师审计准则第 1111 号——就审计业务约定条款达成一致意见》要求，注册会计师应当在审计业务开始前，与被审计单位就审计业务约定条款达成一致意见，并签订审计业务约定书，以避免双方对审计业务的理解产生分歧。如果被审计单位不是委托人，在签订审计业务约定书前，注册会计师应当与委托人、被审计单位就审计业务约定书的相关条款进行充分沟通，并达成一致意见。审计业务约定书具有经济合同的性质，一经约定各方签字或盖章认可，即成为法律上生效的契约，对各方均具有法定约束力。

2. 审计业务约定书的作用

签署审计业务约定书的目的是明确约定各方的权利和义务，促使各方遵守约定事项并加强合作，保护签约各方的正当利益。审计业务约定书主要有以下作用。

（1）可增进会计师事务所与被审计单位之间的相互了解，可使被审计单位了解注册会计师的审计责任及需要提供的协助和合作。

（2）可作为被审计单位评价审计业务完成情况，及会计师事务所检查被审计单位约定义务履行情况的依据。

（3）出现法律诉讼时，是确定签约各方应负责任的重要证据。

3. 审计业务约定书的内容

审计业务约定书的具体内容和格式因被审计单位的不同而不同，但应当包括以下主要内容。

（1）财务报表审计的目标与范围。

（2）注册会计师的责任。

（3）管理层的责任。

（4）指出用于编制财务报表所适用的财务报告编制基础。

（5）提及注册会计师拟出具的审计报告的预期形式和内容，以及对在特定情况下出具的审计报告可能不同于预期形式和内容的说明。

如果情况需要，注册会计师还可能考虑在审计业务约定书中列明下列内容。

（1）详细说明审计工作的范围，包括提及适用的法律法规、审计准则，以及注册会计师协会发布的职业道德守则和其他公告。

（2）对审计业务结果的其他沟通形式。

（3）关于注册会计师按照《中国注册会计师审计准则第 1504 号——在审计报告中沟通关键审计事项》的规定，在审计报告中沟通关键审计事项的要求。

（4）说明由于审计和内部控制的固有限制，即使审计工作按照审计准则的规定得到恰当的计划和执行，仍不可避免地存在某些重大错报未被发现的风险。

（5）计划和执行审计工作的安排，包括审计项目组的构成。

（6）预期管理层将提供书面声明。

（7）预期管理层将允许注册会计师接触管理层知悉的与财务报表编制相关的所有信息（包括与披露相关的所有信息）。

（8）管理层同意向注册会计师及时提供财务报表草稿（包括与财务报表及披露的编制相关的所有信息）和其他所有附带信息（如有），以使注册会计师能够按照预定的时间表完成审计工作。

（9）管理层同意告知注册会计师在审计报告日至财务报表报出日之间注意到的可能影响财务报表的事实。

（10）收费的计算基础和收费安排。

（11）管理层确认收到审计业务约定书并同意其中的条款。

（12）在某些方面对利用其他注册会计师和专家工作的安排。

（13）对审计涉及的内部审计人员和被审计单位其他员工工作的安排。

（14）在首次审计的情况下，与前任注册会计师（如存在）沟通的安排。

（15）说明对注册会计师责任可能存在的限制。

（16）注册会计师与被审计单位之间需要达成进一步协议的事项。

（17）向其他机构或人员提供审计工作底稿的义务。

（三）制订审计计划

在确定接受审计业务委托后，为保证审计工作的顺利开展，需要制订审计计划。审计计划分为总体审计策略和具体审计计划两个层次。注册会计师应当针对总体审计策略中所识别的不同事项，制订具体审计计划，并考虑通过有效利用审计资源以实现审计目标。值得注意的是，虽然制定总体审计策略通常在制订具体审计计划之前，但是两项计划具有内在紧密联系，对其中一项的决定可能会影响甚至改变对另外一项的决定。

1. 总体审计策略

总体审计策略用以确定审计范围、时间和方向，并指导制订具体审计计划。在制定总体审计策略时，注册会计师应当考虑以下主要事项。

（1）审计范围

注册会计师应当确定审计业务的特征，包括采用的会计准则和相关会计制度、特定行业的报告要求以及被审计单位组成部分的分布等，以确定审计范围。

（2）报告目标

总体审计策略的制定应当包括明确审计业务的报告目标，以计划审计的时间安排和所需沟通的性质，包括提交审计报告的时间要求、预期与管理层和治理层沟通的重要日期等。

（3）审计方向

总体审计策略的制定应当包括考虑影响审计业务的重要因素，以确定项目组工作方向，包括确定适当的重要性水平，初步识别可能存在较高的重大错报风险的领域，初步识别重要的组成部分和账户余额，评价是否需要针对内部控制的有效性获取审计证据，识别被审计单位、所处行业、财务报告要求及其他相关方面最近发生的重大变化等。

（4）审计资源

注册会计师应当在总体审计策略中清楚地说明对审计资源的规划和调配，包括确定执行审计业务所必需的审计资源的性质、时间安排和范围。注册会计师应当在总体审计策略中清楚地说明下列内容。

① 向具体审计领域调配的资源，包括向高风险领域分派有适当经验的项目组成员，就复杂的

问题利用专家工作等。

② 向具体审计领域分配资源的数量，包括分派到重要地点进行存货监盘的项目组成员的人数，在集团审计中复核组成部分注册会计师工作的范围，向高风险领域分配的审计时间预算等。

③ 何时调配这些资源，包括是在期中审计阶段还是在关键的截止日期调配资源等。

④ 如何管理、指导、监督这些资源的利用，包括预期何时召开项目组预备会和总结会，预期项目负责人和经理如何进行复核，是否需要实施项目质量控制复核等。

总体审计策略参考格式如表 4-1 所示。

表 4-1　　　　　　　　　　　　总体审计策略参考格式

被审计单位：_____	索引号：_____
项目：　　总体审计策略	财务报表截止日/期间：_____
编制：_____	复核：_____
日期：_____	日期：_____

一、审计范围

报告要求	备注
适用的财务报告编制基础（包括是否需要将财务信息按照其他财务报告编制基础进行转换）	
适用的审计准则	
与财务报告相关的行业特别规定	例如：监管机构发布的有关信息披露法规、特定行业主管部门发布的与财务报告相关的法规等
由组成部分注册会计师审计的组成部分的范围	
……	

二、审计时间安排

（一）报告时间要求

审计工作	时间
提交审计报告草稿	
签署正式审计报告	
公布已审计的报表和审计报告	
……	

（二）执行审计工作的时间安排

审计工作	时间
制定总体审计策略	
制订具体审计计划	
执行存货监盘	
……	

（三）沟通的时间安排

沟通	时间
与管理层的沟通	
与治理层的沟通	
项目组会议（包括预备会和总结会）	
与注册会计师或专家的沟通	
与组成部分注册会计师的沟通	
与前任注册会计师的沟通	
……	

04

三、影响审计业务的重要因素
（一）重要性

重要性	索引号
财务报表整体重要性	
特定类别的交易、账户余额或披露的一个或多个重要性水平（如适用）	
实际执行的重要性	
明显微小错报的临界值	

（二）可能存在较高重大错报风险的领域

可能存在较高重大错报风险的领域	索引号

（三）识别重要组成部分

重要组成部分名称	索引号

（四）识别重要的交易、账户余额和披露及相关认定

重要的交易、账户余额和披露及相关认定	索引号

四、人员安排
（一）项目组主要成员

姓名	职级	主要职责

注：在分配职责时可以根据被审计单位的不同情况按会计科目划分，或按交易类别划分。

04

（二）质量控制复核人员

姓名	职级	主要职责

五、对专家或其他第三方工作的利用
（一）对专家工作的利用

主要报表项目	专家名称	主要职责及工作范围	索引号

（二）对内部审计工作的利用

主要流程/报表项目	拟利用的内部审计工作	索引号

（三）对组成部分注册会计师工作的利用

组成部分注册会计师名称	利用其工作范围及程度	索引号

（四）对被审计单位使用服务机构的考虑

主要报表项目	服务机构名称	服务机构提供的相关服务及其注册会计师出具的 审计报告意见及日期（如有）	索引号

六、其他事项

04

2. 具体审计计划

注册会计师应当为审计工作制订具体审计计划。具体审计计划比总体审计策略详细，其内容包括为获取充分、适当的审计证据以将审计风险降至可接受的低水平，项目组成员拟实施的审计程序的性质、时间安排和范围。可以说，为获取充分、适当的审计证据，而确定审计程序的性质、时间安排和范围是具体审计计划的核心。具体审计计划应当包括风险评估程序、计划实施的进一步审计程序和其他审计程序。

（1）风险评估程序

计划的风险评估程序指为了充分识别和评估财务报表重大错报风险，注册会计师计划实施的风险评估程序的性质、时间安排和范围。

（2）计划实施的进一步审计程序

具体审计计划应当包括按照审计准则的规定，针对评估的认定层次的重大错报风险，注册会计师计划实施的进一步审计程序的性质、时间安排和范围。进一步审计程序包括控制测试和实质性程序。

通常，注册会计师计划的进一步审计程序可以分为进一步审计程序的总体方案和拟实施的具体审计程序（包括进一步审计程序的性质、时间安排和范围）两个层次。进一步审计程序的总体方案主要是指注册会计师针对各类交易、账户余额和披露决定采用的总体方案（包括实质性方案和综合性方案）。具体审计程序则是对进一步审计程序的总体方案的延伸和细化，它通常包括控制测试和实质性程序的性质、时间安排和范围。在实务中，注册会计师通常单独编制一套包括这些具体程序的"进一步审计程序表"，待具体实施审计程序时，注册会计师将基于所计划的具体审计程序，进一步记录所实施的审计程序及结果，并最终形成有关进一步审计程序的审计工作底稿。

（3）其他审计程序

计划的其他审计程序可以包括上述进一步审计程序的计划中没有涵盖的、根据其他审计准则的要求注册会计师应当执行的既定程序。

试一试

具体审计计划的内容不包括（   ）。

A. 风险评估程序   B. 进一步审计程序   C. 初步业务活动   D. 其他审计程序

---

3. 审计过程中对计划的更改

计划审计工作并非审计业务的一个孤立阶段，而是一个持续的、不断修正的过程，贯穿审计业务的始终。由于未预期事项、条件的变化或在实施审计程序中获取的审计证据等，在审计过程中，注册会计师应当在必要时对总体审计策略和具体审计计划做出更新和修改。

审计过程可以分为不同阶段，通常前面阶段的工作结果会对后面阶段的工作计划产生一定的影响，而在后面阶段的工作过程中又可能发现需要对已制订的相关计划进行相应的更新和修改的情况。通常来讲，这些更新和修改可能涉及比较重要的事项。例如，对重要性水平的修改，对某类交易、账户余额和披露的重大错报风险的评估和进一步审计程序（包括总体方案和拟实施的具体审计程序）的更新和修改等。一旦计划被更新和修改，审计工作也应当进行相应的修正。

注册会计师如果在审计过程中对总体审计策略或具体审计计划做出重大修改，应当在审计工作底稿中记录做出的重大修改及其理由。

4. 指导、监督与复核

注册会计师应当制订计划，确定对项目组成员的指导、监督以及对其工作进行复核的性质、时间安排和范围。项目组成员的指导、监督以及对其工作进行复核的性质、时间安排和范围主要取决于下列因素：①被审计单位的规模和复杂程度；②审计领域；③评估的重大错报风险；④执行审计工作的项目组成员的专业素质和胜任能力。

注册会计师应在评估重大错报风险的基础上，计划对项目组成员工作的指导、监督与复核的性质、时间安排和范围。当评估的重大错报风险增加时，注册会计师通常会扩大指导与监督的范围，增强指导与监督的及时性，执行更详细的复核工作。在计划复核的性质、时间安排和范围时，注册会计师还应考虑单个项目组成员的专业素质和胜任能力。

试一试

下列说法中，正确的有（   ）。

A. 计划审计工作贯穿审计业务的始终，并不是审计业务的一个孤立阶段，而是一个持续的、不断修正的过程

B. 注册会计师在编制审计计划时，可以和被审计单位有关人员就某些审计程序进行讨论，并共同编制审计计划

C. 审计业务约定书具有经济合同的性质，一旦约定双方签字认可，即成为在法律上生效的契约

D. 在初步计划审计工作时，注册会计师应当确定在被审计单位财务报表中可能存在重大错报风险的重大账户及其相关认定

（四）确定重要性

审计重要性概念的运用贯穿整个审计过程。在计划审计工作时，注册会计师应当考虑导致财务报表发生重大错报的原因，并应当在了解被审计单位及其环境的基础上，确定一个可接受的重要性水平，即首先为财务报表层次确定重要性水平，以发现在金额上重大的错报。同时，注册会

计师还应当评估各类交易、账户余额和披露认定层次的重要性，以便确定进一步审计程序的性质、时间安排和范围，将审计风险降至可接受的低水平。在确定审计意见类型时，注册会计师也需要考虑重要性水平。

1. 重要性的含义

审计重要性是指在具体环境下，被审计单位财务报表错报的严重程度。如果合理预期错报（包括漏报）单独或汇总起来可能影响财务报表使用者依据财务报表做出的经济决策，则该项错报是重大的。重要性可视为财务报表中错报、漏报能否影响财务报表使用者决策的"临界点"，超过该"临界点"就会影响使用者的决策和判断，这种错报、漏报就应该被看作"重要的"。

注册会计师使用整体重要性水平（将财务报表作为整体）的目的有：①决定风险评估程序的性质、时间安排和范围；②识别和评估重大错报风险；③确定进一步审计程序的性质、时间安排和范围。在整个业务过程中，随着审计工作的进展，注册会计师应当根据所获得的新信息更新重要性。在形成审计结论阶段，要使用整体重要性水平和为了特定类别交易、账户余额和披露而确定的较低金额的重要性水平来评价已识别的错报对财务报表的影响和对审计报告中审计意见的影响。

在理解和运用这一概念时，应当注意审计重要性的特征。

（1）重要性的确定离不开具体环境

由于不同的被审计单位面临不同的环境，不同的报表使用者有不同的信息需求，因此注册会计师确定的重要性也不相同。某一金额的错报对某被审计单位的财务报表来说是重要的，而对其他被审计单位的财务报表来说可能不重要。例如，错报10万元对一个小公司来说可能是重要的，而对大公司来说则可能不重要。

（2）重要性概念是针对财务报表使用者决策的信息需求而言的

判断一项错报重要与否，应视其对财务报表使用者依据财务报表做出经济决策的影响程度而定。如果财务报表中的某项错报足以改变或影响财务报表使用者的相关决策，则该项错报就是重要的，否则就不重要。另外，判断某事项对财务报表使用者是否重大，要在考虑财务报表使用者整体共同的财务信息需求的基础上做出。由于不同财务报表使用者对财务信息的需求可能差异很大，因此不考虑错报对个别财务报表使用者可能产生的影响。

（3）重要性包括对数量和性质两个方面的考虑

所谓数量方面，是指错报的金额大小；性质方面则是指错报的性质。一般而言，金额大的错报比金额小的错报更重要。需要注意的是，如果仅从数量角度考虑，重要性水平只是一个门槛或临界点。在该门槛或临界点之上的错报就是重要的；反之，该错报则不重要。有些情况下，某些金额的错报从数量上看并不重要，但从性质上考虑，则可能是重要的。对于某些财务报表披露的错报，难以从数量上判断是否重要，应从性质上考虑其是否重要。

（4）对重要性的评估需要运用职业判断

重要性水平是一个经验值，注册会计师只能通过职业判断确定重要性水平。影响重要性的因素很多，注册会计师应当根据被审计单位面临的环境，并综合考虑其他因素，合理确定重要性水平。不同的注册会计师在确定同一被审计单位财务报表层次和认定层次的重要性水平时，得出的结果可能不同，主要是因为对影响重要性的各因素的判断存在差异，因此需要运用职业判断来合理评估重要性。

试一试

以下有关重要性的理解中，正确的有（　　）。
A. 重要性是针对审计报告而言的　　　　B. 重要性应从报表使用者的角度考虑
C. 重要性的判断离不开特定的环境　　　D. 重要性主要从数量方面加以考虑

2. 重要性水平的应用

重要性水平的运用贯穿整个审计过程。在计划和执行审计工作、评价识别出的错报对审计的影响，以及未更正错报对财务报表和审计意见的影响时，注册会计师都需要运用重要性概念。

（1）确定计划的重要性水平

在计划审计工作时，注册会计师应当确定一个可接受的重要性水平，以发现在金额上的重大错报。注册会计师在确定计划的重要性水平时，需要考虑对被审计单位及其环境的了解、审计的目标、财务报表各项目的性质及其相互关系、财务报表项目的金额及其波动幅度。同时，还应当从性质和数量两个方面合理确定重要性水平。

① 从数量方面考虑重要性。

重要性的数量即为重要性水平，是针对错报的金额大小而言的。在审计过程中，注册会计师应当考虑财务报表层次和各类交易、账户余额和披露的重要性水平。

A. 财务报表整体的重要性水平。

由于财务报表审计的目标是注册会计师通过执行审计工作对财务报表发表审计意见，因此，注册会计师应当考虑财务报表整体的重要性。只有这样，才能得出财务报表是否公允反映的结论。注册会计师在制定总体审计策略时，应当确定财务报表整体的重要性。

确定重要性需要运用职业判断。确定财务报表整体的重要性水平时，首先选择一个恰当的基准，然后选用适当的百分比乘以该基准，从而得出财务报表整体的重要性水平。在选择基准时，需要考虑的因素包括：a. 财务报表要素（如资产、负债、所有者权益、收入和费用、利润）；b. 是否存在特定会计主体的财务报表使用者特别关注的项目（如为了评价财务业绩，使用者可能更关注利润、收入或净资产）；c. 被审计单位的性质、所处的生命周期阶段以及所处行业和经济环境；d. 被审计单位的所有权结构和融资方式（例如，如果被审计单位仅通过债务而非权益进行融资，财务报表使用者可能更关注资产及资产的索偿权，而非被审计单位的收益）；e. 基准的相对波动性。

适当的基准取决于被审计单位的具体情况，包括各类报告收益（如税前利润、营业收入、毛利和费用总额），以及所有者权益或净资产。对于以营利为目的的实体，通常以经常性业务的税前利润作为基准。如果经常性业务的税前利润不稳定，选用其他基准可能更加合适，如毛利或营业收入。常用的基准如表 4-2 所示。

表 4-2　　　　　　　　　　　　常用的基准

被审计单位的情况	可能选择的基准
企业的盈利水平保持稳定	经常性业务的税前利润
企业近年来经营状况大幅度波动，盈利和亏损交替发生，或者由正常盈利变为微利或微亏，或者本年度税前利润因情况变化而出现意外增加或减少	过去 3～5 年经常性业务的平均税前利润或亏损（取绝对值），或者其他基准，如营业收入
企业为新设企业，处于开办期，尚未开始经营，目前正在建造厂房及购买机器设备	总资产
企业处于新兴行业，目前侧重于抢占市场份额、扩大企业知名度和影响力	营业收入
开放式基金，致力于优化投资组合、提高基金净值、为基金持有人创造投资价值	净资产
国际企业集团设立的研发中心，主要为集团下属各企业提供研发服务，并以成本加成的方式向相关企业收取费用	成本与营业费用总额
公益性质的基金会	捐赠收入或捐赠支出总额

　　为选定的基准确定百分比需要运用职业判断。百分比和选定的基准之间存在一定的联系，如经常性业务的税前利润对应的百分比通常比营业收入对应的百分比要高。例如，对以营利为目的的制造行业实体，注册会计师可能认为经常性业务的税前利润的5%是适当的；而对非营利组织，注册会计师可能认为总收入或费用总额的1%是适当的。百分比无论是高一些还是低一些，只要符合具体情况，都是适当的。财务报表整体重要性百分比的确定如表4-3所示。

表4-3　　　　　　　　　　　　　财务报表整体重要性百分比的确定

被审计单位	经验百分比（参考）
以营利为目的的实体	通常不超过经营性业务税前利润的5%
非营利组织	通常不超过费用总额或总收入的1%或不超过资产总额的0.5%
基金	通常不超过净资产的0.5%
以资产总额为基准的实体	通常不超过资产总额的1%

04

　　B. 特定类别交易、账户余额或披露的重要性水平。

　　根据被审计单位的特定情况，下列因素可能表明存在一个或多个特定类别的交易、账户余额或披露，其发生的错报金额虽然低于财务报表整体的重要性，但合理预期将影响财务报表使用者依据财务报表做出的经济决策。

报表层次的重要性水平

　　a. 法律法规或适用的财务报告编制基础是否影响财务报表使用者对特定项目（如关联方交易、管理层和治理层的薪酬及对具有较高估计不确定性的公允价值会计估计的敏感性分析）计量或披露的预期。

　　b. 与被审计单位所处行业相关的关键性披露（如制药企业的研究与开发成本）。

　　c. 财务报表使用者是否特别关注财务报表中单独披露的业务的特定方面（如关于分部或重大企业合并的披露）。

　　② 从性质方面考虑重要性。

　　在某些情况下，金额相对较少的错报可能会对财务报表产生重大影响。例如，一项不重大的违法支付或者没有遵循某项法律规定，但该支付或违法行为可能导致一项重大的或有负债、重大的资产损失或者收入损失，就应认为上述事项是重大的。再比如，某项错报虽然金额不大，但使被审计单位的获利趋势发生了扭转，这样的错报可能会影响报表使用者的决策，因此这样的错报也应认为是重大的。

　　（2）实际执行的重要性水平

　　实际执行的重要性水平是指注册会计师确定的低于财务报表整体重要性的一个或多个金额，旨在将财务报表中未更正和未发现错报的汇总数超过财务报表整体的重要性的可能性降至适当的低水平。如果适用，实际执行的重要性还指注册会计师确定的低于特定类别的交易、账户余额或披露的重要性水平的一个或多个金额。审计工作往往是抽查，这就决定了不可能发现所有的错报、漏报。因此，审计工作中实际执行的重要性水平要比计划的重要性水平低。

　　确定实际执行的重要性并非简单机械的计算，需要注册会计师运用职业判断，并考虑下列因素的影响：①对被审计单位的了解（这些了解在实施风险评估程序的过程中得到更新）；②前期审计工作中识别出的错报的性质和范围；③根据前期识别出的错报对本期错报做出的预期。

　　通常而言，实际执行的重要性通常为财务报表整体重要性的50%~75%。

　　如果存在下列情况，注册会计师可能考虑选择较低的百分比来确定实际执行的重要性：①首

次接受委托的审计项目；②连续审计项目，以前年度审计调整较多；③项目总体风险较高，如处于高风险行业、管理层能力欠缺、面临较大市场竞争压力或业绩压力等；④存在或预期存在值得关注的内部控制缺陷。

如果存在下列情况，注册会计师可能考虑选择较高的百分比来确定实际执行的重要性：①连续审计项目，以前年度审计调整较少；②项目总体风险为低到中等，如处于非高风险行业、管理层有足够能力、面临较低的市场竞争压力和业绩压力等；③以前期间的审计经验表明内部控制运行有效。

审计准则要求注册会计师确定低于财务报表整体重要性的一个或多个金额作为实际执行的重要性，注册会计师不应通过将财务报表整体的重要性平均分配或按比例分配至各个报表项目的方法来确定实际执行的重要性，而应根据对报表项目的风险评估结果，确定一个或多个实际执行的重要性。例如，根据以前期间的审计经验和本期审计计划阶段的风险评估结果，注册会计师认为可以以财务报表整体重要性的 75%作为大多数报表项目的实际执行的重要性；与营业收入项目相关的内部控制存在缺陷，而且以前年度审计中存在审计调整，因此考虑以财务报表整体重要性的 50%作为营业收入项目的实际执行的重要性，从而有针对性地对高风险领域执行更多的审计工作。

实际执行的重要性在审计中的作用主要体现在以下几个方面。

① 注册会计师在计划审计工作时可以根据实际执行的重要性确定需要对哪些类型的交易、账户余额和披露实施进一步审计程序，即通常选取金额超过实际执行的重要性的财务报表项目，因为这些财务报表项目有可能导致财务报表出现重大错报。但是，这不代表注册会计师可以对所有金额低于实际执行的重要性的财务报表项目不实施进一步审计程序，这主要出于以下考虑。

A. 单个金额低于实际执行的重要性的财务报表项目汇总起来可能金额重大（可能远远超过财务报表整体的重要性），注册会计师需要考虑汇总后的潜在错报风险。

B. 对于存在低估风险的财务报表项目，不能仅仅因为其金额低于实际执行的重要性而不实施进一步审计程序。

C. 对于识别出存在舞弊风险的财务报表项目，不能因为其金额低于实际执行的重要性而不实施进一步审计程序。

② 运用实际执行的重要性确定进一步审计程序的性质、时间安排和范围。例如，在实施实质性分析程序时，注册会计师确定的已记录金额与预期值之间的可接受差异额通常不超过实际执行的重要性；在运用审计抽样实施细节测试时，注册会计师可以将可容忍错报的金额设定为等于或低于实际执行的重要性。

（3）审计过程中修改重要性

由于存在下列原因，注册会计师可能需要修改财务报表整体的重要性和特定类别的交易、账户余额或披露的重要性（如适用）：①审计过程中情况发生重大变化（如决定处置被审计单位的一个重要组成部分）；②获取新信息；③通过实施进一步审计程序，注册会计师对被审计单位及其经营的了解发生变化。例如，注册会计师在审计过程中发现，实际财务成果与最初确定财务报表整体重要性时使用的预期本期财务成果相比存在很大差异，则需要修改重要性。

实际执行的重要性
水平

（4）评价审计过程中识别出的错报

① 错报的定义。

错报，是指某一财务报表项目的金额、分类或列报，与按照适用的财务报告编制基础应当列示的金额、分类或列报之间存在的差异；或根据注册会计师的判断，为使财务报表在所有重大方面实现公允反映，需要对金额、分类或列报做出的必要调整。错报可能是错误或舞弊导致的。错报可能由下列事项导致。

A. 收集或处理用以编制财务报表的数据时出现错误。

B. 遗漏某项金额或披露，包括不充分或不完整的披露，以及为满足特定财务报告编制基础的披露目标而被要求做出的披露（如适用）。

C. 疏忽或明显误解有关事实导致做出不正确的会计估计。

D. 注册会计师认为管理层对会计估计做出不合理的判断或对会计政策做出不恰当的选择和运用。

E. 信息的分类、汇总或分解不恰当。

② 累积识别出的错报。

为了帮助注册会计师评价审计过程中累积的错报的影响以及与管理层和治理层沟通错报事项，将错报区分为事实错报、判断错报和推断错报。

A. 事实错报。事实错报是毋庸置疑的错报。这类错报产生于被审计单位收集和处理数据的错误，对事实的忽略或误解，或故意舞弊行为。例如，注册会计师在审计测试中发现购入存货的实际价值为 15 000 元，但账面记录的金额为 10 000 元。因此，存货和应付账款分别被低估了 5 000 元，这里被低估的 5 000 元就是已识别的对事实的具体错报。

B. 判断错报。判断错报是注册会计师认为管理层对财务报表中的确认、计量和列报（包括对会计政策的选择或运用）做出不合理或不恰当的判断而导致的差异。这类错报产生于两种情况。一是管理层和注册会计师对会计估计值的判断差异。例如，包含在财务报表中的管理层做出的估计值超出了注册会计师确定的一个合理范围，导致出现判断差异。二是管理层和注册会计师对选择和运用会计政策的判断差异。注册会计师认为管理层选用会计政策造成错报，管理层却认为选用会计政策适当，导致出现判断差异。

C. 推断错报。注册会计师对总体存在的错报做出的最佳估计数，涉及根据在审计样本中识别出的错报来推断总体的错报。推断错报通常是指通过测试样本估计出的总体的错报减去在测试中发现的已经识别的具体错报的差额。例如，应收账款年末余额为 2 000 万元，注册会计师测试样本发现样本金额有 100 万元的高估，高估部分为样本账面金额的 20%，据此注册会计师推断总体的错报金额为 400 万元（2 000×20%），那么上述 100 万元就是已识别的具体错报，300 万元（400-100）即推断错报。

③ 对审计过程识别出的错报的考虑。

错报可能不会孤立发生，一项错报的发生还可能表明存在其他错报。例如，注册会计师识别出内部控制失效而导致的错报，或被审计单位广泛运用不恰当的假设或评估方法而导致的错报，这两项错报均可能表明还存在其他错报。

抽样风险和非抽样风险可能导致某些错报未被发现。审计过程中累积错报的汇总数接近按照《中国注册会计师审计准则第 1221 号——重要性》的规定确定的重要性，则表明存在比可接受的低风险水平更大的风险，即可能未被发现的错报连同审计过程中累积错报的汇总数，可能超过重要性。

注册会计师可能要求管理层检查某类交易、账户余额或披露，以使管理层了解注册会计师识别出的错报的产生原因，并要求管理层采取措施以确定这些交易、账户余额或披露实际发生错报的金额，以及对财务报表做出适当的调整。例如，在从审计样本中识别出的错报推断总体错报时，注册会计师可能提出这些要求。

试一试

审计中发现应收账款多记 10 万元，这属于判断错报。这种说法对吗？

（五）考虑审计风险

1. 审计风险的含义

审计风险是指财务报表存在重大错报而注册会计师发表不恰当审计意见的可能性。审计风险是一个与审计过程相关的技术术语，并不是指注册会计师执行业务的法律后果，如因诉讼、负面宣传或其他与财务报表审计相关的事项而导致损失的可能性。

注册会计师审计意见的合理保证意味着审计风险始终存在。合理保证与审计风险互为补数，即合理保证与审计风险之和等于 100%，比如，2% 的风险也就意味着有 98% 的保证。如果注册会计师将审计风险降至可接受的低水平，则对财务报表不存在重大错报获取了合理保证。

2. 审计风险的构成要素

审计风险取决于重大错报风险和检查风险。也就是说，注册会计师发表不恰当审计意见的可能性是由两个方面的风险要素共同构成的：一方面是财务报表本身存在重大错报的风险，即重大错报风险；另一方面则是注册会计师所实施的审计程序没有发现重大错报的风险，即检查风险。

（1）重大错报风险

重大错报风险是指财务报表在审计前存在重大错报的可能性。重大错报风险与被审计单位的风险相关，且独立于财务报表审计而存在。在设计审计程序以确定财务报表整体是否存在重大错报时，注册会计师应当从财务报表层次和各类交易、账户余额和披露认定层次方面考虑重大错报风险。

① 财务报表层次的重大错报风险。

财务报表层次重大错报风险与财务报表整体存在广泛联系，可能影响多项认定。此类风险通常与控制环境有关，如管理层缺乏诚信、治理层形同虚设而不能对管理层进行有效监督等；但也可能与其他因素有关，如经济萧条、被审计单位所处行业处于衰退期。此类风险难以界定某类交易、账户余额和披露的具体认定，相反，此类风险增大了认定层次发生重大错报的可能性，与注册会计师考虑由舞弊引起的风险尤其相关。

② 认定层次的重大错报风险。

各类交易、账户余额和披露认定层次的重大错报风险，与特定的某类交易、账户余额的认定相关。例如，对高价值的、易转移的存货缺乏实物安全控制，可能导致存货的存在认定出错。注册会计师应当考虑各类交易、账户余额和披露认定层次的重大错报风险，以便于针对认定层次计划和实施进一步审计程序。认定层次的重大错报风险又可以进一步细分为固有风险和控制风险。

固有风险是指在考虑相关的内部控制之前，某类交易、账户余额或披露的某一认定易于发生错报（该错报单独或连同其他错报可能是重大的）的可能性。某些类别的交易、账户余额和披露及其认定，固有风险较高。例如，复杂的计算比简单计算更可能出错，受重大计量不确定性影响的会计估计发生错报的可能性较大。产生经营风险的外部因素也可能影响固有风险，例如，技术进步可能导致某项产品陈旧，进而导致存货易于发生高估错报（计价认定）。被审计单位及其环境中的某些因素还可能与多类甚至所有类别的交易、账户余额和披露有关，进而影响多个认定的固有风险。这些因素包括维持经营的流动资金匮乏、被审计单位处于夕阳行业等。

控制风险是指某类交易、账户余额或披露的某一认定发生错报，该错报单独或连同其他错报是重大的，但没有被内部控制及时防止或发现并纠正的可能性。控制风险取决于与财务报表编制有关的内部控制的设计和运行的有效性。由于内部控制的固有局限性，某种程度的控制风险始终存在。

需要特别说明的是，由于固有风险和控制风险不可分割地交织在一起，有时无法单独进行评估，本书不再单独提到固有风险和控制风险，而将这两者合并称为"重大错报风险"。但这并不意味着，注册会计师不可以单独对固有风险和控制风险进行评估。相反，注册会计师既可以对两者进行单独评估，也可以对两者进行合并评估，采用的具体评估方法取决于会计师事务所偏好的审计技术和方法及实务上的考虑。

（2）检查风险

检查风险是指某一认定存在错报，该错报单独或连同其他错报是重大的，但注册会计师未能发现这种错报的可能性。检查风险取决于审计程序设计的合理性和执行的有效性。注册会计师通常无法将检查风险降低为零，原因主要有两点：一是注册会计师通常并不对所有的交易、账户余额和披露进行检查；二是注册会计师可能选择了不恰当的审计程序、审计过程执行不当，或者错误解读了审计结论。其中，第二点可以通过适当计划、在项目组成员之间进行恰当的职责分配、保持职业怀疑态度以及监督、指导和复核助理人员所执行的审计工作得以解决。

试一试

检查风险取决于（　　　）。

A. 内部控制设计的合理性　　　　B. 审计程序设计的合理性
C. 内部控制执行的有效性　　　　D. 审计程序执行的有效性

3. 审计风险模型

（1）审计风险模型的建立

在既定的审计风险水平下，可接受的检查风险水平与认定层次重大错报风险的评估结果成反向变动关系。评估的重大错报风险越高，可接受的检查风险越低；评估的重大错报风险越低，可接受的检查风险越高。检查风险与重大错报风险的反向变动关系用数学模型表示如下。

$$审计风险=重大错报风险×检查风险$$

假设针对某一认定，注册会计师将可接受的审计风险水平设定为 5%，注册会计师实施风险评估程序后将重大错报风险评估为 25%，则根据这一模型，可接受的检查风险为 20%。当然，实务中，注册会计师不一定用绝对数量表示这些风险水平，而是选用"高""中""低"等文字进行定性描述。

注册会计师应当合理设计审计程序的性质、时间安排和范围，并有效执行审计程序，以控制检查风险。上例中，注册会计师根据确定的可接受检查风险（20%），设计审计程序的性质、时间安排和范围。审计计划在很大程度上围绕确定审计程序的性质、时间安排、范围而展开。

（2）审计风险模型的运用

在计划阶段，注册会计师必须对每个审计项目确定合适的可接受的审计风险水平。在既定的可接受审计风险水平下，运用审计风险模型可以确定可接受的检查风险水平。审计风险模型可以变形如下。

$$可接受的检查风险水平=可接受的审计风险÷重大错报风险$$

一般情况下，注册会计师应当实施适当的审计程序，了解被审计单位及其环境（包括内部控制），以评估重大错报风险。然后根据上述审计风险模型来确定可接受的检查风险水平，并据以设计和实施进一步审计程序，确定审计证据的数量，以将检查风险控制在可接受的水平。

例如：注册会计师确定存货存在重大错报的可接受的审计风险水平为 4%，确定存货余额存在重大错报的风险水平为 40%，则可接受的检查风险水平计算：4%÷40%=10%。

即注册会计师将实施足够的审计程序，获取充分、适当的审计证据，以达到10%以下的检查风险水平，直到可接受审计风险水平在4%以下。

应当注意，重大错报风险是客观存在的，在评估时不能偏离实际水平。重大错报风险估计水平过高或过低都是不利的，偏高会导致审计成本加大，偏低则会导致审计风险加大。此外，注册会计师也无法将检查风险降低为零。

4. 重要性、审计风险和审计证据之间的关系

重要性与审计风险之间存在反向关系。重要性水平越高，审计风险越低；重要性水平越低，审计风险越高。这里所说的重要性水平高低指的是金额的大小。

审计风险和审计证据之间也是反向变动关系。可接受的审计风险越低，越要求注册会计师收集更多更有效的审计证据，以将审计风险降至可接受的低水平。

审计风险的确定

值得注意的是，注册会计师不能通过不合理地人为调高重要性水平，降低审计风险。因为重要性是依据重要性概念中所述的判断标准确定的，而不是由主观期望的审计风险水平决定的。由于重要性和审计风险存在反向关系，而且这种关系对注册会计师将要执行的审计程序的性质、时间和范围有直接的影响，因此注册会计师应当综合考虑各种因素，合理确定重要性水平。

注册会计师对重要性水平与审计风险的关系的考虑贯穿审计工作的全过程。在审计计划阶段，注册会计师在确定审计程序的性质、时间安排和范围时，应考虑重要性与审计风险之间的反向关系。

试一试

因为重要性水平与审计风险存在反向关系，审计风险与审计证据也存在反向关系，所以注册会计师确定的重要性水平越高，审计风险就越低，相应应当获取的审计证据就越多。这种说法对吗？

项目实施

1. 注册会计师在审计中运用了重要性概念，审计过的报表中错报低于重要性水平，意味着错报不影响报表使用者所做的决策，仍然可以出具无保留意见。

2. 在该案例中，注册会计师仅考虑了数量的重要性，而未考虑性质的重要性，从而导致发表了不恰当的审计意见，所以应当承担相应的赔偿责任。

视野拓展

××造假案的启示

2009年4月9日，××造假案有了终审结果。广东省高级人民法院做出终审裁定，以虚报注册资本罪，违规披露、不披露重要信息罪，挪用资金罪，决定对××公司原董事长×××判处有期徒刑10年，并处罚金人民币680万元。

2005年5月，××危机爆发。2005年8月2日，证监会经过对××5个月的调查指出，××通过虚构销售收入、少提坏账准备、少计诉讼赔偿金等手段从2002年至2004年虚增数亿元的利润。当××成为众矢之的时，A会计师事务所也无法独善其身。各种迹象显示，A会计师事务所在对××财务报表的审计中存在重大过失。业界人士对A会计师事务所指出了"五宗罪"，将A

会计师事务所在××事件的失败归咎于其审计执行程序不充分。

启示：在计划审计工作时，注册会计师需要进行初步业务活动、制定总体审计策略和具体审计计划。在此过程中，需要对可接受的审计风险和重要性水平、资源的配置等关键问题做出决策。为了识别和评估财务报表重大错报风险，注册会计师应通过询问、分析程序、观察和检查等程序，了解被审计单位及其环境。风险评估是确定进一步审计程序的性质、时间和范围的基础，也是实施风险应对的基础。注册会计师应针对评估的财务报表层次重大错报风险确定总体应对措施，并针对评估的认定层次重大错报风险设计和实施进一步审计程序，以将审计风险降至可接受的水平。

04

练习与实训

一、单项选择题

1. 在计划审计工作时，注册会计师应充分考虑（　　）的重要性。
   A. 总账层次和明细账层次　　　　　　　　B. 资产负债表层次和利润表层次
   C. 财务报表层次和认定层次　　　　　　　D. 记账凭证层次和原始凭证层次

2. 在特定审计风险水平下，检查风险和重大错报风险之间的关系是（　　）。
   A. 同向变动关系　　　　　　　　　　　　B. 反向变动关系
   C. 有时同向变动，有时反向变动　　　　　D. 没有确切的关系

3. 在审计风险要素中，（　　）是客观存在的。
   A. 审计风险　　　　　　　　　　　　　　B. 检查风险
   C. 重大错报风险　　　　　　　　　　　　D. 被审计单位经营风险

4. 注册会计师对重大错报风险的估计水平与所需审计证据数量之间（　　）。
   A. 成同向变动关系　　B. 成反向变动关系　　C. 成比例变化　　D. 不存在关系

5. 审计重要性与审计风险之间（　　）。
   A. 成同向变动关系　　B. 成反向变动关系　　C. 成比例变化　　D. 不存在关系

6. （　　）是指财务报表在审计前存在重大错报的可能性。
   A. 审计风险　　　　　　　　　　　　　　B. 检查风险
   C. 重大错报风险　　　　　　　　　　　　D. 被审计单位经营风险

7. 以下说法中，不正确的是（　　）。
   A. 重要性与审计风险之间存在反向变动关系
   B. 重要性和审计证据之间存在反向变动关系
   C. 可接受的审计风险与审计证据之间存在反向变动关系
   D. 注册会计师可以通过调高重要性水平来降低审计风险

8. 下列各项目中，不属于审计业务约定书的内容是（　　）。
   A. 审计目标与范围
   B. 收费计算基础
   C. 违约责任
   D. 编制财务报表所适用的财务报告编制基础

9. 在既定的审计风险水平下，下列表述错误的是（　　）。
   A. 评估的重大错报风险越低，可接受的检查风险越高
   B. 可接受的检查风险水平与认定层次重大错报风险的评估结果成反向变动关系
   C. 评估的重大错报风险越高，可接受的检查风险越低

D. 可接受的检查风险水平与认定层次重大错报风险的评估结果成正向变动关系

10. 重要性取决于在具体环境下对错报金额和性质的判断。在以下关于重要性的说法中，不正确的是（   ）。

　　A. 重要性只需要从数量方面加以考虑

　　B. 重要性的确定离不开具体环境

　　C. 不同的注册会计师在确定同一被审计单位财务报表层次和认定层次的重要性水平时，得出的结果可能不同

　　D. 如果财务报表中的某项错报足以改变或影响报表使用者的相关决策，则该项错报就是重要的

二、多项选择题

1. 下列说法中正确的有（   ）。

　　A. 注册会计师对审计重要性水平估计得越高，所需收集的审计证据的数量就越少

　　B. 注册会计师对审计重要性水平估计得越高，所需收集的审计证据的数量就越多

　　C. 在特定的审计风险水平下，评估的重大错报风险越低，可接受的检查风险水平就越高

　　D. 在特定的审计风险水平下，评估的重大错报风险越高，可接受的检查风险水平就越高

2. 对于特定被审计单位而言，审计风险和审计证据的关系可以表述为（   ）。

　　A. 要求的审计风险越低，所需的审计证据数量就越多

　　B. 要求的检查风险越高，所需的审计证据数量就越少

　　C. 评估的重大错报风险越低，所需的审计证据数量就越少

　　D. 评估的重大错报风险越高，所需的审计证据数量就越多

3. 审计计划阶段的主要工作有（   ）。

　　A. 制定总体审计策略　　　　　　　　B. 制订具体审计计划

　　C. 与被审计单位签订业务约定书　　　D. 了解被审计单位及其环境

4. 会计师事务所与被审计单位签署审计业务约定书，具有的作用有（   ）。

　　A. 可以增进会计师事务所与被审计单位之间的了解

　　B. 可作为被审计单位评价审计业务完成情况的依据

　　C. 可作为会计师事务所检查被审计单位约定义务履行情况的依据

　　D. 出现法律诉讼时，审计业务约定书是确定签约各方应负责任的主要依据

5. 具体审计计划应当包括（   ）。

　　A. 风险评估程序　　　　　　　　　　B. 计划实施的进一步审计程序

　　C. 其他审计程序　　　　　　　　　　D. 向具体审计领域调配的资源

6. 审计风险的构成要素包括（   ）。

　　A. 重大错报风险　　B. 检查风险　　　　C. 经营风险　　　　D. 财务风险

7. 在制定总体审计策略时，注册会计师应考虑的主要事项有（   ）。

　　A. 审计范围　　　　　　　　　　　　B. 报告目标、时间安排和所需沟通

　　C. 审计方向　　　　　　　　　　　　D. 风险评估程序

8. 审计业务约定书的基本内容包括（   ）。

　　A. 财务报表审计的目标和范围

　　B. 编制财务报表所适用的财务报告编制基础

　　C. 注册会计师的责任

　　D. 管理层对财务报表的责任

9. 在对审计计划的表述中，正确的有（　　　）。
　　A. 具体审计计划依据总体审计策略制定
　　B. 审计过程中不能修改审计计划
　　C. 在计划审计工作时，要考虑重要性和审计风险
　　D. 计划审计工作是一个持续的过程
10. 关于重要性的概念，说法正确的有（　　　）。
　　A. 实际执行的重要性水平高于计划的重要性水平
　　B. 实际执行的重要性水平低于计划的重要性水平
　　C. 在计划审计工作时，需要考虑重要性
　　D. 注册会计师可以在审计执行过程中修正计划的重要性水平

三、判断题

1. 对重要性进行判断应该站在被审计单位管理层的视角。　　　　　　　　（　　）

2. 审计业务约定书具有经济合同性质，一旦约定双方签字认可，即成为会计师事务所与被审计单位之间在法律上生效的合同。　　　　　　　　　　　　　　　　　（　　）

3. 为保证审计的连续性和审计结果的可比性，注册会计师在对同一客户所进行的多次年度会计报表审计中，应使用同样的重要性水平。　　　　　　　　　　　　　　（　　）

4. 总体审计策略用以确定审计范围、时间和方向，并指导制订具体审计计划。　（　　）

5. 注册会计师如果想要使发表的审计意见有 98% 的把握，那么审计风险便为 2%。（　　）

6. 会计师事务所在签订审计业务约定书前，应评价自身的胜任能力。如果不具备胜任能力，可向外界专家寻求帮助。　　　　　　　　　　　　　　　　　　　　（　　）

7. 注册会计师可以改变重大错报风险的估计水平，但无法改变重大错报风险的实际水平。
　　　　　　　　　　　　　　　　　　　　　　　　　　　　　　　　　（　　）

8. 注册会计师了解被审计单位及其环境，目的是识别和评估财务报表重大错报风险。（　　）

9. 注册会计师必须通过实施风险评估程序、控制测试和实质性程序，才能获取充分、适当的审计证据，得出合理的审计结论，作为形成审计意见的基础。　　　　　　（　　）

10. 注册会计师可以就总体审计策略和具体审计计划的某些内容与治理层和管理层沟通，但是制定总体审计策略和具体审计计划仍然是注册会计师的责任。　　　　　（　　）

四、实训题

某注册会计师准备在表 4-4 所示的六种情况下使用审计风险模型实施审计计划。

要求：

（1）分别计算每种情况下的检查风险，并说明哪种情况下证据收集量最多，哪种情况下证据收集量最少。

（2）根据各种风险之间的相互关系，假定其他风险要素保持不变，分别说明下列风险要素的变化对检查风险的影响。

① 降低可接受的审计风险。

② 降低重大错报风险。

表 4-4　　　　　　　　　　　各种情况下的审计风险和重大错报风险

风险类型	情况 A	情况 B	情况 C	情况 D	情况 E	情况 F
可接受的审计风险	5%	5%	5%	5%	1%	1%
重大错报风险	100%	40%	60%	20%	100%	40%

项目五

审计证据、审计工作底稿和审计抽样

知识目标 ↓

1. 了解审计证据、审计工作底稿和审计抽样的概念及特征；
2. 理解审计证据、审计抽样的分类；
3. 掌握获取审计证据的程序。

能力目标 ↓

1. 能选择正确的方法获取审计证据；
2. 能编制审计工作底稿。

📖 项目引入

审计助理小张按注册会计师老王的安排，前去某公司验证存货的账面余额。在盘点前，小张听到几个工人在议论存货中可能存在不少无法出售的变质产品。小张对存货进行监盘，并比较库存量与最近销量。监盘结果表明，存货数量合理，收发亦较为有序。由于该产品技术含量较高，小张无法鉴别存货中是否有变质产品，于是，他去询问该公司的存货部高级主管，得到的答复是该产品无质量问题。

小张在盘点工作结束后，开始编制审计工作底稿。小张将"听说有变质产品"的情况写在备注中，并建议在下次的存货审计程序中特别注意是否存在变质产品。老王在复核审计工作底稿时，再一次向小张详细了解存货监盘情况，特别是有关变质产品的情况。对此，老王还特意找来当时议论此事的工人进行询问，但这些工人矢口否认了此事。于是，老王与存货部高级主管进行商讨，之后得出结论：存货价值公允且均可出售。

由于该公司总经理抱怨老王前几次出具了保留意见的审计报告使他们贷款时遇到了不少麻烦，因此，本次审计老王迫于压力，对该公司该年的财务报告出具了无保留意见的审计报告。两个月后，该公司资金周转不灵，主要因为存货中存在大量变质产品无法出售，致使到期的银行借款无法偿还。银行拟向会计师事务所索赔，认为注册会计师在审核存货时，具有重大过失。在债权人的要求下，会计师事务所向法庭出示了审计工作底稿，债权人认为注册会计师明知存货有可能高估，但迫于该公司总经理的压力，没有披露财务报告中存在的问题，因此，应该承担银行的贷款损失。

在本次审计中，注册会计师存在什么问题？

相关知识

注册会计师应当获取充分、适当的审计证据，以得出合理的审计结论，作为形成审计意见的基础。因此，注册会计师需要确定什么构成审计证据、如何获取审计证据、如何确定已收集的证据是否充分且适当、收集的审计证据如何支持审计意见。上述内容构成了注册会计师审计工作的基本要求。

一、审计证据

1．审计证据的含义

审计证据是指注册会计师为了得出审计结论、形成审计意见而使用的所有信息。审计证据包括构成财务报表基础的会计记录所含有的信息和其他的信息。注册会计师必须在每项审计工作中获取充分、适当的审计证据，以满足发表审计意见的要求。

（1）会计记录中含有的信息

依据会计记录编制财务报表是被审计单位管理层的责任，注册会计师应当测试会计记录以获取审计证据。会计记录主要包括原始凭证、记账凭证、总分类账和明细分类账、未在记账凭证中反映的对财务报表的其他调整，以及支持成本分配、计算、调节和披露的手工计算表和电子数据表。上述会计记录是编制财务报表的基础，构成注册会计师执行财务报表审计业务所需获取的审计证据的重要部分。这些会计记录通常是电子数据，因而要求注册会计师对内部控制予以充分关注，以获取有关这些记录是否真实、准确和完整的信息。进一步说，电子形式的会计记录可能只能在特定时间获取，如果不存在备份文件，特定期间之后有可能无法获取这些记录。

会计记录取决于相关交易的性质，它既包括被审计单位内部生成的手工或电子形式的凭证，也包括从与被审计单位进行交易的其他企业收到的凭证。除此之外，会计记录还可能包括：销售发运单和发票、顾客对账单以及顾客的汇款通知单；附有验货单的订购单、购货发票和对账单；考勤卡和其他工时记录、工薪单、个别支付记录和人事档案；支票存根、电子转移支付记录、银行存款单和银行对账单；合同记录，如租赁合同和分期付款销售协议；记账凭证；分类账账户调节表。将这些会计记录作为审计证据时，其来源和被审计单位内部控制的相关强度（对内部生成的证据而言）都会影响注册会计师对这些原始凭证的信赖程度。

（2）其他的信息

会计记录中含有的信息本身并不足以提供充分的审计证据作为对财务报表发表审计意见的基础，注册会计师还应当获取用作审计证据的其他的信息。可用作审计证据的其他的信息包括以下方面：注册会计师从被审计单位内部或外部获取的会计记录以外的信息，如被审计单位会议记录、内部控制手册、询证函的回函、分析师的报告、与竞争者的比较数据等；通过询问、观察和检查等审计程序获取的信息，如通过检查存货获取存货存在的证据等；以及自身编制或获取的可以通过合理推断得出结论的信息，如注册会计师编制的各种计算表、分析表等。

财务报表依据的会计记录中包含的信息和其他的信息共同构成了审计证据，两者缺一不可。如果没有前者，审计工作将无法进行；如果没有后者，可能无法识别重大错报风险。只有将两者结合在一起，才能将审计风险降至可接受的低水平，为注册会计师发表审计意见提供合理基础。

注册会计师要获取不同来源和不同性质的审计证据，不过，审计证据很少是绝对的。从性质上来看，审计证据应是说服性的，并能佐证会计记录中所记录信息的合理性。因此，在确定财务报表是否公允反映时，注册会计师最终评价的正是这种累计的审计证据。注册会计师将不同来源和不同性质的审计证据综合起来考虑，这样能够反映结果的一致性，从而佐证会计记录中记录的信息。如果审计证据不一致，而且这种不一致可能是重大的，注册会计师应当扩大审计程序的范围，直到不一致得到解决，并针对账户余额或各类交易获得必要保证。

2. 审计证据的分类

（1）按表现形式分类

① 实物证据。实物证据是指通过实际观察或清点所取得的、用以确定某些实物资产是否确实存在的证据。例如，库存现金的数额可以通过盘点加以验证，各种存货和固定资产也可以通过盘点的方式证明是否确实存在。实物证据通常是证明实物资产是否存在的非常有说服力的证据，但实物资产的存在并不能完全证实被审计单位对其拥有所有权。例如，年终盘点的存货可能包括其他企业寄售或委托加工的部分，或者已经销售而等待发运的商品。此外，实物证据也难以判断实物资产的质量，而资产质量的好坏将影响资产的价值。因此，对于取得实物证据的账面资产，还应就其所有权归属及其价值情况另行审计。

② 书面证据。书面证据是指注册会计师获取的、能够证明被审计事项真相的以书面形式表现的审计证据。它包括与审计有关的各种原始凭证、记账凭证、会计账簿和各种明细表、各种会议记录和文件、各种合同、通知书、报告书及函件等。从数量上看，书面证据在审计证据中是最多的，是审计证据的主要组成部分。

③ 口头证据。口头证据是指被审计单位职员或其他有关人员对审计人员的提问所做的口头答复而形成的一类证据。一般而言，口头证据本身并不足以证明事情的真相，但注册会计师可以通过口头证据发掘一些重要的线索，从而有利于对被审计事项做进一步的调查，获取更为可靠的证据。例如，注册会计师对应收账款进行账龄分析后，可以询问应收账款负责人对收回逾期应收账款的可能性的意见。如果其意见与注册会计师自行估计的坏账损失基本一致，则这一口头证据就可成为证实注册会计师有关坏账损失判断的重要证据。在审计过程中，注册会计师应把各种重要的口头证据尽快地做成记录，并注明是何人、何时、在何种情况下所做的口头陈述，必要时还应获得被询问者的签名确认。相对而言，不同人员对同一问题所做的口头陈述相同时，口头证据就具有较高的可靠性。但在一般情况下，口头证据往往需要得到其他相应证据的支持。

④ 环境证据。环境证据也称状况证据，是指对被审计单位产生影响的各种环境事实，如有关内部控制情况、被审计单位管理人员的素质、各种管理条件和管理水平等。环境证据能够帮助注册会计师了解被审计单位及其经济活动所处的环境，是注册会计师进行判断所必须掌握的资料。一般而言，被审计单位相关环境优良，其相关活动和记录的质量就较高。

（2）按来源分类

① 外部证据。外部证据是指由被审计单位以外的单位或人员编制的书面证据。外部证据一般具有较强的证明力，可靠程度较高。外部证据又可以分为两类：一类是注册会计师直接取得的书面证据，如应收账款函证信；另一类是由被审计单位取得并提交给注册会计师的书面证据，如银行对账单、购货发票等。被审计单位取得并提交给注册会计师的书面证据虽然由独立于被审计单位的第三者编制，但由于经过了被审计单位有关职员之手，存在被伪造或更改的可能性，因此其证明力会受到不同程度的影响。对这一类证据，注册会计师应考虑其被更改或伪造的难易程度及其已被更改或伪造的可能性，视其重要程度采取相应的措施加以处理。

② 内部证据。内部证据是指由被审计单位内部机构或人员编制并提供的书面证据。内部证据包括被审计单位的会计记录、被审计单位管理层的声明书等。内部证据是被审计单位内部的机构或人员编制并提供的，存在差错或被伪造的可能性较大。因此，一般而言，内部证据不如外部证据可靠。但是，如果内部证据（如销货发票、付款支票等）在外部流转并获得其他单位或个人的

审计证据按表现形式分类

认可，则也具有较强的可靠性。

③ 亲历证据。亲历证据是指注册会计师自己编制的为证明某个事项的证据，如审计人员参加现金盘点编制的盘点表、分析表等。

（3）按相关程度分类

① 直接证据。直接证据是指对审计事项具有直接证明力，能单独、直接证明审计事项的资料和事实。如注册会计师亲自参与实物盘点而形成的盘点记录，就是证明实物存在的直接证据。注册会计师有了直接证据，就无须收集其他证据，可以直接得出审计结论。

② 间接证据。间接证据是指对审计事项只起间接证明作用，需要与其他证据结合起来，才能证明审计事项真相的资料和事实。如在进行报表审计时，凭证并不能直接形成报表，所以对证明报表公允性来说，凭证就是间接证据。

审计工作中，单凭直接证据影响注册会计师的意见和结论的情况并不多见。在直接证据以外，往往需要一系列间接证据才能对审计事项得出完整的结论。当然，直接和间接是相对的，凭证对报表来说是间接证据，但对账簿来说就是直接证据。

> **试一试**
>
> 审计证据按照其外形特征可以分为（　　　　）。
> A. 实物证据　　　　B. 书面证据　　　　C. 口头证据　　　　D. 环境证据

3. 审计证据的特性

注册会计师应当保持职业怀疑态度，运用职业判断，评价审计证据的充分性和适当性。

（1）审计证据的充分性

审计证据的充分性是对审计证据数量的衡量，主要与注册会计师确定的样本量有关。例如，对某个审计项目实施某一选定的审计程序，从 200 个样本项目中获得的证据要比从 100 个样本项目中获得的证据更充分。获取的审计证据应当充分，足以将与每个重要认定相关的审计风险限制在可接受的水平。

在判断审计证据是否充分时，注册会计师需要考虑以下主要因素。

① 重大错报风险。注册会计师需要获取的审计证据的数量受其对重大错报风险评估的影响。评估的重大错报风险越高，需要的审计证据越多。

② 审计证据质量。审计证据质量是指审计证据证明力的大小，取决于审计证据的相关性与可靠性。一般而言，审计证据质量越高，需要的审计证据的数量越少。

（2）审计证据的适当性

审计证据的适当性是对审计证据质量的衡量，即审计证据在支持审计意见所依据的结论方面具有的相关性和可靠性。相关性和可靠性是审计证据适当性的核心内容，只有相关且可靠的审计证据才是高质量的。

① 审计证据的相关性。审计证据的相关性是指用作审计证据的信息与审计程序的目的和所考虑的相关认定之间的逻辑联系。用作审计证据的信息的相关性可能受测试方向的影响。例如，如果某审计程序的目的是测试应付账款的多记错报，则测试已记录的应付账款可能是相关的审计程序。如果某审计程序的目的是测试应付账款的漏记错报，则测试已记录的应付账款很可能不是相关的审计程序，相关的审计程序可能是测试期后支出、未支付发票、供应商结算单以及发票未到的收货报告单等。在确定相关性时，注册会计师应当考虑下列事项。

A. 特定的审计程序可能只为某些认定提供相关的审计证据，而与其他认定无关。例如，对被审计单位的财产物资进行监盘，对于确定财产物资的存在是相关的，但不能证明财产物资的所有权。

B. 针对同一项认定可以从不同来源获取审计证据或获取不同性质的审计证据。例如，为了确定应收账款的真实性，不仅可以查阅被审计单位的会计记录，也可以向债务单位发函询证。

C. 只与特定认定相关的审计证据并不能替代与其他认定相关的审计证据。例如，上述证明财产物资真实存在的审计证据就不能代替证明其所有权的审计证据。

② 审计证据的可靠性。审计证据的可靠性是指证据的可信程度。例如，注册会计师本人检查存货所获得的证据，就比被审计单位管理层提供给注册会计师的存货数据更可靠。

审计证据的可靠性受其来源和性质的影响，并取决于获取审计证据的具体环境。注册会计师在判断审计证据的可靠性时，通常会考虑下列原则。

A. 从外部独立来源获取的审计证据比从其他来源获取的审计证据更可靠。从外部独立来源获取的审计证据未经被审计单位有关职员之手，从而减少了伪造、更改凭证或业务记录的可能性，因而其证明力最强。此类证据如银行询证函回函、应收账款询证函回函、保险公司等机构出具的证明等。相反，从其他来源获取的审计证据，由于证据提供者与被审计单位存在经济或行政关系等，其可靠性应受到质疑。此类证据如被审计单位内部的会计记录、会议记录等。

B. 内部控制有效时内部生成的审计证据比内部控制薄弱时内部生成的审计证据更可靠。如果被审计单位有健全的内部控制且在日常管理中得到一贯地执行，会计记录的可信赖程度将会增加。如果被审计单位的内部控制薄弱，甚至不存在任何内部控制，被审计单位内部会计记录的可靠性就大幅度降低。例如，如果与销售业务相关的内部控制有效，注册会计师就能从销售发票和发货单中取得比内部控制不健全时更加可靠的审计证据。

C. 直接获取的审计证据比间接获取或推论得出的审计证据更可靠。例如，注册会计师观察某项内部控制的运行得到的证据比询问被审计单位某项内部控制的运行得到的证据更可靠。间接获取的证据有被涂改及伪造的可能性，降低了证据的可信赖程度。推论得出的审计证据，其主观性较强、人为因素较多，可信赖程度也较直接获取的审计证据低。

D. 以文件、记录形式（纸质、电子或其他介质）存在的审计证据比口头形式的审计证据更可靠。例如，会议的同步书面记录比对讨论事项事后的口头表述更可靠。

E. 从原件获取的审计证据比从传真件或复印件获取的审计证据更可靠。注册会计师可审查原件是否有被涂改或伪造的迹象，排除伪证，提高证据的可信赖程度。而传真件或复印件容易是篡改或伪造的结果，可靠性较低。

（3）充分性和适当性之间的关系

充分性和适当性是审计证据的两个重要特征，两者缺一不可，只有充分且适当的审计证据才是有证明力的。注册会计师需要获取的审计证据的数量也受审计证据质量的影响。审计证据质量越高，需要的审计证据数量可能越少。也就是说，审计证据的适当性会影响审计证据的充分性。例如，被审计单位内部控制健全时生成的审计证据更可靠，注册会计师只需获取适量的审计证据，就可以为发表审计意见提供合理的基础。

需要注意的是，尽管审计证据的充分性和适当性相关，但如果审计证据的质量存在缺陷，那么注册会计师仅靠获取更多的审计证据可能无法弥补其质量上的缺陷。例如，注册会计师应当获取与销售收入完整性相关的证据，实际获取的却是有关销售收入真实性的证据，审计证据与完整性目标不相关，获取的证据再多，也证明不了销售收入的完整性。同样，如果注册会计师获取的证据不可靠，那么证据数量再多也难以起到证明作用。

此外，审计工作通常不涉及鉴定文件记录的真伪，注册会计师也不是鉴定文件记录真伪的专家，但应当考虑用作审计证据的信息的可靠性，并考虑与这些信息生成与维护相关控制的有效性。注册会计师可以考虑获取审计证据的成本与所获取信息的有用性之间的关系，但不应以获取审计证据的困难和成本为由减少不可替代的审计程序。

4. 获取审计证据的审计程序

审计程序是指注册会计师在审计过程中的某个时间，对将要获取的某类审计证据如何进行收集的详细指令。在审计过程中，注册会计师可根据需要单独或综合运用以下审计程序，以获取充分、适当的审计证据。

（1）检查记录或文件

检查记录或文件是指注册会计师对被审计单位内部或外部生成的，以纸质、电子或其他介质形式存在的记录或文件进行审查。

检查记录或文件的目的是对财务报表所包含或应包含的信息进行验证。检查记录或文件可提供可靠程度不同的审计证据，审计证据的可靠性取决于记录或文件的来源和性质。而在检查内部记录或文件时，其可靠性则取决于生成该记录或文件的内部控制的有效性。将检查用作控制测试的一个例子，是检查记录以获取关于授权的审计证据。

某些文件是表明一项资产存在的直接审计证据，如构成金融工具的股票或债券，但检查此类文件并不一定能提供有关所有权或计价的审计证据。此外，检查已执行的合同可以提供与被审计单位运用会计政策（如收入确认）相关的审计证据。

（2）检查有形资产

检查有形资产是指注册会计师对资产实物进行审查。检查有形资产程序主要适用于现金、存货和固定资产等。

检查有形资产可为有形资产的存在提供可靠的审计证据，但不一定能够为权利和义务或计价等认定提供可靠的审计证据。对个别存货项目进行的检查，可与存货监盘一同实施。

（3）观察

观察是指注册会计师查看相关人员正在从事的活动或实施的程序。例如，注册会计师对被审计单位人员执行的存货盘点或控制活动进行观察。观察可以提供执行有关过程或程序的审计证据，但观察所提供的审计证据仅限于观察发生的时点，而且被观察人员的行为可能因被观察而受到影响，这也会使观察提供的审计证据受到限制。

（4）询问

询问是指注册会计师以书面或口头方式，向被审计单位内部或外部的知情人员获取财务信息和非财务信息，并对答复进行评价的过程。作为其他审计程序的补充，询问广泛应用于整个审计过程。

知情人员对询问的答复可能为注册会计师提供尚未获悉的信息或佐证证据，也可能提供与已获悉信息存在重大差异的信息，注册会计师应当根据询问结果考虑修改审计程序或实施追加的审计程序。询问本身不足以发现认定层次存在的重大错报，也不足以测试内部控制运行的有效性，注册会计师还应当实施其他审计程序获取充分、适当的审计证据。

（5）函证

函证是指注册会计师直接从第三方（被询证者）获取书面答复以作为审计证据的过程，书面答复可以采用纸质、电子或其他介质等形式。当针对的是与特定账户余额及其项目相关的认定时，函证常常是相关的程序。当然，函证不仅仅局限于账户余额。例如，注册会计师可能要求对被审计单位与第三方之间的协议和交易条款进行函证；注册会计师可能在询证函中询问协议是否有修改，如果有修改，要求被询证者提供相关的详细信息。此外，函证还可以用于获取不存在某些情况的审计证据，如不存在可能影响被审计单位收入确认的"背后协议"。通过函证获取的证据可靠性较高，因此，函证是受到高度重视并经常被使用的一种重要程序。

（6）重新计算

重新计算是指注册会计师对记录或文件中的数据计算的准确性进行核对。重新计算可通过手工方式或电子方式进行。一般来说，计算不仅包括对被审计单位的凭证、账簿和报表中有关数字的验算，而且包括对会计资料有关项目的加总和其他运算。注册会计师通过计算只能验证计算结果本身是否正确，但不能说明据以计算的基础数据本身是否正确，注册会计师需要采用其他审计方法来验证这些基础数据的真实性。

（7）重新执行

重新执行是指注册会计师独立执行原本作为被审计单位内部控制组成部分的程序或控制。例如，注册会计师利用被审计单位的银行存款日记账和银行对账单，重新编制银行存款余额调节表，并与被审计单位编制的银行存款余额调节表进行比较。

（8）分析程序

分析程序，是指注册会计师通过分析不同财务数据之间以及财务数据与非财务数据之间的内在关系，对财务信息做出评价。分析程序还包括在必要时对识别出的、与其他相关信息不一致或与预期值差异重大的波动或关系进行调查。分析程序的具体方法有比较分析法、比率分析法和趋势分析法三种。

① 比较分析法。比较分析法是通过对某一财务报表项目与其既定标准之间的比较来获取审计证据的一种技术方法。这种比较包括实际数与计划数之间的比较、本期实际数与上期实际数之间的比较、实际数与同比标准之间的比较，以及被审计单位所提供的数据与注册会计师的计算结果之间的比较等。

② 比率分析法。比率分析法是通过对某一财务报表项目与其相关的另一财务报表项目之间的比率进行分析来获取审计证据的一种技术方法。比率分析法运用比较灵活，如注册会计师可以对被审计单位的流动比率、速动比率、资产周转率、毛利或费用占销售收入的百分比等进行分析，来推测是否有异常数据或项目。

③ 趋势分析法。趋势分析法是通过计算某一财务报表项目连续若干期间的变动金额及其百分比，分析该项目增减变动方向和趋势来获取审计证据的一种技术方法。如，注册会计师可以通过计算被审计单位近几年来主营业务收入增减金额和增减比率来分析主营业务收入的增减变动方向和幅度，以获取与评价主营业务收入有关的审计证据。

注册会计师实施分析程序的目的，主要体现在以下三个方面。

① 用作风险评估程序，以了解被审计单位及其环境。

注册会计师实施风险评估程序的目的，在于了解被审计单位及其环境并评估财务报表层次和认定层次的重大错报风险。在风险评估过程中使用分析程序也服务于这一目的。分析程序可以帮助注册会计师发现财务报表中的异常变化，或者预期发生而未发生的变化，识别存在潜在重大错报风险的领域。分析程序还可以帮助注册会计师发现财务状况或盈利能力发生变化的信息和征兆，识别那些表明被审计单位持续经营能力问题的事项。在这个阶段运用分析程序是强制要求。

② 当使用分析程序比细节测试能更有效地将认定层次的检查风险降至可接受的水平时，分析程序可以用作实质性程序。

在针对评估的重大错报风险实施进一步审计程序时，注册会计师可以将分析程序作为实质性程序的一种，单独或结合其他细节测试，收集充分、适当的审计证据。用作实质性程序的分析程序称为实质性分析程序。此时运用分析程序可以减少细节测试的工作量，节约审计成本，降低审计风险，使审计工作更有效率和效果。尽管分析程序有特定的作用，但注册会计师在实施实质性程序时使用分析程序不是必需的。

需要强调的是，相对于细节测试而言，实质性分析程序能够达到的精确度可能受到种种限制，所提供的证据在很大程度上是间接证据，证明力相对较弱。从审计过程整体来看，注册会计师不能仅依赖实质性分析程序，而忽略对细节测试的运用。

③ 在审计结束或临近结束时对财务报表进行总体复核。

在审计结束或临近结束时，注册会计师应当运用分析程序，在已收集的审计证据的基础上，对财务报表整体的合理性做最终把关，评价报表仍然存在重大错报风险而未被发现的可能性，考虑是否需要追加审计程序，以便为发表审计意见提供合理基础。这时运用分析程序是强制要求，注册会计师在这个阶段应当运用分析程序。

审计证据的取证方法

05

试一试

分析程序可以用作控制测试。这种说法对吗？

上述审计程序基于审计的不同阶段和目的单独或组合起来，可用作风险评估程序、控制测试和实质性程序。

二、审计工作底稿

（一）审计工作底稿的含义

审计工作底稿，是指注册会计师对制订的审计计划、实施的审计程序、获取的审计证据以及得出的审计结论做出的记录。审计工作底稿是审计证据的载体，是注册会计师在审计过程中形成的审计工作记录和获取的资料。它形成于审计过程，也反映整个审计过程。

（二）编制审计工作底稿的目的

审计工作底稿在计划和执行审计工作中发挥着关键作用。它提供了审计工作实际执行情况的记录，并形成审计报告的基础。审计工作底稿也可用于质量控制复核、监督会计师事务所对审计准则的遵循情况以及第三方的检查等。在会计师事务所因执业质量而涉及诉讼或有关监管机构进行执业质量检查时，审计工作底稿能够提供证据，证明会计师事务所是否按照《中国注册会计师审计准则》的规定执行了审计工作。

因此，注册会计师应当及时编制审计工作底稿，以实现下列目的。

（1）提供充分、适当的记录，作为出具审计报告的基础。

（2）提供证据，证明注册会计师已按照审计准则和相关法律法规的规定计划和执行了审计工作。

除上述目的外，编制审计工作底稿还可以实现下列目的。

（1）有助于项目组计划和执行审计工作。

（2）有助于负责督导的项目组成员按照审计准则的规定，履行指导监督与复核审计工作的责任。

（3）便于项目组说明其执行审计工作的情况。

（4）保留对未来审计工作持续产生重大影响的事项的记录。

（5）便于会计师事务所按照质量控制准则的规定，实施质量控制复核与检查。

（6）便于监管机构和注册会计师协会根据相关法律法规或其他相关要求，对会计师事务所实施执业质量检查。

（三）审计工作底稿的存在形式

审计工作底稿可以以纸质、电子或其他介质形式存在。无论审计工作底稿以哪种形式存在，会计师事务所都应当针对审计工作底稿设计和实施适当的控制，以实现下列目的。

（1）使审计工作底稿清晰地显示其生成、修改及复核的时间和人员。

（2）在审计业务的所有阶段，尤其是在项目组成员共享信息或通过互联网将信息传递给其他人员时，保护信息的完整性和安全性。

（3）防止未经授权改动审计工作底稿。

（4）允许项目组和其他经授权的人员为适当履行职责而接触审计工作底稿。

在实务中，为便于复核，注册会计师可以将以电子或其他介质形式存在的审计工作底稿通过打印等方式，转换成纸质形式的审计工作底稿，并与其他纸质形式的审计工作底稿一并归档，同时，单独保存这些以电子或其他介质形式存在的审计工作底稿。

（四）审计工作底稿的内容

审计工作底稿通常包括总体审计策略、具体审计计划、分析表、问题备忘录、重大事项概要、询证函回函和声明、核对表、有关重大事项的往来函件（包括电子邮件），注册会计师还可以将被审计单位文件记录的摘要或复印件（如重大的或特定的合同和协议）作为审计工作底稿的一部分。此外，审计工作底稿通常还包括业务约定书、管理建议书、项目组内部或项目组与被审计单位举行的会议记录、与其他人士（如其他注册会计师、律师、专家等）的沟通文件及错报汇总表等。但是，审计工作底稿并不能代替被审计单位的会计记录。

审计工作底稿通常不包括已被取代的审计工作底稿的草稿或财务报表的草稿、反映不全面或初步思考的记录、存在印刷错误或其他错误而作废的文本，以及重复的文件记录等。

通常，审计工作底稿包括下列全部或部分要素。

（1）审计工作底稿的标题

每张审计工作底稿应当包括被审计单位的名称、审计项目的名称以及资产负债表日或底稿覆盖的会计期间（如果与交易相关）。

（2）审计过程记录

在审计工作底稿中需要记录审计证据的收集和评价情况。在记录审计过程时，应当特别注意以下几个重点方面：具体项目或事项的识别特征；重大事项及相关重大职业判断；针对重大事项如何处理不一致的情况。识别特征是指被测试的项目或事项表现出的征象或标志，如在对被审计单位生成的订购单进行细节测试时，注册会计师可以以订购单的日期和其唯一编号作为测试订购单的识别特征。

（3）审计结论

审计工作的每一部分都应包含与已实施审计程序的结果及其是否实现既定审计目标相关的结论，还应包括审计程序识别出的例外情况和重大事项如何得到解决的结论。注册会计师恰当地记录审计结论非常重要。注册会计师需要根据所实施的审计程序及获取的审计证据得出结论，并以此作为对财务报表发表审计意见的基础。在记录审计结论时需注意，在审计工作底稿中记录的审计程序和审计证据是否足以支持所得出的审计结论。

（4）审计标识及其说明

审计工作底稿中可使用各种审计标识，但应说明其含义，并保持前后一致。以下是注册会计师在审计工作底稿中使用的审计标识及含义，供参考。在实务中，注册会计师也可以依据实际情况运用更多的审计标识。

∧：纵加核对。

＜：横加核对。

B：与上年结转数核对一致。

T：与原始凭证核对一致。

G：与总分类账核对一致。

S：与明细账核对一致。

T/B：与试算平衡表核对一致。

C：已发询证函。

C\：已收回询证函。

（5）索引号及编号

通常，审计工作底稿需要注明索引号及顺序编号，相关审计工作底稿之间需要保持清晰的勾稽关系。在实务中，注册会计师可以按照所记录的审计工作的内容层次进行编号。例如，固定资产汇总表的编号为 C1，按类别列示的固定资产明细表的编号为 C1-1，房屋建筑物的编号为 C1-1-1，机器设备的编号为 C1-1-2，运输工具的编号为 C1-1-3，其他设备的编号为 C1-1-4。相互引用时，需要在审计工作底稿中交叉注明索引号。

（6）编制人员和复核人员及执行日期

为了明确责任，在各自完成与特定工作底稿相关的任务之后，编制者和复核者都应在工作底稿上签名并注明编制日期和复核日期。在记录已实施审计程序的性质、时间安排和范围时，注册会计师应当记录以下方面。

① 测试的具体项目或事项的识别特征。

② 审计工作的执行人员及完成审计工作的日期。

③ 审计工作的复核人员及复核的日期和范围。

在需要项目质量控制复核的情况下，还需要注明项目质量控制复核人员及复核的日期。通常，需要在每一张审计工作底稿上注明执行审计工作的人员和复核人员、完成该项审计工作的日期以及完成复核的日期。

试一试

审计工作底稿通常包括（　　　）。

A. 总体审计策略和具体审计计划　　　　B. 分析表、问题备忘录

C. 询证函回函、管理层声明书　　　　　D. 有关重大事项的往来信件

三、审计抽样

注册会计师在获取充分、适当的证据时，需要选取项目进行测试。选取方法包括三种：一是对某总体包含的全部项目进行测试（比如对资本公积项目进行测试）；二是对选出的特定项目进行测试，但不推断总体；三是审计抽样，以样本结果推断总体结论。在现实社会经济生活中，企业

规模的扩大和经营复杂程度的不断上升，使注册会计师对每一笔交易进行检查变得既不可行，也没有必要。为了在合理的时间内以合理的成本完成审计工作，审计抽样应运而生。审计抽样旨在帮助注册会计师确定实施审计程序的范围，以获取充分、适当的审计证据，得出合理的结论，作为形成审计意见的基础。

（一）审计抽样的含义和特征

审计抽样是指注册会计师对具有审计相关性的总体中低于百分之百的项目实施审计程序，使所有抽样单元都有被选取的机会，为注册会计师针对总体得出结论提供合理基础。审计抽样能够使注册会计师获取和评价有关所选取项目某一特征的审计证据，以形成或有助于形成有关总体的结论。总体，是指注册会计师从中选取样本并期望据此得出结论的整个数据集合。抽样单元，则是指构成总体的个体项目。

审计抽样应当具备三个基本特征：①对某类交易或账户余额中低于百分之百的项目实施审计程序；②所有抽样单元都有被选取的机会；③可以根据样本项目的测试结果推断出有关抽样总体的结论。

（二）审计抽样的适用性

审计抽样并非在所有审计程序中都可使用。注册会计师拟实施的审计程序将对运用审计抽样产生重要影响。

风险评估程序通常不涉及审计抽样。如果注册会计师在了解控制的设计和确定控制是否得到执行的同时计划和实施控制测试，则可能涉及审计抽样，但此时审计抽样仅适用于控制测试。

当控制的运行留下轨迹时，注册会计师可以考虑使用审计抽样实施控制测试。对于未留下运行轨迹的控制，注册会计师通常实施询问、观察等审计程序，以获取有关控制运行有效性的审计证据，此时不宜使用审计抽样。此外，在被审计单位采用信息技术处理各类交易及其他信息时，注册会计师通常只需要测试信息技术一般控制，并从各类交易中选取一笔或几笔交易进行测试，就能获取有关信息技术应用控制运行有效性的审计证据，此时不需使用审计抽样。

实质性程序包括对各类交易、账户余额和披露的细节测试，以及实质性分析程序。在实施细节测试时，注册会计师可以使用审计抽样获取审计证据，以验证有关财务报表金额的一项或多项认定（如应收账款的存在），或对某些金额做出独立估计（如陈旧存货的价值）。如果注册会计师将某类交易或账户余额的重大错报风险评估为可接受的低水平，也可不实施细节测试，此时不需使用审计抽样。实施实质性分析程序时，注册会计师的目的不是根据样本项目的测试结果推断有关总体的结论，因而不宜使用审计抽样。

审计抽样可以与其他选取测试项目的方法结合进行。例如，在审计应收账款时，注册会计师可以使用选取特定项目的方法将应收账款中的单个重大项目挑选出来单独测试，再针对剩余的应收账款余额进行抽样。

（三）审计抽样的种类

1. 统计抽样和非统计抽样

注册会计师在运用审计抽样时，既可以使用统计抽样方法，也可以使用非统计抽样方法，这取决于注册会计师的职业判断。统计抽样，是指同时具备下列特征的抽样方法：①随机选取样本项目；②运用概率论评价样本结果，包括计量抽样风险。不同时具备上述两个特征的抽样方法为非统计抽样。

注册会计师应当根据具体情况并运用职业判断，确定使用统计抽样或非统计抽样方法，以最有效率地获取审计证据。注册会计师在统计抽样与非统计抽样方法之间进行选择时主要考虑成本效益。

统计抽样的优点在于能够客观地计量抽样风险，并通过调整样本规模精确地控制风险，这是统计抽样与非统计抽样最重要的区别。另外，统计抽样还有助于注册会计师高效地设计样本，计量所获取证据的充分性，以及定量评价样本结果。统计抽样的缺点在于有可能发生额外的成本。首先，统计抽样需要特殊的专业技能，因此使用统计抽样需要增加额外的支出来对注册会计师进行培训。其次，统计抽样要求单个样本项目符合统计要求，这些也可能需要支出额外的费用。非统计抽样如果设计适当，也能提供与统计抽样方法同样有效的结果。注册会计师使用非统计抽样时，也必须考虑抽样风险并将其降至可接受水平，但无法精确地测定抽样风险。

不管是统计抽样还是非统计抽样，两种方法都要求注册会计师在设计、实施和评价样本时运用职业判断。另外，对选取的样本项目实施的审计程序通常也与使用的抽样方法无关。

2. 属性抽样和变量抽样

按照所了解的总体特征的不同，审计抽样可以分为属性抽样和变量抽样。属性抽样和变量抽样都是统计抽样方法。

属性抽样是一种用来对总体中某一事件发生概率得出结论的统计抽样方法。属性抽样在审计中最常用的用途是测试某一控制的偏差率，以支持注册会计师评估的控制有效性。在属性抽样中，设定控制的每一次发生或偏离都被赋予同样的权重，而不管交易金额的大小。

变量抽样是一种用来对总体金额得出结论的统计抽样方法。变量抽样通常回答下列问题：金额是多少、账户是否存在错报。变量抽样在审计中的主要用途是进行细节测试，以确定记录金额是否合理。

一般而言，属性抽样得出的结论与总体发生率有关，而变量抽样得出的结论与总体的金额有关。但有一个例外，即变量抽样中的货币单元抽样，却运用属性抽样的原理得出以金额表示的结论。

（四）抽样风险和非抽样风险

1. 抽样风险

抽样风险，是指注册会计师根据样本得出的结论，可能不同于如果对总体实施与样本相同的审计程序得出的结论的风险。抽样风险是由抽样引起的，与样本规模和抽样方法相关。

（1）控制测试中的抽样风险

控制测试中的抽样风险包括信赖过度风险和信赖不足风险。信赖过度风险是指推断的控制有效性高于其实际有效性的风险，也可以说，尽管样本结果支持注册会计师计划信赖内部控制的程度，但实际偏差率不支持该信赖程度的风险。信赖过度风险与审计的效果有关。如果注册会计师评估的控制有效性高于其实际有效性，从而导致评估的重大错报风险水平偏低，注册会计师可能会不适当地减少从实质性程序中获取的证据，导致审计的有效性下降。对于注册会计师而言，信赖过度风险更容易导致注册会计师发表不恰当的审计意见，因而更应予以关注。

相反，信赖不足风险是指推断的控制有效性低于其实际有效性的风险，也可以说，尽管样本结果不支持注册会计师计划信赖内部控制的程度，但实际偏差率支持该信赖程度的风险。信赖不足风险与审计的效率有关。当注册会计师评估的控制有效性低于其实际有效性时，评估的重大错报风险水平高于实际水平，注册会计师可能会增加不必要的实质性程序。在这种情况下，审计效率可能会降低。

（2）细节测试中的抽样风险

在实施细节测试时，注册会计师也要关注两类抽样风险：误受风险和误拒风险。误受风险是指注册会计师推断某一重大错报不存在而实际上存在的风险。如果账面金额实际上存在重大错报而注册会计师认为其不存在重大错报，注册会计师通常不会对该账面金额继续进行测试，并会根据样本结果得出账面金额无重大错报的结论。与信赖过度风险类似，误受风险影响审计效果，容易导致注册会计师发表不恰当的审计意见，因此注册会计师更应予以关注。

误拒风险是指注册会计师推断某一重大错报存在而实际上不存在的风险。与信赖不足风险类似，误拒风险影响审计效率。如果账面金额不存在重大错报而注册会计师认为其存在重大错报，注册会计师会扩大细节测试的范围并考虑获取其他审计证据，最终会得出恰当的结论。在这种情况下，审计效率可能会降低。

无论是在控制测试还是在细节测试中，抽样风险都可以分为两种类型：一类是影响审计效果的抽样风险，包括控制测试中的信赖过度风险和细节测试中的误受风险；另一类是影响审计效率的抽样风险，包括控制测试中的信赖不足风险和细节测试中的误拒风险。相较于影响审计效率的抽样风险，注册会计师更应关注影响审计效果的抽样风险。

只要使用了审计抽样，抽样风险就会存在。抽样风险与样本规模反方向变动：样本规模越小，抽样风险越大；样本规模越大，抽样风险越小。无论是控制测试还是细节测试，注册会计师都可以通过扩大样本规模降低抽样风险。如果对总体中的所有项目都实施检查，就不存在抽样风险，此时审计风险完全由非抽样风险产生。

抽样风险的类型

2. 非抽样风险

非抽样风险，是指注册会计师由于任何与抽样风险无关的原因而得出错误结论的风险。注册会计师即使对某类交易或账户余额的所有项目实施审计程序，也可能仍未能发现重大错报或控制失效。在审计过程中，可能导致非抽样风险的情况主要如下。

① 注册会计师选择了不适于实现特定目标的审计程序。例如，注册会计师依赖应收账款函证来揭露未入账的应收账款。

② 注册会计师选择的总体不适合于测试目标。例如，注册会计师在测试销售收入完整性认定时，将主营业务收入日记账界定为总体。

③ 注册会计师未能适当地定义误差（包括控制偏差或错报），导致注册会计师未能发现样本中存在的偏差或错报。例如，注册会计师在测试现金支付授权控制的有效性时，未将签字人未得到适当授权的情况界定为控制偏差。

④ 注册会计师未能适当地评价审计发现的情况。例如，注册会计师错误解读审计证据可能导致没有发现误差。注册会计师对所发现误差的重要性的判断有误，从而忽略了性质十分重要的误差，也可能导致得出不恰当的结论。

非抽样风险是由人为因素造成的，虽然难以量化，但通过采取适当的质量控制政策和程序，对审计工作进行适当的指导、监督和复核，仔细设计审计程序，以及对审计实务的适当改进，注册会计师可以将非抽样风险降至可接受的水平。

试一试

注册会计师在进行控制测试时，应关注的抽样风险有（　　　）。
A. 误拒风险　　　B. 信赖不足风险　　　C. 信赖过度风险　　　D. 误受风险

（五）审计抽样的步骤

1. 样本设计阶段

在设计审计样本时，注册会计师应当考虑审计程序的目标和抽样总体的属性。换言之，注册会计师首先应考虑拟实现的具体目标，并根据目标和总体的特点确定能够最好地实现该目标的审计程序组合，以及如何在实施审计程序时运用审计抽样。审计抽样中样本设计阶段的工作主要如下：

（1）确定测试目标

审计抽样必须紧紧围绕审计测试的目标展开，因此，确定测试目标是样本设计阶段的第一项工作。一般而言，控制测试是为了获取关于某项控制的设计或运行是否有效的证据，而细节测试的目的是识别财务报表中各类交易、账户余额和披露中存在的重大错报。

（2）定义总体与抽样单元

总体。在实施抽样之前，注册会计师必须仔细定义总体，确定抽样总体的范围。例如在细节测试中，总体可以包括构成某类交易或账户余额的所有项目，也可以只包括某类交易或账户余额中的部分项目。例如，如果应收账款中没有个别重大项目，注册会计师直接对应收账款账面余额进行抽样，则总体包括构成应收账款期末余额的所有项目。如果注册会计师已使用选取特定项目的方法将应收账款中的个别重大项目挑选出来单独测试，只对剩余的应收账款余额进行抽样，则总体只包括构成应收账款期末余额的部分项目。

抽样单元。在定义抽样单元时，注册会计师应当使其与审计测试的目标保持一致。注册会计师在定义总体时通常指明了适当的抽样单元。在控制测试中，抽样单元通常是能够提供控制运行证据的一份文件资料、一个记录或其中一行；在细节测试中，抽样单元可能是一个账户余额、一笔交易或交易中的一项记录，甚至是每个货币单位。

分层。如果总体项目存在重大的变异性，注册会计师应当考虑分层。分层是指将一个总体划分为多个子总体的过程，每个子总体由一组具有相同特征（通常为货币金额）的抽样单元组成。分层可以降低每一层中项目的变异性，从而在抽样风险没有成比例增加的前提下减小样本规模。注册会计师可以考虑将总体分为若干个离散的具有识别特征的子总体（层），以提高审计效率。注册会计师应当仔细界定子总体，以使每一抽样单元只能属于一个层。

（3）定义误差构成条件

注册会计师必须事先准确定义构成误差的条件，否则，执行审计程序时就没有识别误差的标准。注册会计师在定义误差构成条件时要考虑审计程序的目标，清楚地了解误差构成条件，这对确保在推断误差时仅将所有与审计目标相关的条件包括在内至关重要。在控制测试中，误差指偏差，是指偏离对设定控制的预期执行。细节测试中，误差指错报。例如，在对应收账款存在的细节测试中（如函证），客户在函证信息针对的截止日之前已支付而被审计单位在该日之后才收到的款项不构成错报。而且，被审计单位在不同客户之间误登明细账也不影响应收账款总账余额。即使在不同客户之间误登明细账可能对审计的其他方面（如对舞弊的可能性或坏账准备的适当性的评估）产生重要影响，注册会计师在评价应收账款函证程序的样本结果时也不宜将其判定为错报。

2. 选取样本阶段

（1）确定样本规模

样本规模是指从总体中选取样本项目的数量。在审计抽样中，如果样本规模过小，就不能反映总体的特征，注册会计师就无法获取充分的审计证据，其审计结论的可靠性就会大打折扣，甚至可能得出错误的审计结论；相反，如果样本规模过大，则会增加审计工作量，造成不必要的时间和人力的浪费，降低审计效率，失去审计抽样的意义。在确定样本规模时，注册会计师应当考虑能否将抽样风险降至可接受的低水平。表 5-1 列示了审计抽样中影响样本规模的因素，并分别说明了这些影响因素在控制测试和细节测试中的表现形式及与样本规模的关系。

表 5-1 影响样本规模的因素

影响因素	控制测试	细节测试	与样本规模的关系
可接受的抽样风险	可接受的信赖过度风险	可接受的误受风险	反向变动
可容忍误差	可容忍偏差率	可容忍错报	反向变动
预计总体误差	预计总体偏差率	预计总体错报	同向变动
总体规模	总体规模	总体规模	影响很小
总体变异性	—	总体变异性	同向变动

（2）选取样本

在选取样本项目时，注册会计师应当使总体中的所有抽样单元均有被选取的机会。使所有抽样单元都有被选取的机会是审计抽样的基本特征之一，否则，就无法根据样本结果推断总体。

选取样本的基本方法，包括随机数表法、系统选样、随意选样和整群选样。在细节测试中，常用的统计抽样方法包括货币单元抽样和传统变量抽样。细节测试中的统计抽样方法在本节中不详述。

① 随机数表法。随机数表法又称随机数选样。使用随机数表法需以总体中的每一项目都有不同的编号为前提。注册会计师可以使用计算机生成的随机数，如电子表格程序、随机数码生成程序、通用审计软件程序等计算机程序产生的随机数，也可以使用随机数表获得所需的随机数。

随机数表也称乱数表，它是由随机生成的从 0 到 9 十个数字组成的数表，每个数字在表中出现的次数是大致相同的，它们出现在表中的顺序是随机的。表 5-2 就是五位随机数表的一部分。应用随机数表选样的步骤如下。

第一，对总体项目进行编号，建立总体中的项目与表中数字的一一对应关系。

第二，确定连续选取随机数的方法。即从随机数表中选择一个随机起点和一个选号路线，随机起点和选号路线可以任意选择，但一经选定就不得改变。依次查找符合总体项目编号要求的数字，即为选中的号码，与此号码相对应的总体项目即为选取的样本项目，一直到选足所需的样本量为止。

表 5-2 五位随机数表

行	列								
	1	2	3	4	5	6	7	8	9
1	32 054	69 038	29 654	92 114	81 034	40 582	01 584	77 184	85 762
2	23 841	96 070	82 592	81 642	08 971	07 411	09 037	81 530	56 195
3	82 383	94 987	66 441	28 677	95 961	78 346	37 916	09 416	42 438
4	68 310	21 792	71 635	86 089	38 157	95 620	96 718	79 554	50 209
5	94 856	76 940	22 165	01 414	01 413	37 231	05 509	37 489	56 459
6	95 000	61 958	83 430	98 250	70 030	05 436	74 814	45 978	09 277
7	20 764	64 638	11 359	32 556	89 822	02 713	81 293	52 970	25 080
8	71 401	17 964	50 940	95 753	34 905	93 566	36 318	79 530	51 105

② 系统选样。系统选样也称等距选样，是指按照相同的间隔从审计对象总体中等距离地选取样本的一种选样方法。采用系统选样法，首先要计算选样间距，确定选样起点，然后再根据间距顺序地选取样本。选样间距的计算公式如下。

选样间距＝总体规模÷样本规模

例如，如果销售发票的总体范围是 652～3 151，设定的样本量是 125，那么选样间距为 20[（3 152-652）÷125]。注册会计师必须从第一个间隔（652～671）中随机选取一个样本项目，作为抽样起点。如果随机起点是 661，那么其余的 124 个项目是 681（661+20），701（681+20）……，直至第 3 141 号。

系统选样方法的主要优点是使用方便，比其他选样方法节省时间，并可用于无限总体。此外，使用这种方法时，不需要对总体中的项目编号，注册会计师只要简单数出每一个间距即可。但是，使用系统选样方法要求总体必须是随机排列的，否则容易发生较大的偏差，造成非随机的、不具代表性的样本。

③ 随意选样。随意选样也叫任意选样，是指注册会计师不带任何偏见地选取样本，即注册会计师不考虑样本项目的性质、大小、外观、位置或其他特征而选取总体项目。随意选样的主要缺点在于很难完全无偏见地选取样本项目，即这种方法难以彻底排除注册会计师的个人偏好对选取样本的影响，因而很可能使样本失去代表性。由于文化背景和所受训练等的不同，每个注册会计师都可能无意识地带有某种偏好。因此，在运用随意选样方法时，注册会计师要避免项目性质、大小、外观和位置等的不同所引起的偏见，尽量使所选取的样本具有代表性。

三种基本方法均可选出代表性样本。但随机数表法和系统选样属于随机基础选样方法，即对总体的所有项目按随机规则选取样本，因而可以在统计抽样中使用，也可以在非统计抽样中使用。而随意选样虽然也可以选出代表性样本，但它属于非随机基础选样方法，因而不能在统计抽样中使用，只能在非统计抽样中使用。

④ 整群选样。使用这种方法，注册会计师从总体中选取一群（或多群）连续的项目。例如，总体为 20×1 年的所有付款单据，从中选取 2 月 7 日、5 月 15 日和 7 月 23 日这三天的所有付款单据作为样本。整群选样通常不能在审计抽样中使用，因为大部分总体的结构都使连续的项目之间可能具有相同的特征，但与总体中其他项目的特征不同。虽然在有些情况下注册会计师检查一群项目可能是适当的审计程序，但当注册会计师希望根据样本做出有关总体的有效推断时，极少将整群选样作为适当的选样方法。

试一试

注册会计师希望从 4 000 张编号为 0001 至 4000 的支票中抽取 100 张进行审计，随机确定的抽样起点为 190，采用系统抽样法下，抽取到的第五个样本号为（ ）。
A. 0310   B. 0015   C. 0350   D. 0390

3. 评价样本结果阶段

根据对误差的性质和原因的分析，将样本结果推至总体，形成对总体的结论。

① 分析样本误差。注册会计师应当考虑样本的结果、已识别的所有误差的性质和原因，及其对具体审计目标和审计的其他方面可能产生的影响。

② 推断总体误差。在属性抽样中，由于样本的误差率就是总体的推断误差率，所以注册会计师无须推断总体误差率。在变量抽样中，注册会计师应当根据样本中发现的误差金额推断总体误差金额，并考虑推断误差对特定审计目标及审计的其他方面的影响。

③ 得出总体结论。在计算偏差率（或推断总体错报）、考虑抽样风险、分析偏差（或错报）的性质和原因之后，注册会计师需要运用职业判断得出总体结论。

在实施控制测试时，如果样本结果及其他相关审计证据支持计划评估的控制有效性，从而支持计划的重大错报风险评估水平，注册会计师可能不需要修改计划的实质性程序。如果样本结果不支持计划的控制运行有效性和重大错报风险的评估水平，注册会计师通常有两种选择：①进一步测试其他控制（如补偿性控制），以支持计划的控制运行有效性和重大错报风险的评估水平；②提高重大错报风险评估水平，并相应修改计划的实质性程序的性质、时间安排和范围。

在实施细节测试时，如果样本结果不支持总体账面金额，且注册会计师认为账面金额可能存在错报，注册会计师通常会建议被审计单位对错报进行调查，并在必要时调整账面记录。依据被审计单位已更正的错报对推断的总体错报额进行调整后，注册会计师应当将该类交易或账户余额中剩余的推断错报与其他交易或账户余额中的错报总额累积起来，以评价财务报表整体是否存在重大错报。无论样本结果是否表明错报总额超过了可容忍错报，注册会计师都应当要求被审计单位的管理层记录已发现的事实错报（除非明显微小）。如果样本结果表明注册会计师做出抽样计划时依据的假设有误，注册会计师应当采取适当的行动。例如，如果细节测试中发现的错报的金额或频率大于依据重大错报风险的评估水平做出的预期，注册会计师需要考虑重大错报风险的评估水平是否仍然适当。注册会计师也可能决定修改对重大错报风险评估水平低于最高水平的其他账户拟实施的审计程序。

05 项目实施

首先，工人的议论并非有效的证据，但它提供了存货可能存在价值高估的审计线索；然而注册会计师没有执行进一步的审计程序，只是询问工人并同主管人员商讨，审计程序不当，没有完全遵循审计准则，存在普通过失。其次，如果注册会计师已对存货的正确性有了明确的结论，就不应将有关工人的议论写在审计工作底稿中，更不应将下次审计时应加以考虑写在审计工作底稿中。小张忽视了审计工作底稿具有法律效力的严肃性。这些都导致已有的审计证据无法支持得出的审计结论，也是审计人员缺乏应有的职业怀疑态度的表现。

视野拓展

无效函证的后果

银广夏公司在1999年、2000年采取虚构进货单位，虚构材料采购，伪造原料入库单，萃取产品的生产记录、产品出库、销售发票、进出口报关单、银行汇款单和银行进账单，制造虚假的出口销售合同等手段，虚列萃取产品的出口收入9.63亿元，虚假净利润达5.46亿元。然而，银广夏公司这两年度的财务报表经深圳中天勤会计师事务所审计后，均被出具了"无保留意见"的审计报告。

中天勤会计师事务所在审计银广夏公司1999年度与2000年度财务报表时，注册会计师严重违反了审计准则的规定。如对其子公司天津广夏公司进行审计时，执行应收账款及出口函证时，注册会计师委托被审计单位天津广夏公司代其向银行、海关、债务人等单位和个人发函，将所有询证函交由该公司发出，回函由该公司收回后交给注册会计师，致使被审计单位得以伪造函证结果，函证失去意义。

在实施函证程序时，注册会计师应当对被函证者的选择、询证函的编制和寄发，以及回函保持应有的控制。而中天勤会计师事务所的注册会计师未能做到这一点。在明知银广夏公司的财务报表可能存在虚假的情况下，没有实施有效的函证等审计程序，因而未能发现银广夏公司财务报表中的重大虚假收入。

练习与实训

一、单项选择题

1. 实物证据对证明（　　）认定具有很强的说服力。

 A. 存在
        B. 完整性

 C. 权利和义务
     D. 准确性、计价和分摊

2. 审计证据的适当性是指审计证据相关性和可靠性，相关性是指证据应与（　　）相关。

 A. 审计范围
       B. 审计目标

 C. 被审计单位的会计报表
   D. 客观事实

3. 审计人员通常使用（　　）方法取得环境证据。

 A. 询问
   B. 观察
   C. 重新执行
   D. 检查有形资产

4. 下列与审计证据相关的表述中，正确的是（　　）。

 A. 如果审计证据数量足够，就可以弥补审计证据的质量缺陷

 B. 审计工作通常不涉及鉴定文件的真伪，对用作审计证据的文件记录，只需考虑相关内部控制的有效性

 C. 不应考虑获取审计证据的成本与获取信息的有用性之间的关系

 D. 会计记录中含有的信息本身不足以提供充分的审计证据作为对财务报表发表审计意见的基础

5. 在获取的下列审计证据中，可靠性最强的通常是（　　）。

 A. 公司连续编号的采购订单
   B. 公司编制的成本分配计算表

 C. 公司提供的银行对账单
    D. 公司管理层提供的声明书

6. 审计证据的可靠性受其来源和性质的影响。以下关于可靠性的说法中，不正确的是（　　）。

 A. 以纸质形式存在的证据比口头形式的证据更为可靠

 B. 从原件获取的证据比从复印件及传真件获取的证据更为可靠

 C. 电子文件形式的审计证据比口头形式的审计证据更为可靠

 D. 询问内部人员的证据比从被审计单位网页上下载的文件更可靠

7. 以下各项中，（　　）不是注册会计师实施分析程序的主要目的。

 A. 用作风险评估程序，以了解被审计单位及其环境

 B. 用作控制测试程序，以证实控制运行的有效性

 C. 用作实质性程序，以将检查风险降至可接受的水平

 D. 在审计结束或临近结束时对财务报表进行总体复核

8. 应收账款总金额为 400 万元，重要性水平为 6 万元，根据抽样结果推断的差错额为 4.5 万元，而账户的实际差错额为 8 万元，这时，注册会计师承受了（　　）。

 A. 误拒风险
  B. 信赖不足风险
  C. 误受风险
  D. 信赖过度风险

9. 下列关于审计程序的说法中，不正确的是（　　）。

 A. 检查有形资产可提供权利和义务的审计证据

 B. 观察提供的审计证据仅限于观察发生的时点

 C. 对于询问的答复，注册会计师应当通过获取其他证据予以佐证

 D. 分析程序包括调查识别出的、与其他相关信息不一致或与预期数据严重偏离的波动和关系

10. 下列有关审计证据的表述中，不正确的是（　　）。
    A. 被审计单位财务报表的重大错报风险越高，对审计证据的要求也越高
    B. 注册会计师在获取审计证据时，应当首先考虑获取审计证据的成本
    C. 如果注册会计师从不同来源获取的不同审计证据相互矛盾，注册会计师应当追加必要的审计程序
    D. 注册会计师获取的审计证据质量越高，需要的审计证据数量可能越少

二、多项选择题

1. 注册会计师所需获取的审计证据数量受各种因素的影响。以下关于审计证据数量的说法中，正确的有（　　）。
    A. 错报风险越大，需要的审计证据可能越多
    B. 审计证据质量越高，需要的审计证据可能越少
    C. 证据的质量存在的缺陷越多，所需的证据越多
    D. 获取的原件证据可能比获取的复印件证据少

2. 关于分析程序，下列说法中正确的有（　　）。
    A. 分析程序的主要目的是确认是否有异常或意外的波动
    B. 当分析结果与期望值有较大差别时，注册会计师应认为相关数据不恰当
    C. 在对内部控制的了解中，注册会计师一般不会运用分析程序
    D. 对于异常变动的项目，注册会计师应考虑审计方法是否适当，是否应追加审计程序

3. 注册会计师通过实施（　　），获取审计证据，得出结论，形成审计意见。
    A. 风险评估程序　　　　B. 了解内部控制　　　　C. 控制测试　　　　D. 实质性程序

4. 审计抽样应当具备的三个基本特征有（　　）。
    A. 选样方法能够计量并能控制审计风险在可接受的水平
    B. 所有抽样单元都有被选取的机会
    C. 可以根据样本项目的测试结果推断出有关抽样总体的结论
    D. 对某类交易或账户余额中低于百分之百的项目实施审计程序

5. 下列各项审计证据中，属于内部证据的有（　　）。
    A. 被审计单位已对外报送的财务报表
    B. 被审计单位提供的销售合同
    C. 被审计单位提供的供应商开具的发票
    D. 被审计单位的管理层声明书

6. 在抽样风险中，导致注册会计师执行额外的审计程序，降低审计效率的风险有（　　）。
    A. 信赖不足风险　　　　B. 信赖过度风险　　　　C. 误受风险　　　　D. 误拒风险

7. 影响样本规模的因素有（　　）。
    A. 可接受的抽样风险　　B. 可容忍误差　　　　C. 预计总体误差　　　　D. 总体规模

8. 选取样本的基本方法包括（　　）。
    A. 随机数表法　　　　B. 系统选样　　　　C. 随意选样　　　　D. 整群选样

9. 注册会计师选取测试项目的方法有（　　）。
    A. 选取全部项目　　　　B. 选取特定项目　　　　C. 风险评估程序　　　　D. 审计抽样

10. （　　）与样本量成反向变动关系。
    A. 可接受的抽样风险　　B. 可容忍误差　　　　C. 预计总体误差　　　　D. 总体规模

三、判断题

1. 抽样风险可以量化，因此注册会计师可以控制；但非抽样风险是由人为错误造成的，不能

量化，所以注册会计师无法控制非抽样风险。 （　　）

2. 审计工作底稿可以以纸质、电子或其他介质形式存在，它形成于审计过程，也反映整个审计过程。 （　　）

3. 询问通常不足以发现认定层次存在的重大错报，也不足以测试内部控制运行的有效性，注册会计师还应当实施其他审计程序以获取充分、适当的审计证据。 （　　）

4. 评估的重大错报风险水平越高，注册会计师越应当使用实质性分析程序，将审计风险水平降低至可接受的水平。 （　　）

5. 如果注册会计师根据对被审计单位及其环境的了解，得知本期在生产成本中占较大比重的原材料成本大幅上升，但通过分析程序发现本期与上期的毛利率变化不大，注册会计师可能据此认为销售成本存在重大错报风险。 （　　）

6. 在统计抽样中存在一定程度的非抽样风险；在非统计抽样中，也存在某种程度的抽样风险。 （　　）

7. 当实施细节测试时，注册会计师通常按照货币金额对某类交易或账户余额进行分层，以将更多的审计资源投入大额项目中。 （　　）

8. 审计工作底稿既是审计过程的反映，又是发表审计意见的依据。 （　　）

9. 一般而言，内部证据不如外部证据可靠，但已经获得第三者确认的内部证据，则具有较强的可靠性。 （　　）

10. 在实施控制测试时，如果注册会计师推断的控制有效性低于其实际有效性的风险，则存在误受风险。 （　　）

四、实训题

1. 注册会计师在对某公司财务报表进行审计时，收集到以下五组审计证据：

（1）收料单与购货发票；

（2）销货发票副本与产品出库单；

（3）领料单与材料成本计算表；

（4）存货盘点表与存货监盘记录；

（5）银行询证函回函与银行对账单。

要求：请分别说明每组审计证据中，哪项审计证据较为可靠，并简要说明理由。

2. 在对 A 公司 2020 年度财务报表进行审计时，N 注册会计师负责审计应收账款。N 注册会计师对截止日为 2020 年 12 月 31 日的应收账款实施了函证程序，并于 2021 年 2 月 15 日编制了应收账款函证分析工作底稿，如表 5-3 所示。

表 5-3　　　　　　　　　　　　应收账款函证分析工作底稿

A 公司应收账款函证分析工作底稿		索引号		B-3
资产负债表日：2020 年 12 月 31 日		编制人		日期	
		复核人		日期	
一、函证	笔数	金额/元		百分比
2020 年 12 月 31 日应收账款	4 000	4 000 000√★		100%
其中：积极函证	108	520 000		13%
消极函证	280	40 000		10%
寄发询证函小计	388	560 000		23%
选定函证但客户不同意函证的应收账款	12			
选择函证合计	400			

二、结果			
（一）函证未发现不符			
积极函证：确认无误部分 W/P B-4	88 C	360 000	9%
消极函证：未回函或回函确认无误部分 W/P B-4	240 C	32 000	0.8%
函证未发现不符小计	328	392 000	9.8%
（二）函证发现不符			
积极函证 W/P B-5	4 CX	20 000	0.5%
消极函证 W/P B-5	40 CX	8 000	0.2%
函证发现不符小计	44	28 000	0.7%
（三）选定函证但客户不同意函证的应收账款	12		
总体结论：回函不符金额 28 000 元低于可容忍错报，应收账款得以公允反映			

标示说明：√为与应收账款明细账核对相符；★为与应收账款总账核对相符；C 为回函相符；CX 为回函不符。

要求：假定选择函证的应收账款样本是恰当的，应收账款的可容忍错报是 30 000 元，请简要回答以下问题。

（1）N 注册会计师编制的上述工作底稿中存在哪些缺陷？

（2）针对上述工作底稿中显示的实施函证时遇到的问题和回函结果，N 注册会计师应当实施哪些审计程序？

项目六

风险评估和风险应对

📚 项目引入

注册会计师在了解被审计单位及其环境的过程中,发现被审计单位为了实现预定的销售目标,降低了赊销业务的信用审核标准, 向一些信用状况较差的小规模企业大量销售公司产品。

根据上述资料, 识别和评估被审计单位的重大错报风险。

📚 相关知识

一、风险评估

(一)风险评估的概念和作用

风险识别和评估,是指注册会计师通过实施风险评估程序, 识别和评估财务报表层次和认定层次的重大错报风险。其中, 风险识别是指找出财务报表层次和认定层次的重大错报风险, 风险评估是指对重大错报发生的可能性和后果严重程度进行评估。

注册会计师应当了解被审计单位及其环境, 以足够识别和评估财务报表重大错报风险, 设计和实施进一步审计程序。

了解被审计单位及其环境是必要程序, 特别是为注册会计师在下列关键环节做出职业判断提供重要基础。

(1)确定重要性水平, 并随着审计工作的进程评估对重要性水平的判断是否仍然适当。

(2)考虑会计政策的选择和运用是否恰当, 以及财务报表的列报是否适当。

(3)识别需要特别考虑的领域, 包括关联方交易、管理层运用持续经营假设的合理性, 或交易是否具有合理的商业目的等。

（4）确定在实施分析程序时所使用的预期值。

（5）设计和实施进一步审计程序，以将审计风险降至可接受的低水平。

（6）评价所获取审计证据的充分性和适当性。

了解被审计单位及其环境是一个连续和动态地收集、更新与分析信息的过程，贯穿审计过程的始终。注册会计师应当运用职业判断确定需要了解被审计单位及其环境的程度。评价对被审计单位及其环境了解的程度是否恰当，关键是看注册会计师对被审计单位及其环境的了解是否足以识别和评估财务报表重大错报风险。如果了解被审计单位及其环境获得的信息足以识别和评估财务报表重大错报风险、设计和实施进一步审计程序，那么了解的程度就是恰当的。

试一试

实施风险评估程序的目的是识别和评估财务报表的重大错报风险。这种说法对吗？

（二）风险评估程序

注册会计师了解被审计单位及其环境，目的是识别和评估财务报表的重大错报风险。为了解被审计单位及其环境而实施的程序称为"风险评估程序"。注册会计师应当依据实施这些程序所获取的信息，评估重大错报风险。

1. 风险评估程序信息来源

注册会计师应当实施下列风险评估程序，以了解被审计单位及其环境：①询问被审计单位管理层和内部其他相关人员；②分析程序；③观察和检查。

（1）询问被审计单位管理层和内部其他相关人员

询问被审计单位管理层和内部其他相关人员是注册会计师了解被审计单位及其环境的一个重要信息来源。注册会计师可以考虑向管理层和财务负责人询问下列事项。

① 管理层所关注的主要问题。如新的竞争对手、主要客户和供应商的流失、新的税收法规的实施以及经营目标或战略的变化等。

② 被审计单位最近的财务状况、经营成果和现金流量。

③ 可能影响财务报告的交易和事项，或者目前发生的重大会计处理问题。如重大的购并事宜等。

④ 被审计单位发生的其他重要变化。如所有权结构、组织结构的变化，以及内部控制的变化等。

注册会计师通过询问获取的大部分信息来自管理层和负责财务报告的人员。注册会计师也可以通过询问被审计单位内部的其他不同层级的人员获取信息，或为识别重大错报风险提供不同的视角。

（2）分析程序

分析程序是指注册会计师通过研究不同财务数据之间以及财务数据与非财务数据之间的内在关系，对财务信息做出评价。分析程序还包括调查识别出的、与其他相关信息不一致的或与预期数据严重偏离的波动和关系。

分析程序既可用作风险评估程序和实质性程序，也可用于对财务报表的总体复核。注册会计师实施分析程序有助于识别异常的交易或事项，以及对财务报表和审计产生影响的金额、比率和趋势。在实施分析程序时，注册会计师应当预期可能存在的合理关系，并与被审计单位记录的金额、依据记录金额计算的比率或趋势相比较；如果发现异常或未预期到的关系，注册会计师应当在识别重大错报风险时考虑这些比较结果。

（3）观察和检查

实施观察和检查程序可以印证对管理层和其他相关人员的询问结果，并可获得有关被审计单位及其环境的信息，注册会计师应当实施下列观察和检查程序。

① 观察被审计单位的生产经营活动。例如，观察被审计单位人员正在从事的生产活动和内部控制活动，可以增加注册会计师对被审计单位人员如何进行生产经营活动及实施内部控制的了解。

② 检查文件、记录和内部控制手册。例如，检查被审计单位的章程，与其他单位签订的合同、协议，各业务流程操作指引和内部控制手册等，了解被审计单位组织结构和内部控制制度的建立健全情况。

③ 阅读由管理层和治理层编制的报告。例如，阅读被审计单位年度和中期财务报告，股东大会、董事会会议、高级管理层会议的会议记录或纪要，管理层的讨论和分析资料，经营计划和战略，对重要经营环节和外部因素的评价，被审计单位内部管理报告以及其他特殊目的报告（如新投资项目的可行性分析报告）等，了解自上期审计结束至本期审计期间被审计单位发生的重大事项。

④ 实地察看被审计单位的生产经营场所和设备。现场访问和实地察看被审计单位的生产经营场所和设备，可以帮助注册会计师了解被审计单位的性质及其经营活动。在实地察看被审计单位的厂房和办公场所的过程中，注册会计师有机会与被审计单位的管理层和担任不同职责的员工进行交流，可以增强注册会计师对被审计单位的经营活动及其重大影响因素的了解。

⑤ 追踪交易在财务报告信息系统中的处理过程（穿行测试）。这是注册会计师了解被审计单位业务流程及其相关控制时经常使用的审计程序。通过追踪某笔或某几笔交易在业务流程中如何生成、记录、处理和报告，以及相关内部控制如何执行，注册会计师可以确定被审计单位的交易流程和相关控制是否与之前通过其他程序所获得的了解一致，并确定相关控制是否得到执行。

2. 其他审计程序

除了采用上述程序从被审计单位内部获取信息以外，如果根据职业判断认为从被审计单位外部获取的信息有助于识别重大错报风险，注册会计师应当实施其他审计程序以获取这些信息。例如，询问被审计单位聘请的外部法律顾问、专业评估师、投资顾问和财务顾问等。

阅读外部信息也可能有助于注册会计师了解被审计单位及其环境。外部信息包括证券分析师、银行、评级机构出具的有关被审计单位及其所处行业的经济或市场环境等状况的报告，贸易与经济方面的杂志，法规或金融出版物，以及政府部门或民间组织发布的行业报告和统计数据等。

需要说明的是，注册会计师了解被审计单位及其环境时，无须在每个方面都实施以上所有的风险评估程序。例如，在了解内部控制时通常不用分析程序。但是，在按照审计准则的要求对被审计单位及其环境获取了解的整个过程中，注册会计师通常会实施上述所有的风险评估程序。

3. 项目组内部讨论

项目组内部讨论在所有业务阶段都非常必要，可以保证所有事项得到恰当的考虑。通常安排有较多经验的成员（如项目合伙人）参与项目组内部讨论，其他成员可以分享其见解和以往获取的有关被审计单位的经验。项目组应当讨论被审计单位面临的经营风险、财务报表容易发生错报的领域以及发生错报的方式，特别是舞弊导致重大错报的可能性。

（三）了解被审计单位及其环境

注册会计师应当从下列方面了解被审计单位及其环境：①行业状况、法律环境与监管环境以及其他外部因素；②被审计单位的性质；③被审计单位对会计政策的选择和运用；④被审计单位的目标、战略以及相关经营风险；⑤被审计单位财务业绩的衡量和评价；⑥被审计单位的内部控制。

上述第①项是被审计单位的外部环境，第②、③、④项以及第⑥项是被审计单位的内部因素，第⑤项则既有外部因素也有内部因素。值得注意的是，被审计单位及其环境的各个方面可能会互相影响。例如，被审计单位的行业状况、法律环境与监管环境以及其他外部因素可能影响被审计单位的目标、战略及相关经营风险，而被审计单位的性质、目标、战略以及相关经营风险可能影响被审计单位对会计政策的选择和运用，以及内部控制的设计和执行。因此，注册会计师在对被审计单位及其环境的各个方面进行了解和评估时，应当考虑各因素之间的相互关系。

注册会计师针对上述六个方面实施的风险评估程序的性质、时间和范围取决于审计业务的具体情况，如被审计单位的规模和复杂程度，以及注册会计师的相关审计经验，包括以前对被审计单位提供审计和相关服务的经验和对类似行业、类似企业的审计经验。此外，识别被审计单位及其环境在上述各方面与以前期间相比发生的重大变化，对于充分了解被审计单位及其环境、识别和评估重大错报风险尤为重要。

（四）了解被审计单位的内部控制

了解被审计单位的内部控制是识别和评估重大错报风险、设计和实施进一步审计程序的基础。注册会计师应当了解与审计相关的内部控制以识别潜在错报的类型，考虑导致重大错报风险的因素，以及设计和实施进一步审计程序的性质、时间和范围。

1. 内部控制的含义

内部控制是被审计单位为了合理保证财务报告的可靠性、经营的效率和效果以及对法律、法规的遵守，由治理层、管理层和其他人员设计与执行的政策及程序。可以从以下几方面理解内部控制。

① 内部控制的目标是合理保证：a. 财务报告的可靠性，这一目标与管理层履行财务报告编制责任密切相关；b. 经营的效率和效果，即经济有效地使用企业资源，以最优方式实现企业的目标；c. 遵守适用的法律法规的要求，即在法律法规的框架下从事经营活动。

② 设计和实施内部控制的责任主体是治理层、管理层和其他人员，组织中的每一个人都对内部控制负有责任。

③ 实现内部控制目标的手段是设计和执行控制政策及程序。

注册会计师审计的目标是对财务报表是否存在重大错报发表审计意见，尽管要求注册会计师在财务报表审计中考虑与审计相关的内部控制，但目的并非对被审计单位内部控制的有效性发表意见。因此，注册会计师需要了解和评价的内部控制只是与财务报表审计相关的内部控制，并非被审计单位所有的内部控制。例如，被审计单位可能依靠某一复杂的自动化控制提高经营活动的效率和效果（如航空公司用于维护航班时间表的自动化控制系统），但这些控制通常与审计无关，注册会计师无须对其加以考虑。

2. 内部控制的要素

内部控制包括下列要素：控制环境、风险评估过程、信息系统与沟通、控制活动、对控制的监督。

（1）控制环境

控制环境包括治理职能和管理职能，以及治理层和管理层对内部控制及其重要性的态度、认识和措施。控制环境设定了被审计单位的内部控制基调，影响员工对内部控制的认识和态度。在评价控制环境的设计和实施情况时，注册会计师应当了解管理层在治理层的监督下，是否营造并保持了诚实守信和合乎道德的文化，以及是否建立了防止或发现并纠正舞弊和错误的恰当控制。实际上，在审计业务承接阶段，注册会计师就需要对控制环境做出初步了解和评价。良好的控制环境是实施有效内部控制的基础，控制环境主要包括以下要素：①对诚信和道德价值观念的沟通与落实；②对胜任能力的重视；③治理层的参与程度；④管理层的理念和经营风格；⑤组织结构及其职权与责任的分配；⑥人力资源政策与实务。

控制环境对重大错报风险的评估具有广泛影响，注册会计师应当考虑控制环境的总体优势是否为内部控制的其他要素提供了适当的基础，并且未被控制环境中存在的缺陷削弱。

控制环境本身并不能防止或发现并纠正各类交易、账户余额和披露认定层次的重大错报，注册会计师在评估重大错报风险时，应当将控制环境连同其他内部控制要素产生的影响一并考虑。例如，将控制环境与对控制的监督和具体控制活动一并考虑。

（2）风险评估过程

风险评估过程包括被审计单位管理层识别与财务报告相关的经营风险，以及针对这些风险所采取的措施。任何经济组织在经营活动中都会面临各种各样的风险，风险对其生存和竞争能力产生影响。很多风险并不为经济组织所控制，但管理层应当确定可以承受的风险水平，识别这些风险并采取一定的应对措施。

在评价被审计单位风险评估过程的设计和执行时，注册会计师应当确定管理层如何识别与财务报告相关的经营风险，如何估计该风险的重要性，如何评估风险发生的可能性，以及如何采取措施管理这些风险。如果被审计单位的风险评估过程符合其具体情况，了解被审计单位的风险评估过程和结果有助于注册会计师识别财务报表的重大错报风险。

（3）信息系统与沟通

与财务报告相关的信息系统，包括用以生成、记录、处理和报告交易、事项和情况，对相关资产、负债和所有者权益履行经营管理责任的程序和记录。与财务报告相关的信息系统应当与业务流程相适应。与财务报告相关的沟通包括使员工了解自身在与财务报告有关的内部控制方面的角色和职责、员工之间的工作联系，以及向适当级别的管理层报告例外事项的方式。

注册会计师应当了解与财务报告相关的信息系统（包括相关业务流程），了解被审计单位内部如何对财务报告的岗位职责以及与财务报告相关的重大事项进行沟通，了解管理层与治理层（特别是审计委员会）之间的沟通，以及被审计单位与外部（包括与监管部门）的沟通。

（4）控制活动

控制活动是指有助于确保管理层的指令得以执行的政策和程序，包括与授权、业绩评价、信息处理、实物控制和职责分离等相关的活动。

① 授权。授权的目的在于保证交易在管理层授权范围内进行。一般授权是指管理层制定的要求组织内部遵守的普遍适用于某类交易或活动的政策。特别授权是指管理层针对特定类别的交易或活动逐一设置的授权，如重大资本支出和股票发行等。特别授权也可能用于超过一般授权限制的常规交易。

② 业绩评价。与业绩评价有关的控制活动主要包括被审计单位分析评价实际业绩与预算（或预测、前期业绩）的差异，综合分析财务数据与经营数据的内在关系，将内部数据与外部信息来源相比较，评价职能部门、分支机构或项目活动的业绩，以及对发现的异常差异或关系采取必要的调查与纠正措施。

③ 信息处理。与信息处理有关的控制活动包括信息技术的一般控制和应用控制。信息技术一般控制是指与多个应用系统有关的政策和程序，通常包括数据中心和网络运行控制，系统软件的购置、修改及维护控制，接触或访问权限控制，应用系统的购置、开发及维护控制。信息技术应

用控制是指主要在业务流程层次运行的人工或自动化程序，与用于生成、记录、处理、报告交易或其他财务数据的程序相关，通常包括检查数据计算的准确性、审核账户和试算平衡表、设置对输入数据和数字序号的自动检查，以及对例外报告进行人工干预。

④ 实物控制。实物控制主要包括对资产和记录采取适当的安全保护措施、对访问计算机程序和数据文件设置授权，以及定期盘点并将盘点记录与会计记录相核对。例如，现金、有价证券和存货的定期盘点控制。实物控制的效果影响资产的安全，从而对财务报表的可靠性及审计产生影响。

⑤ 职责分离。职责分离主要包括被审计单位如何将交易授权、交易记录以及资产保管等职责分配给不同员工，以防范同一员工由于兼任不相容职务而可能发生的舞弊或错误。当信息技术运用于信息系统时，职责分离可以通过设置安全控制来实现。

所谓不相容职务，是指由同一人办理会增加发生错误或舞弊的可能性，或者会增加发生错误或舞弊以后进行掩饰的可能性的职务。通常情况下，以下不相容职务应实行职责分离：①某项经济业务授权批准的职责与该项经济业务执行的职责应分离；②执行某项经济业务的职责和审查该项经济业务的职责应分离；③执行某项经济业务的职责与该项经济业务的记录职责应分离；④保管某项财产物资的职责与该项财产物资的记录职责应分离；⑤保管某项财产物资的职责与对该项财产物资进行清查的职责应分离；⑥登记总账的职责与登记明细账、日记账的职责应分离。

在了解控制活动时，注册会计师应当重点考虑一项控制活动单独或连同其他控制活动，是否能够以及如何防止或发现并纠正各类交易、账户余额和披露存在的重大错报。注册会计师的工作重点是识别和了解针对重大错报可能发生的领域的控制活动。如果多项控制活动能够实现同一目标，注册会计师不必了解与该目标相关的每项控制活动。

（5）对控制的监督

对控制的监督是指被审计单位评价内部控制在一段时间内运行有效性的过程，该过程包括及时评价控制的设计和运行，以及根据情况的变化采取必要的纠正措施。例如，管理层对是否定期编制银行存款余额调节表进行复核，内部审计人员评价销售人员是否遵守公司关于销售合同条款的政策，法律部门定期监控公司的道德规范和商务行为准则是否得以遵循等。通常，管理层通过持续的监督活动、单独的评价活动或两者相结合实现对控制的监督。

注册会计师应当了解与被审计单位监督活动相关的信息来源，以及管理层认为信息具有可靠性的依据。如果拟利用被审计单位监督活动使用的信息（包括内部审计报告），注册会计师应当考虑该信息是否具有可靠的基础，是否足以实现审计目标。

内部控制的某些要素（如控制环境）更多地对被审计单位整体层面产生影响，而其他要素（如信息系统与沟通、控制活动）则可能更多地与特定业务流程相关。在实务中，注册会计师应当从被审计单位整体层面和业务流程层面分别了解和评价被审计单位的内部控制。整体层面的控制（包括对管理层凌驾于内部控制之上的控制）和信息技术一般控制通常在所有业务活动中普遍存在。业务流程层面控制主要是对工薪、销售和采购等交易的控制。

试一试

内部控制的因素不包括（   ）要素。

A. 控制环境　　　B. 风险评估过程　　　C. 控制活动　　　D. 控制程序

---

3. 了解内部控制的程序

注册会计师通常实施下列风险评估程序，以获取有关控制设计和执行的审计证据：①询问被审计单位的人员；②观察特定控制的运用；③检查文件和报告；④追踪交易在财务报告信息系统中的处理过程(穿行测试)。这些程序是风险评估程序在了解被审计单位内部控制方面的具体运用。需要注意的是，询问本身并不足以评价控制的设计以及确定其是否得到执行，注册会计师应当将询问与其他风险评估程序结合使用。

4. 记录对内部控制的了解

注册会计师可以采用文字表述、调查问卷、流程图等方法记录对被审计单位内部控制的了解和评价，并形成审计工作底稿。

（1）文字表述法

文字表述法是指注册会计师通过询问有关人员、查阅有关内部控制文件，将被审计单位的内部控制健全与否和执行情况以简洁的文字表达出来的一种方法。文字表述法一般按业务循环(销售与收款、采购与付款、投资与筹资等)，分别写明各个职务所完成的各种工作、办理业务时所经历的各种手续等。

用文字表述法描述内部控制制度具有灵活性的特点，可以描述内部控制中的任何特殊情况，适用于各种类型和规模的企业。该方法的缺点是描述内容不够直观，特别是较为复杂的业务，有时不易说明清楚，因而有时使用文字表述显得比较冗赘。文字表述法一般适用于内部控制程序比较简单，比较容易描述的小企业。图 6-1 所示为用文字表述法描述销售业务。

---

1. 销售由销售部门负责，业务人员负责与客户谈判，签订的销售合同必须由财务部经理和总经理核准才能生效。

2. 业务人员不得经手货款和货物，所有的款项直接打入公司的银行账户，不得收受现金。

3. 销售合同订立后，由销售部门编制销售通知单，销售通知单由销售部经理审核、财务部经理和总经理审批后交财务部开具出库单交成品库发货。成品库发货后，装运部门核对与销售单相符后，发运商品。出库单返回财务部作为开具发票和结转成本的依据。

4. 销售退货必需经销售部经理、财务经理和总经理核准后才能办理，成品库凭核准的退货单接收退回的成品，并填制红字出库单交财务部。

5. 发票由记账会计根据销售合同、销售通知单和出库单开具。

图 6-1 文字表述法

（2）调查表法

调查表法是指注册会计师将与确保会计记录的准确性和可靠性，确保资产的安全、完整有关的主要事项作为调查对象，设计成标准化的调查表，交由企业有关人员或由审计人员根据调查结果填写，来了解内部控制的强弱程度的一种方法。销售业务内部控制调查表如表 6-1 所示。

表 6-1 销售业务内部控制调查表

20××年××月××日

主要业务活动	提出问题	是	否	不适用	备注
1. 接受顾客订单	（1）是否将顾客订单与批准顾客清单核对 （2）新顾客是否由主管批准 （3）对每张已接受的顾客订单是否都编制销售单				
2. 批准信用	（1）是否对所有新顾客都执行信用检查 （2）是否在每次销售前都检查顾客的信用额度				

续表

主要业务活动	提出问题	是	否	不适用	备注
3. 按销售单供货与装货	（1）供货前是否要求有已批准的销售单 （2）是否独立检查从仓库收到的商品与已批准销售单的一致性 （3）每次装运货物是否都编制了装运凭证				
4. 开账单给顾客	（1）每次开单是否都有相应的装运凭证和已批准的销售单 （2）每张装运凭证是否有相应的销售发票 （3）独立检查销售发票计价和计算的正确性				
5. 记录销售	（1）销售发票计算合计数，该合计数是否与销售账和应收账款记录的金额一致 （2）是否每月给顾客寄出对账单				
6. 销售退回与折让	（1）销售退回是否取得对方税务局开具的有关证明 （2）销售退回和折让是否附有经主管人员核准的红字发票 （3）退回商品是否有仓库签发的退货验收报告，并与红字发票内容、金额一致				

　　调查表法的优点是调查范围明确，问题突出；简便易行，节省审计工作量。该方法的缺点是调查表格式固定，缺乏弹性，反映问题不全面，对于不同行业、不同规模的被审计单位，可能出现不适用的情形。

　　（3）流程图法

　　流程图法是指注册会计师采用一定符号和图形，以业务流程线加以联结，将内部控制中的各种业务处理手续及各种文件或凭证的传递流程，用图解的形式直观地表现的一种描述方法。对于被审计单位发生的各种业务，特别是经常发生和重复发生的业务可以采用流程图来描述。销售与收款循环内部控制流程图如图 6-2 所示。

　　流程图法的优点是能够比较形象直观地表达内部控制的运行情况，能清晰地表达各项经济业务的处理程序和内部控制情况，而且便于根据控制程序的变化随时进行修改。该方法的缺点是编制流程图需要比较娴熟的技术和较丰富的工作经验，耗时，而且有时很难将内部控制系统中的某些弱点明显反映出来。

　　描述内部控制的三种方法并不相互排斥，而是相互依赖和相互补充的。在描述某一单位内部控制时，可对不同业务环节使用不同的方法，也可同时使用两种或三种方法。三者结合使用，往往比采用某一种方法效果更好。

　　5. 对内部控制了解的深度

　　对内部控制了解的深度，是指在了解被审计单位及其环境时对内部控制了解的程度，包括评价控制的设计，并确定其是否得到执行，但不包括对控制是否得到一贯执行的测试。

　　注册会计师在了解内部控制时，应当评价控制的设计，并确定其是否得到执行。评价控制的设计，涉及考虑该控制单独或连同其他控制是否能够有效防止或发现并纠正重大错报。控制得到执行是指某项控制存在且被审计单位正在使用。评估一项无效控制的运行没有什么意义，因此，需要首先考虑控制的设计。设计不当的控制可能表明存在值得关注的内部控制缺陷。

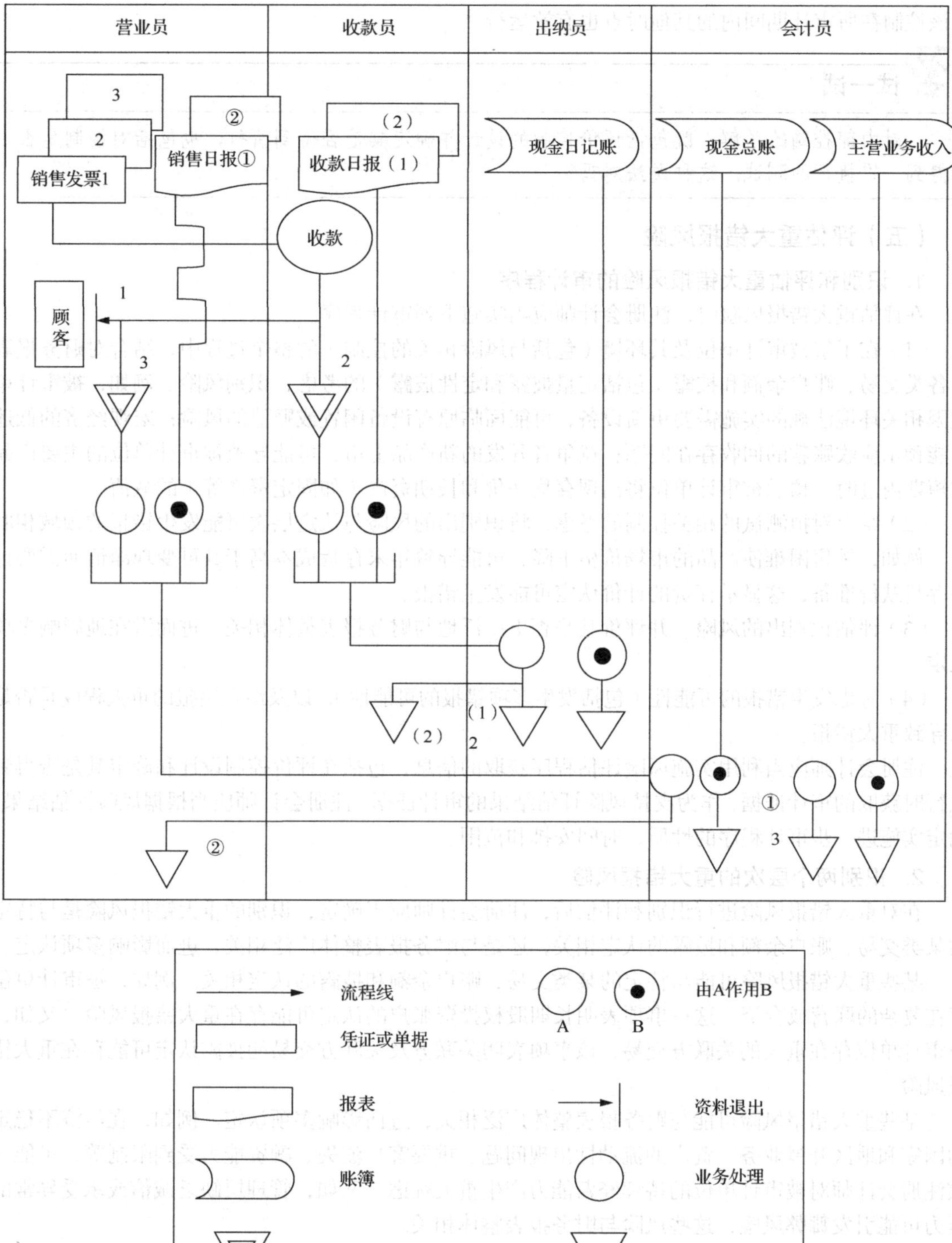

图 6-2 销售与收款循环内部控制流程图

除非存在某些可以使控制得到一贯运行的自动化控制，否则注册会计师对控制的了解并不足以测试控制运行的有效性。例如，获取某一人工控制在某一时点得到执行的审计证据，并不能证明该控制在所审计期间内的其他时点也有效运行。

试一试

对内部控制的了解，既包括评价控制的设计并确定其是否得到执行，也包括对控制是否得到一贯执行的测试。这种说法对吗？

（五）评估重大错报风险

1. 识别和评估重大错报风险的审计程序

在评估重大错报风险时，注册会计师应当实施下列审计程序。

（1）在了解被审计单位及其环境（包括与风险相关的控制）的整个过程中，结合对财务报表中各类交易、账户余额和披露（包括定量披露和定性披露）的考虑，识别风险。例如，被审计单位因相关环境法规的实施需要更新设备，可能面临原有设备闲置或贬值的风险；宏观经济的低迷可能预示应收账款的回收存在问题；竞争者开发的新产品上市，可能导致被审计单位的主要产品在短期内过时，预示被审计单位将出现存货跌价和长期资产（如固定资产等）的减值。

（2）结合对拟测试的相关控制的考虑，将识别出的风险与认定层次可能发生错报的领域相联系。例如，销售困难使产品的市场价格下降，可能导致年末存货成本高于其可变现净值而需要计提存货跌价准备，这显示存货的计价认定可能发生错报。

（3）评估识别出的风险，并评价其是否更广泛地与财务报表整体相关，进而潜在地影响多项认定。

（4）考虑发生错报的可能性（包括发生多项错报的可能性），以及潜在错报的重大程度是否足以导致重大错报。

注册会计师应当利用实施风险评估程序获取的信息，包括在评价控制设计和确定其是否得到执行时获取的审计证据，作为支持风险评估结果的审计证据。注册会计师应当根据风险评估结果，确定实施进一步审计程序的性质、时间安排和范围。

2. 识别两个层次的重大错报风险

在对重大错报风险进行识别和评估后，注册会计师应当确定，识别的重大错报风险是与特定的某类交易、账户余额和披露的认定相关，还是与财务报表整体广泛相关，进而影响多项认定。

某些重大错报风险可能与特定的某类交易、账户余额和披露的认定相关。例如，被审计单位存在复杂的联营或合营，这一事项表明长期股权投资账户的认定可能存在重大错报风险。又如，被审计单位存在重大的关联方交易，该事项表明关联方及关联方交易的披露认定可能存在重大错报风险。

某些重大错报风险可能与财务报表整体广泛相关，进而影响多项认定。例如，在经济不稳定的国家和地区开展业务、资产的流动性出现问题、重要客户流失、融资能力受到限制等，可能导致注册会计师对被审计单位的持续经营能力产生重大疑虑。又如，管理层缺乏诚信或承受异常的压力可能引发舞弊风险，这些风险与财务报表整体相关。

3. 控制环境对评估财务报表层次重大错报风险的影响

财务报表层次的重大错报风险很可能源于薄弱的控制环境。薄弱的控制环境带来的风险可能对财务报表产生广泛影响，难以限于某类交易、账户余额和披露，注册会计师应当采取总体应对措施。

例如，被审计单位治理层、管理层对内部控制的重要性缺乏认识，没有建立必要的制度和程序；或管理层经营理念偏于激进，又缺乏实现激进目标的人力资源等。这些缺陷源于薄弱的控制环境，可能对财务报表产生广泛影响，需要注册会计师采取总体应对措施。

4．控制对评估认定层次重大错报风险的影响

在评估重大错报风险时，注册会计师应当将所了解的控制与特定认定相联系。控制可能与某一认定直接相关，也可能与某一认定间接相关。关系越间接，控制在防止或发现并纠正认定错报的作用越小。例如，销售经理对分地区的销售网点的销售情况进行复核，与销售收入完整性的认定只是间接相关。相应地，该项控制在降低销售收入完整性认定中的错报风险方面的效果，要比与该认定直接相关的控制（例如，将发货单与开具的销售发票相核对）的效果差。

此外，作为风险评估的一部分，注册会计师应当运用职业判断，确定识别的风险哪些是需要特别考虑的重大错报风险（特别风险）。特别风险通常与重大的非常规交易和判断事项有关。了解与特别风险相关的控制，有助于注册会计师制定有效的审计方案予以应对。对特别风险，注册会计师应当评价相关控制的设计情况，并确定其是否已经得到执行。由于与重大非常规交易或判断事项相关的风险很少受到日常控制的约束，注册会计师应当了解被审计单位是否针对该特别风险设计和实施了控制。

评估重大错报风险与了解被审计单位及其环境一样，也是一个连续和动态地收集、更新与分析信息的过程，贯穿整个审计过程。

二、风险应对

注册会计师应当针对评估的财务报表层次重大错报风险确定总体应对措施，并针对评估的认定层次重大错报风险设计和实施进一步审计程序，以将审计风险降至可接受的低水平。

在确定总体应对措施以及设计和实施进一步审计程序的性质、时间和范围时，注册会计师应当运用职业判断。

（一）针对财务报表层次重大错报风险的总体应对措施

注册会计师应当针对评估的财务报表层次重大错报风险确定下列总体应对措施。

（1）向项目组强调保持职业怀疑态度的必要性。

（2）指派更有经验或具有特殊技能的审计人员，或利用专家的工作。由于各行业在经营业务、经营风险、财务报告、法规要求等方面具有特殊性，审计人员的专业分工细化成为一种趋势。审计项目组中应有一定比例的人员参与过被审计单位以前年度的审计，或具有被审计单位所处特定行业的相关审计经验。必要时，要考虑利用信息技术、税务、评估、精算等方面的专家的工作。

（3）提供更多的督导。对于财务报表层次重大错报风险较高的审计项目，审计项目组的高级别成员，如项目合伙人、项目经理等经验较丰富的人员，要对其他成员提供更详细、更经常、更及时的指导和监督并加强项目质量控制复核。

（4）在选择拟实施的进一步审计程序时融入更多的不可预见的因素。被审计单位人员，尤其是管理层，如果熟悉注册会计师的审计套路，就可能采取种种规避手段，掩盖财务报告中的舞弊行为。因此，在设计拟实施审计程序的性质、时间安排和范围时，为了避免既定思维对审计方案的限制，避免对审计效果的人为干涉，从而使得针对重大错报风险的进一步审计程序更加有效，注册会计师要考虑使某些程序不被被审计单位管理层预见或事先了解。

在实务中，注册会计师可以通过以下方式提高审计程序的不可预见性：①对某些未测试过的低于设定的重要性水平或风险较小的账户余额和认定实施实质性程序；②调整实施审计程序的时

间，使被审计单位不可预期；③采取不同的审计抽样方法，使当期抽取的测试样本与以前有所不同；④选取不同的地点实施审计程序，或不预先告知被审计单位所选定的测试地点。

（5）对拟实施审计程序的性质、时间安排或范围做出总体修改。财务报表层次的重大错报风险很可能源于薄弱的控制环境。薄弱的控制环境带来的风险可能对财务报表产生广泛影响，难以限于某类交易、账户余额和披露，注册会计师应当采取总体应对措施。相应地，注册会计师对控制环境的了解也影响其对财务报表层次重大错报风险的评估。有效的控制环境可以使注册会计师增强对内部控制和被审计单位内部产生的证据的信赖程度。如果控制环境存在缺陷，注册会计师在对拟实施审计程序的性质、时间安排和范围做出总体修改时应当考虑以下方面。

① 在期末而非期中实施更多的审计程序。控制环境的缺陷通常会削弱期中获得的审计证据的可信赖程度。

② 通过实施实质性程序获取更广泛的审计证据。良好的控制环境是其他控制要素发挥作用的基础。控制环境存在缺陷通常会削弱其他控制要素的作用，导致注册会计师可能无法信赖内部控制，而主要依赖实施实质性程序获取审计证据。

③ 增加拟纳入审计范围的经营地点的数量。

财务报表层次重大错报风险难以限于某类交易、账户余额和披露的特点，意味着此类风险可能对财务报表的多项认定产生广泛影响，并相应增加注册会计师对认定层次重大错报风险的评估难度。因此，注册会计师评估的财务报表层次重大错报风险以及采取的总体应对措施，对拟实施进一步审计程序的总体审计方案具有重大影响。

拟实施进一步审计程序的总体审计方案包括实质性方案和综合性方案。其中，实质性方案是指注册会计师实施的进一步审计程序以实质性程序为主；综合性方案是指注册会计师在实施进一步审计程序时，将控制测试与实质性程序结合使用。当评估的财务报表层次重大错报风险属于高风险水平（并相应采取更强调审计程序不可预见性以及重视调整审计程序的性质、时间安排和范围等总体应对措施）时，拟实施进一步审计程序的总体方案往往更倾向于实质性方案。

通常情况下，注册会计师出于成本效益的考虑可以采用综合性方案设计进一步审计程序，即将测试控制运行的有效性与实质性程序结合使用。但在某些情况下（如仅通过实质性程序无法应对重大错报风险），注册会计师必须通过实施控制测试，才可能有效应对评估出的某一认定的重大错报风险；而在另一些情况下（如注册会计师的风险评估程序未能识别出与认定相关的任何控制，或注册会计师认为控制测试很可能不符合成本效益原则），注册会计师可能认为仅实施实质性程序就是适当的。

（二）针对认定层次重大错报风险的进一步审计程序

1. 进一步审计程序的内涵和要求

注册会计师应当针对评估的认定层次重大错报风险设计和实施进一步审计程序，包括审计程序的性质、时间和范围。进一步审计程序相对于风险评估程序而言，是指注册会计师针对评估的各类交易、账户余额和披露认定层次重大错报风险实施的审计程序，包括控制测试和实质性程序。

注册会计师设计和实施的进一步审计程序的性质、时间和范围，应当与评估的认定层次重大错报风险具备明确的对应关系。

在设计进一步审计程序时，注册会计师应当考虑下列因素。

（1）风险的重要性。风险的重要性是指风险造成的后果的严重程度。风险的后果越严重，就越需要注册会计师关注和重视，越需要精心设计有针对性的进一步审计程序。

（2）重大错报发生的可能性。重大错报发生的可能性越大，越需要注册会计师精心设计进一步审计程序。

（3）涉及的各类交易、账户余额和披露的特征。不同的交易、账户余额和披露，产生的认定层次的重大错报风险也会存在差异，适用的审计程序也有差别，需要注册会计师区别对待，并设计有针对性的进一步审计程序予以应对。

（4）被审计单位采用的特定控制的性质。不同性质的控制（尤其是人工控制或自动化控制）对注册会计师设计进一步审计程序具有重要影响。

（5）注册会计师是否拟获取审计证据，以确定内部控制在防止或发现并纠正重大错报方面的有效性。如果注册会计师在风险评估时预期内部控制运行有效，随后拟实施的进一步审计程序就必须包括控制测试，且实质性程序自然会受到之前控制测试结果的影响。

注册会计师应当根据对认定层次重大错报风险的评估结果，恰当选用实质性方案或综合性方案。无论选择何种方案，注册会计师都应当对所有重大的各类交易、账户余额和披露设计和实施实质性程序。

2. 进一步审计程序的性质

进一步审计程序的性质是指进一步审计程序的目的和类型。进一步审计程序的目的包括通过实施控制测试以确定内部控制运行的有效性，通过实施实质性程序以发现认定层次的重大错报。进一步审计程序的类型包括检查、观察、询问、函证、重新计算、重新执行和分析程序。

不同的审计程序应对特定认定错报风险的效力不同。例如，对于与收入完整性认定相关的重大错报风险，控制测试通常更能有效应对；对于与收入发生认定相关的重大错报风险，实质性程序通常更能有效应对。再如，实施应收账款的函证程序可以为应收账款在某一时点存在的认定提供审计证据，但通常不能为应收账款的计价认定提供审计证据。对应收账款的计价认定，注册会计师通常需要实施其他更为有效的审计程序，如检查应收账款账龄和期后收款情况，了解欠款客户的信用情况等。

注册会计师应当根据认定层次重大错报风险的评估结果选择审计程序。评估的认定层次重大错报风险越高，对通过实质性程序获取的审计证据的相关性和可靠性的要求越高，从而可能影响进一步审计程序的类型及其综合运用。除了从总体上把握认定层次重大错报风险的评估结果对选择进一步审计程序的影响外，在确定拟实施的审计程序时，注册会计师应当考虑评估的认定层次重大错报风险产生的原因，包括考虑各类交易、账户余额和披露的具体特征以及内部控制。

如果在实施进一步审计程序时拟利用被审计单位信息系统生成的信息，注册会计师应当就信息的准确性和完整性获取审计证据。

3. 进一步审计程序的时间

进一步审计程序的时间是指注册会计师何时实施进一步审计程序，或审计证据适用的期间或时点。注册会计师可以在期中或期末实施控制测试或实质性程序。

当重大错报风险较高时，注册会计师应当考虑在期末或接近期末实施实质性程序，或采用不通知的方式，或在管理层不能预见的时间实施审计程序。

在期中实施进一步审计程序，可能有助于注册会计师在审计工作初期识别重大事项，并在管理层的协助下及时解决这些事项，或针对这些事项制定有效的实质性方案或综合性方案。

如果在期中实施了进一步审计程序，注册会计师还应当针对剩余期间获取审计证据。

在确定何时实施审计程序时，注册会计师应当考虑下列因素：控制环境；何时能得到相关信息；错报风险的性质；审计证据适用的期间或时点；编制财务报表的时间，尤其是编制某些披露的时间。

某些审计程序只能在期末或期末以后实施，包括将财务报表与会计记录相核对、检查财务报表编制过程中所做的会计调整等。如果被审计单位在期末或接近期末发生了重大交易，或重大交易在期末尚未完成，注册会计师应当考虑交易的发生或截止等认定可能存在的重大错报风险，并在期末或期末以后检查此类交易。

4．进一步审计程序的范围

进一步审计程序的范围是指实施进一步审计程序的数量，包括抽取的样本量、对某项控制活动的观察次数等。

在确定进一步审计程序的范围时，注册会计师应当考虑下列因素。

（1）确定的重要性水平。确定的重要性水平越低，注册会计师实施进一步审计程序的范围越广。

（2）评估的重大错报风险。评估的重大错报风险越高，对拟获取审计证据的相关性、可靠性的要求越高，因此，注册会计师实施的进一步审计程序的范围也越广。

（3）计划获取的保证程度。计划获取的保证程度越高，对测试结果可靠性要求越高，注册会计师实施的进一步审计程序的范围越广。

随着重大错报风险的增加，注册会计师应当考虑扩大审计程序的范围。但是，只有当审计程序本身与特定风险相关时，扩大审计程序的范围才是有效的。

注册会计师可以使用计算机辅助审计技术对电子化的交易和账户文档进行更广泛的测试，包括从主要电子文档中选取交易样本，或按照某一特征对交易进行分类，或对总体而非样本进行测试。

鉴于进一步审计程序的范围往往是通过一定的抽样方法加以确定的，所以注册会计师需要慎重考虑抽样过程对审计程序范围的影响是否能够有效实现审计目的。注册会计师使用恰当的抽样方法通常可以得出有效结论。但如果存在下列情形，注册会计师依据样本得出的结论可能与对总体实施同样的审计程序得出的结论不同，出现不可接受的风险：①从总体中选择的样本量过小；②选择的抽样方法对实现特定目标不适当；③未对发现的例外事项进行恰当的追查。

注册会计师在综合运用不同审计程序时，不仅应当考虑各类审计程序的性质，还应当考虑测试的范围是否适当。

试一试

下列有关注册会计师设计进一步审计程序的说法中，正确的有（　　）。

A．无论选择何种方案，注册会计师都应当对所有重大的各类交易、账户余额和披露设计和实施实质性程序

B．在注册会计师设计和实施的进一步审计程序的性质、时间和范围中，时间是最重要的

C．注册会计师在确定进一步程序的性质时，应当根据认定层次重大错报风险的评估结果选择审计程序

D．注册会计师设计和实施的进一步审计程序的性质、时间和范围，应当与评估的认定层次重大错报风险具备明确的对应关系

（三）控制测试

1．控制测试的含义和要求

控制测试是指用于评价内部控制在防止或发现并纠正认定层次重大错报方面的运行有效性的审计程序，这一概念需要与"了解内部控制"进行区分。"了解内部控制"包含两层含义：一是评价控制的设计；二是确定控制是否得到执行。测试控制运行的有效性与确定控制是否得到执行所

需获取的审计证据是不同的。

在实施风险评估程序以获取控制是否得到执行的审计证据时，注册会计师应当确定某项控制是否存在，被审计单位是否正在使用。

在测试控制运行的有效性时，注册会计师应当从下列方面获取关于控制是否有效运行的审计证据：①控制在所审计期间的相关时点是如何运行的；②控制是否得到一贯执行；③控制由谁或以何种方式执行。

从这三个方面来看，控制运行有效性强调的是控制能够在各个不同时点按照既定设计得以一贯执行。因此，在了解控制是否得到执行时，注册会计师只需抽取少量的交易进行检查或观察某几个时点。但在测试控制运行的有效性时，注册会计师需要抽取足够数量的交易进行检查或对多个不同时点进行观察。

作为进一步审计程序的类型之一，控制测试并非在任何情况下都需要实施。当存在下列情形之一时，注册会计师应当实施控制测试。

（1）在评估认定层次重大错报风险时，预期控制的运行是有效的。

如果在评估认定层次重大错报风险时预期控制的运行是有效的，注册会计师应当实施控制测试，就控制在相关期间或时点的运行有效性获取充分、适当的审计证据。

注册会计师通过实施风险评估程序，可能发现某项控制的设计存在、合理且得到了执行，出于成本效益的考虑，注册会计师可能预期，如果相关控制在不同时点都得到了一贯执行，那么与该项控制有关的财务报表认定发生重大错报的可能性就不会很大，也就不需要实施很多的实质性程序。为此，注册会计师可能会认为值得对相关控制在不同时点是否得到了一贯执行进行测试，即实施控制测试。这种测试主要是出于成本效益的考虑，其前提是注册会计师通过了解内部控制以后，认为某项控制存在被信赖和利用的可能。因此，只有认为控制设计合理、能够防止或发现并纠正认定层次的重大错报，注册会计师才有必要对控制运行的有效性实施测试。

（2）仅实施实质性程序不足以提供认定层次充分、适当的审计证据。

如果认为仅实施实质性程序获取的审计证据无法将认定层次重大错报风险降至可接受的低水平，注册会计师应当实施相关的控制测试，以获取控制运行有效性的审计证据。

有时，对有些重大错报风险，注册会计师仅通过实质性程序无法予以应对。例如，在被审计单位对日常交易或与财务报表相关的其他数据（包括信息的生成、记录、处理和报告）采用高度自动化处理的情况下，审计证据可能仅以电子形式存在，此时审计证据是否充分和适当，通常取决于自动化信息系统相关控制的有效性。如果信息的生成、记录、处理和报告均通过电子格式进行而没有适当有效的控制，则生成不正确信息或信息被不恰当修改的可能性就会大大增加。在认为仅通过实施实质性程序不能获取充分、适当的审计证据的情况下，注册会计师必须实施控制测试，且这种测试已经不再是单纯出于成本效益的考虑，而是必须获取的一类审计证据。

2. 控制测试的性质

控制测试的性质是指控制测试所使用的审计程序的类型及其组合。

注册会计师应当选择适当类型的审计程序以获取有关控制运行有效性的保证。在计划和实施控制测试时，对控制有效性的信赖程度越高，注册会计师应当获取越有说服力的审计证据。当拟实施的进一步审计程序以控制测试为主，尤其是仅实施实质性程序获取的审计证据无法将认定层次重大错报风险降至可接受的低水平时，注册会计师应当获取有关控制运行有效性的更高的保证水平。

控制测试采用的审计程序包括询问、观察、检查、重新执行和穿行测试。

（1）询问。注册会计师可以向被审计单位适当员工询问，获取与内部控制运行情况相关的信息。例如，询问信息系统管理人员有无未经授权接触计算机硬件和软件；向负责复核银行存款余额调节表的人员询问如何进行复核，包括复核的要点是什么、发现不符事项如何处理等。然而，仅仅通过询问不能为控制运行的有效性提供充分的证据，询问必须和其他测试手段结合使用才能发挥作用。在询问过程中，注册会计师应当保持职业怀疑态度。

（2）观察。观察是测试不留下书面记录的控制（如职责分离）的运行情况的有效方法。例如，观察存货盘点控制的执行情况。观察也可运用于实物控制，如查看仓库门是否锁好，或空白支票是否妥善保管。通常情况下，注册会计师通过观察直接获取的证据比间接获取的证据更可靠。但是，注册会计师还要考虑所观察到的控制在其不在场时可能未被执行的情况。

（3）检查。对运行情况留有书面证据的控制，检查非常适用。书面说明、复核时留下的记号，或其他记录在偏差报告中的标志都可以被当作控制运行情况的证据。例如，检查销售发票是否有复核人员签字，是否附有客户订购单和出库单等。

（4）重新执行。通常只有当询问、观察和检查程序结合在一起仍无法获得充分的证据时，注册会计师才考虑通过重新执行来证实控制是否有效运行。例如，为了合理保证计价认定的准确性，被审计单位的一项控制是由复核人员核对销售发票上的价格与统一价格单上的价格是否一致。但是，要检查复核人员有没有认真执行核对，仅检查其是否在相关文件上签字是不够的，注册会计师还应选取一部分销售发票进行核对，这就是重新执行程序。但是，如果需要进行大量的重新执行，注册会计师就要考虑通过实施控制测试以缩小实质性程序的范围是否有效率。

（5）穿行测试。穿行测试不是单独的一种程序，而是将多种程序按特定审计需要进行结合运用的方法。穿行测试是注册会计师通过追踪交易在财务报告信息系统中的处理过程，来证实对控制的了解、评价控制设计的有效性以及确定控制是否得到执行。可见，穿行测试更多地在了解内部控制时运用。但在执行穿行测试时，注册会计师可能获取部分控制运行有效性的审计证据。

询问本身并不足以测试控制运行的有效性，注册会计师应当将询问与其他审计程序结合使用，以获取有关控制运行有效性的审计证据。观察提供的证据仅限于观察发生的时点，本身也不足以测试控制运行的有效性；将询问与检查或重新执行结合使用，通常能够比仅实施询问和观察获取更高的保证。

3. 控制测试的时间

控制测试的时间包含两层含义：一是何时实施控制测试，二是测试所针对的控制适用的时点或期间。如果测试特定时点的控制，注册会计师仅得到该时点控制运行有效性的审计证据；如果测试某一期间的控制，注册会计师可获取控制在该期间有效运行的审计证据。注册会计师应当根据控制测试的目的确定控制测试的时间，并确定拟信赖的相关控制的时点或期间。

注册会计师可能在期中实施进一步审计程序。如果已获取有关控制在期中运行有效性的审计证据，并拟利用该证据，注册会计师应当实施下列审计程序：①获取这些控制在剩余期间变化情况的审计证据；②确定针对剩余期间还需获取的补充审计证据。

如果拟信赖以前审计获取的有关控制运行有效性的审计证据，注册会计师应当通过实施询问并结合观察或检查程序，获取这些控制是否已经发生变化的审计证据。如果确定评估的认定层次重大错报风险是特别风险，并拟信赖旨在减轻特别风险的控制，注册会计师不应依赖以前审计获取的审计证据，而应在本期审计中测试这些控制的运行有效性。

4. 控制测试的范围

控制测试的范围是指某项控制活动的测试次数。注册会计师应当设计控制测试，以获取控制在整个拟信赖的期间有效运行的充分、适当的审计证据。在确定某项控制的测试范围时，注册会计师通常考虑下列因素。

（1）在整个拟信赖的期间，被审计单位执行控制的频率。控制执行的频率越高，控制测试的范围越大。

（2）在所审计期间，注册会计师拟信赖控制运行有效性的时间长度。拟信赖期间越长，控制测试的范围越大。

（3）控制的预期偏差。预期偏差可以用控制未得到执行的预期次数占控制应得到执行次数的比率加以衡量（也可称为预期偏差率）。控制的预期偏差率越高，需要实施控制测试的范围越大。

（4）通过测试与认定相关的其他控制获取的审计证据的范围。针对同一认定，可能存在不同的控制。当针对其他控制获取审计证据的充分性和适当性较高时，测试该控制的范围可适当缩小。

（5）拟获取的有关认定层次控制运行有效性的审计证据的相关性和可靠性。对审计证据的相关性和可靠性要求越高，控制测试的范围越大。

了解内部控制及控制测试的关系

试一试

下列属于注册会计师应当在审计中实施控制测试的情形的有（　　）。

A. 在评估认定层次重大错报风险时，预期控制的运行是有效的

B. 在评估认定层次重大错报风险时，预期控制的运行是无效的

C. 每次进行财务报表审计均需要执行控制测试

D. 仅实施实质性程序不足以提供认定层次充分、适当的审计证据

06

（四）实质性程序

1. 实质性程序的含义

实质性程序是指注册会计师针对评估的重大错报风险实施的直接用以发现认定层次重大错报的审计程序。实质性程序包括对各类交易、账户余额和披露的细节测试以及实质性分析程序。

注册会计师实施的实质性程序应当包括下列与财务报表编制完成阶段相关的审计程序：①将财务报表与其所依据的会计记录相核对或调节；②检查财务报表编制过程中做出的重大会计分录和其他会计调整。注册会计师对会计分录和其他会计调整检查的性质和范围，取决于被审计单位财务报告过程的性质和复杂程度以及由此产生的重大错报风险。

由于注册会计师对重大错报风险的评估是一种判断，可能无法充分识别所有的重大错报风险，而且内部控制存在固有局限性，因此无论评估的重大错报风险结果如何，注册会计师都应当针对所有重大的各类交易、账户余额及披露实施实质性程序。

2. 实质性程序的性质

实质性程序的性质是指实质性程序的类型及其组合。实质性程序包括细节测试以及实质性分析程序。注册会计师应当根据各类交易、账户余额和披露的性质选择实质性程序的类型。

（1）细节测试。细节测试是对各类交易、账户余额及披露的具体细节进行测试，目的在于直接识别财务报表认定是否存在错报。细节测试适用于对各类交易、账户余额和披露认定的测试，尤其是对存在或发生、计价认定的测试。

注册会计师需要根据不同的认定层次的重大错报风险设计有针对性的细节测试。在针对存在或发生认定设计细节测试时，注册会计师应当选择包含在财务报表金额中的项目，并获取相关审计证据。例如，在存货审计中，如果要验证存货是否存在，应将报表或有关明细账的数据与仓库实际的货物进行核对；在针对完整性认定设计细节测试时，注册会计师应当选择有证据表明应包

含在财务报表金额中的项目，并调查这些项目是否确实包括在内。例如，如果要验证存货的完整性，则应首先清点仓库中存货的实际数量，然后再与有关明细账数量进行核对。

控制测试的目的是评价控制是否有效运行，细节测试的目的是发现认定层次的重大错报。尽管两者目的不同，但注册会计师可以考虑针对同一交易同时实施控制测试和细节测试，以实现双重目的。

（2）实质性分析程序。实质性分析程序从技术特征上讲仍然是分析程序，只是将该技术方法用作实质性程序，主要是通过研究数据间的关系来评价信息，用以识别各类交易、账户余额和披露及相关认定是否存在错报。实质性分析程序通常适用于在一段时间内存在可预期关系的大量交易。例如，在主营业务收入的审计中，通过对各月份收入数据的比较，注册会计师可以确定收入变化幅度较大的月份，并将其作为审计测试的重点。如果被审计单位某年度1—11月主营业务收入均为1 000万元左右，12月则为2 000万元，通常注册会计师会重点关注12月的有关凭证与账簿。

3. 实质性程序的时间

实质性程序的时间选择与控制测试的时间选择有共同点，也有很大差异。共同点在于：两类程序都面临着对期中审计证据和对以前审计获取的审计证据的考虑。两者的差异在于：①在控制测试中，期中实施控制测试并获取期中关于控制运行有效性审计证据的做法更具有"常态"；而由于实质性程序的目的在于更直接地发现重大错报，在期中实施实质性程序时更需要考虑其成本效益的权衡。②在本期控制测试中拟信赖以前审计获取的有关控制运行有效性的审计证据，已经受到了很大的限制；而对于以前审计中通过实质性程序获取的审计证据，则采取了更加慎重的态度和更严格的限制。

如果在期中实施了实质性程序，注册会计师应当针对剩余期间实施进一步的实质性程序，或将实质性程序和控制测试结合使用，以将期中测试得出的结论合理延伸至期末。如果拟将期中测试得出的结论延伸至期末，注册会计师应当考虑针对剩余期间仅实施实质性程序是否足够。如果认为实施实质性程序本身不充分，注册会计师还应测试剩余期间相关控制运行的有效性或针对期末实施实质性程序。

如果已识别出舞弊导致的重大错报风险，为将期中得出的结论延伸至期末而实施的审计程序通常是无效的，注册会计师应当考虑在期末或者接近期末实施实质性程序。

在以前审计中实施实质性程序获取的审计证据，通常对本期只有很弱的证据效力或没有证据效力，不足以应对本期的重大错报风险。只有当以前获取的审计证据及其相关事项未发生重大变动时（例如，以前审计通过实质性程序测试过的某项诉讼在本期没有任何实质性进展），以前获取的审计证据才可能用作本期的有效审计证据。但即使如此，如果拟利用以前审计中实施实质性程序获取的审计证据，注册会计师仍应当在本期实施审计程序，以确定这些审计证据是否具有持续相关性。

4. 实质性程序的范围

在确定实质性程序的范围时，注册会计师应当考虑评估的认定层次重大错报风险和实施控制测试的结果。注册会计师评估的认定层次的重大错报风险越高，需要实施实质性程序的范围越广。如果对控制测试结果不满意，注册会计师应当考虑扩大实质性程序的范围。

在设计细节测试时，注册会计师除了从样本量的角度考虑测试范围外，还要考虑选样方法的有效性等因素。例如，从总体中选取大额或异常项目，而不是进行代表性抽样或分层抽样。在设计实质性分析程序时，注册会计师应当确定已记录金额与预期值之间可接受的差异额。在确定该差异额时，注册会计师应当主要考虑各类交易、账户余额和披露及相关认定的重要性和计划的保证水平。

风险评估和应对小结

项目实施

被审计单位降低了赊销业务的信用审核标准，向一些信用状况较差的小规模企业大量销售公司产品，可能存在认定层次的重大错报风险，可能涉及销售交易及主营业务收入、应收账款、坏账准备等账户，属于特别风险，评估的重大错报风险水平为中等或高水平。

视野拓展

麦克森·罗宾斯药材公司审计案例

1938 年，美国爆发了麦克森·罗宾斯药材公司倒闭事件。1938 年年初，长期贷款给罗宾斯药材公司的朱利安·汤普森公司，在审核罗宾斯药材公司财务报表时发现了两个情况：第一，罗宾斯药材公司的制药原料部门是该公司获利能力最强的经营部门，公司管理者却对它直接重新投资，以致该部门甚至没有现金积累。第二，公司董事会曾开会决议，要求公司减少存货金额，但到 1937 年年底，公司存货反而增加 100 万美元。汤普森公司立即表示，在没有查明这两个情况的原因之前，不再予以贷款，并请求官方协调纽约证券交易委员会调查此事。

纽约证券交易委员会的调查发现，罗宾斯药材公司在经营的十余年中，每年都聘请了美国著名的普赖斯·沃特豪斯会计师事务所对该公司的财务报表进行审定。在查看这些审计人员出具的审计报告时发现，审计人员每年都对该公司的财务状况及经营成果发表了"正确、适当"等无保留审计意见。但实际上，罗宾斯药材公司 1937 年 12 月 31 日的合并资产负债表记有总资产 8 700 万美元，其中的 1 907.5 万美元的资产是虚构的，包括存货虚构 1 000 万美元；在 1937 年年度合并损益表中，虚假的销售收入和毛利分别达到 1 820 万美元和 180 万美元。调查人员还发现，该公司经理菲利普·科斯特及其同伙穆西卡等人，都是有前科的诈骗犯。他们利用假名，混入公司并成为公司的管理层人员。正是他们合伙舞弊，利用公司薄弱的内部控制，贪污公司巨款，使股东和债权人蒙受了损失。

这一案件的披露，给审计职业界带来了很大的震动，并给审计工作留下了一个值得探讨的重要课题。这一课题便是如何保证审计人员具备基本的专业素质，如何真正了解被审计单位及其环境以识别风险，以便向用户保证审计的工作质量，这些都加速了审计准则的发展。

练习与实训

一、单项选择题

1. 下列关于财务报表层次重大错报风险的说法不正确的是（　　）。
    A. 与财务报表整体存在广泛联系
    B. 通常与控制环境有关
    C. 直接与某类交易、账户余额及披露的具体认定有关
    D. 可能影响多项认定
2. 注册会计师了解被审计单位及其环境的目的是（　　）。
    A. 识别和评估财务报表重大错报风险　　　　B. 收集充分、适当的审计证据
    C. 进行风险评估程序　　　　D. 控制检查风险

3. 内部控制的目标不包括（　　　）。

  A. 财务报告的可靠性   B. 审计风险处在低水平

  C. 经营的效率和效果   D. 遵守适用的法律法规的要求

4. 注册会计师在了解内部控制时，应当评价控制的设计，并确定其是否得到执行。下列说法不正确的是（　　　）。

  A. 控制的设计是指考虑一项控制单独或连同其他控制是否能够有效防止或发现并纠正重大错报

  B. 控制得到执行的前提是指某项控制存在

  C. 设计不当的控制可能表明内部控制存在重大缺陷，注册会计师在确定是否考虑控制得到执行时，应当首先考虑控制的设计

  D. 控制得到执行是指某项控制在存在的前提下被审计单位正在有效使用

5. 下列关于审计程序的说法中，不正确的是（　　　）。

  A. 在评估认定层次重大错报风险时，预期控制的运行是有效的，注册会计师应当实施控制测试以支持评估结果

  B. 仅实施实质性程序不足以提供认定层次充分、适当的审计证据，注册会计师应当实施控制测试，以获取内部控制运行有效的审计证据

  C. 注册会计师可以通过实施风险评估程序获取充分、适当的审计证据，作为发表审计意见的基础

  D. 无论评估的重大错报风险结果如何，注册会计师都应当针对所有重大的各类交易、账户余额和披露实施实质性程序，以获取充分、适当的审计证据

6. 在进行风险评估时，注册会计师通常可以采用的审计程序是（　　　）。

  A. 将财务报表与其所依据的会计记录相核对 B. 函证

  C. 分析程序   D. 重新计算

7. 下列各项中，与财务报表层次重大错报风险评估最相关的是（　　　）。

  A. 应收账款周转率呈明显下降趋势 B. 持有大量高价值且易被盗窃的资产

  C. 生产成本计算过程相当复杂   D. 控制环境薄弱

8. 注册会计师设计和实施的进一步审计程序的性质、时间和范围，应当与评估的（　　　）层次的重大错报风险具备明确的对应关系。

  A. 财务报表   B. 认定   C. 账户余额   D. 交易或事项

9. 下列关于控制测试的说法不正确的是（　　　）。

  A. 控制测试与了解内部控制的目的不同，但二者采用审计程序的类型通常相同

  B. 控制测试与细节测试的目的不同，但注册会计师可以考虑针对同一交易同时实施控制测试和细节测试，以实现双重目的

  C. 如果确定评估的认定层次重大错报风险是特别风险，并拟信赖旨在减轻特别风险的控制，注册会计师可以信赖以前审计获取的证据

  D. 注册会计师可以考虑在评价控制设计和获取其得到执行的审计证据的同时测试控制运行有效性，以提高审计效率

10. 内部控制的因素中，不包括（　　　）。

  A. 控制环境、风险评估过程   B. 信息系统和沟通

  C. 控制活动、对控制的监督   D. 会计系统、控制程序

二、多项选择题

1. 下列与控制测试有关的描述中，正确的有（　　）。
  A. 如果控制设计不合理，则不必实施控制测试
  B. 如果评估认定层次重大错报风险时，预期控制的运行是有效的，则应当实施控制测试
  C. 如果认为仅实施实质性程序不足以提供认定层次充分、适当的证据，则应当实施控制测试
  D. 对特别风险，即使拟信赖的相关控制没有发生变化，也应当在本次审计中实施控制测试

2. 如果控制环境存在缺陷，注册会计师在对拟实施审计程序的性质、时间和范围做出总体修改时应当考虑（　　）。
  A. 在期中实施更多的审计程序
  B. 主要依赖控制测试获取审计证据
  C. 修改审计程序的性质，获取更具说服力的审计证据
  D. 扩大审计程序的范围

3. 风险评估程序包括（　　）。
  A. 询问　　　　　　B. 函证　　　　　　C. 观察和检查　　　　D. 分析程序

4. 注册会计师对内部控制实施风险评估程序，以获取与（　　）相关的审计证据。
  A. 控制的设计是否适当　　　　　　B. 控制是否得到执行
  C. 控制是否得到一贯执行　　　　　　D. 控制运行是否有效

5. 进一步审计程序的类型包括（　　）。
  A. 分析程序　　　　B. 风险评估程序　　C. 控制测试　　　　D. 实质性程序

6. 如果针对特别风险仅实施实质性程序，那么注册会计师应当（　　）。
  A. 使用细节测试　　　　　　　　B. 仅使用实质性分析程序
  C. 将细节测试和实质性分析程序结合使用　　D. 使用其他实质性程序

7. 以下关于评估重大错报风险的说法中，正确的有（　　）。
  A. 注册会计师应当在了解被审计单位及其环境的整个过程中识别风险
  B. 识别的风险如果重大并且发生的可能性高，则属于重大错报风险
  C. 注册会计师应当确定识别的重大错报风险是与财务报表整体相关，进而影响多项认定，还是与特定的各类交易、账户余额和披露的认定相关
  D. 在评估重大错报风险时，注册会计师应当将所了解的控制与特定认定相联系

8. 注册会计师应当从（　　）层次识别和评估重大错报风险。
  A. 财务报表　　　　B. 交易认定　　　　C. 账户余额认定　　　D. 披露认定

9. 以下关于内部控制的说法中，正确的有（　　）。
  A. 注册会计师应当了解被审计单位所有的内部控制
  B. 对内部控制的了解不能代替对内部控制运行有效性的测试程序
  C. 内部控制只能对财务报表的可靠性提供合理的保证，而非绝对保证
  D. 对内部控制了解的程度包括评价控制的设计，并确定其是否得到执行

10. 注册会计师在了解被审计单位的内部控制时，应实施的程序有（　　）。
  A. 询问有关人员，观察特定控制的运用　　B. 穿行测试
  C. 检查文件和报告　　　　　　　　D. 重新执行重要内部控制

06

三、判断题

1. 由于注册会计师对重大错报风险的评估是一种判断，并且内部控制存在固有局限性，因此，无论评估的重大错报风险结果如何，注册会计师均应当针对所有重大的各类交易、账户余额和披露实施控制测试和实质性程序。 （   ）

2. 细节测试是实质性程序中必不可少的审计程序。 （   ）

3. 如果已识别出舞弊导致的重大错报风险，为将期中得出的结论延伸至期末而实施的审计程序通常是无效的，注册会计师应当考虑在期末或是接近期末实施实质性程序。 （   ）

4. 注册会计师对内部控制的了解可以代替对控制运行有效性的测试。 （   ）

5. 注册会计师应当针对评估的认定层次重大错报风险确定总体应对措施。 （   ）

6. 如果注册会计师认为控制本身设计不合理，或者尽管设计合理，但没有得到执行，注册会计师就不需要测试控制运行的有效性，而直接实施实质性程序。 （   ）

7. 当评估的财务报表层次重大错报风险属于高风险水平时，注册会计师拟实施进一步审计程序应采用实质性方案。 （   ）

8. 财务报表层次的重大错报风险很可能源于薄弱的控制环境。 （   ）

9. 企业的经营风险最终都会产生财务后果，从而影响财务报表，并导致重大错报风险。注册会计师应当全面识别和评估企业的经营风险。 （   ）

10. 控制测试只有在注册会计师预期内部控制有效而且符合成本效益原则、值得测试时才有必要进行。 （   ）

四、实训题

M 公司主要从事小型电子商品的生产和销售。A 和 B 注册会计师负责审计 M 公司 2020 年度财务报表，现摘录了两份审计资料，如下。

资料一：A 和 B 注册会计师在审计工作底稿中记录了所获取的 M 公司财务数据，部分内容摘录如表 6-2 所示。

表 6-2　　　　　　　　　　　M 公司部分财务数据　　　　　　　　　　金额单位：万元

项目	2020 年		2019 年	
—	C 产品	D 产品	C 产品	D 产品
产成品	2 000	1 800	2 500	0
存货跌价准备	0		0	
主营业务收入	18 500	8 000	20 000	0
主营业务成本	17 000	5 600	16 800	0
销售费用——运输费	1 200		1 150	
利息支出	300		25	
减：利息资本化	250		25	
净利息支出	50		0	

资料二：A 和 B 注册会计师在审计工作底稿中记录了所了解的 M 公司及其环境的情况，部分内容摘录如下。

（1）在 2019 年度实现销售收入增长 10% 的基础上，M 公司董事会确定的 2020 年销售收入增长目标为 20%，M 公司管理层薪酬直接与业绩挂钩。M 公司所处行业 2020 年的销售增长率是 12%。

（2）M 公司财务部门工作压力较大，会计人员流动频繁，会计人员的平均服务期少于 2 年。

（3）由于市场竞争激烈，M 公司于 2020 年 4 月将主要产品（C 产品）的销售额下调了 8% 至

10%。另外，M 公司在 2020 年 8 月推出了 D 产品（C 产品的改良型号），市场表现良好，计划在 2021 年全面生产 D 产品，并停止 C 产品的生产，预计在 2021 年库存 C 产品至少降价 10%才能销售出去。

（4）M 公司销售的产品均由经客户认可的外部运输公司实施运输，运输费由 M 公司承担。由于受能源价格上涨影响，2020 年的运输单价比上年平均上升了 15%，但运输商同意将运费结算周期适当延长。

（5）2020 年度 M 公司主要原料的价格与上年基本持平，但由于技术要求发生变化，D 产品所耗高档金属材料比 C 产品略有上升，使得 D 产品的原材料成本比 C 产品上升了 0.3%。

（6）除了于 2019 年 12 月借入的 2 年期、年利率 6%的银行借款 5 000 万元外，M 公司没有其他借款。上述长期借款专门用于扩建现有的一条生产线，以满足 D 产品的生产需要。该生产线总投资 6 500 万元，2019 年 12 月开工，2020 年 7 月完工投入使用。（假设不考虑利息收入）

要求：针对资料二（1）至（6）项，结合资料一，假定不考虑其他条件，请逐项指出资料二所列事项是否可能表明 M 公司存在重大错报风险。如果认为存在，分别说明该风险是属于财务报表层次风险还是认定层次风险。如果认为属于财务报表层次风险，简述理由。如果认为属于认定层次风险，请指出相关事项与何种交易或账户的何种认定相关。请将答案直接填入表 6-3 中。

表 6-3　　　　　　　　　　风险认定结果

事项	不构成重大错报风险	构成重大错报风险	
		财务报表层次（简述理由）	认定层次（列明影响的账户和涉及的认定）
（1）			
（2）			
（3）			
（4）			
（5）			
（6）			

项目七

销售与收款循环的审计

知识目标 ↓

1. 掌握销售与收款循环业务流程；
2. 掌握销售与收款循环内部控制的要求；
3. 掌握销售与收款循环主要账户的审计目标。

能力目标 ↓

1. 能进行销售与收款循环主要账户的控制测试；
2. 能进行销售与收款循环主要账户的实质性测试。

项目引入

2021 年 1 月 20 日，审计人员李东在审查阳光实业有限公司 2020 年收入业务时，在 12 月份银行存款日记账中发现 12 月 24 日的一笔业务摘要中注明预收 B 产品货款，对方科目的名称是"主营业务收入"，金额 30 万元，审计人员决定进一步查证。经查阅 2020 年 12 月 24 日 107 号记账凭证，记账凭证上的会计分录如下。

借：银行存款　　　　　　　　　　　　　　　　　　　　300 000

　　贷：主营业务收入　　　　　　　　　　　　　　　　　　300 000

该凭证所附的原始凭证仅有一张信汇收账通知，无发票记账联，经过询问当事人并调阅有关销售合同，确定是阳光实业有限公司预收某单位产品预购款 30 万元，双方约定于 2021 年 1 月 25 日交付商品。

针对发现的情况，审计人员应如何处理呢？

相关知识

自本项目开始，本书将以执行企业会计准则的企业财务报表审计为例，介绍主要业务循环审计的具体内容以及主要的财务报表项目如何进行审计测试。财务报表审计的组织方式大致有两种：一是对财务报表的每个账户余额单独进行审计，此法称为账户法；二是将财务报表分成几个循环进行审计，即把紧密联系的交易种类和账户余额归入同一循环中，按业务循环组织实施审计，此法称为循环法。一般而言，账户法与多数被审计单位账户设置体系及财务报表格

业务循环审计

式相吻合，具有操作方便的优点，但它将紧密联系的相关账户（如存货和营业成本）人为地予以分割，容易造成整个审计工作的脱节和重复，不利于审计效率的提高；而循环法则更符合被审计单位的业务流程和内部控制设计的实际情况，不仅可加深审计人员对被审计单位经济业务的理解，而且由于将特定业务循环所涉及的财务报表项目分配给一个或数个审计人员，增强了审计人员分工的合理性，有助于提高审计工作的效率与改善审计效果。

业务循环是指处理某一类经济业务的工作程序和先后顺序。一般而言，在财务报表审计中可将被审计单位的所有交易和账户余额划分为 4 个、5 个、6 个，甚至更多个业务循环。由于各被审计单位的业务性质和规模不同，其业务循环的划分也应有所不同。即使是同一被审计单位，不同审计人员也可能有不同的循环划分方法。本书中，我们将交易和账户余额划分为销售与收款循环、采购与付款循环、生产与存货循环、投资与筹资循环；另外，由于货币资金与上述业务循环均密切相关，所以货币资金既是业务循环的有机组成部分，又是独立的一个重要环节。自本项目起至项目十一止，我们将分别介绍各业务循环审计及货币资金审计的具体内容。

一、销售与收款循环概述

（一）销售与收款循环的主要业务活动

了解企业在销售与收款循环中的典型活动，对该业务循环的审计非常必要。销售与收款循环一般包括以下主要业务过程。

销售与收款循环的
主要业务活动

1. 接受客户订单

客户向企业寄送订单，提出订货要求是整个销售与收款循环的起点。接受客户订单后，企业应对客户订单内容是否符合企业的销售政策（比如是否符合该产品的销售单价、运费支付方式、交货地点、三包承诺等）进行审批。订单管理部门应区分现销和赊销，赊销订单只有在符合企业管理当局授权批准的情况下，才能接受。企业管理当局一般列出了准予赊销的客户名单，订单管理部门的职员在决定是否同意接受某客户的订单之前，应查询该客户是否已被列入该名单中。如果客户未被列入该名单，则通常需要订单管理部门的主管来决定是否接受该订单。

企业在接受了客户订单之后，通常应编制一式多联的销售单。销售单是证明销售交易"发生"的有效凭据，也是一笔销售交易轨迹的起点之一。此外，由于客户订购单是来自外部的引发销售交易的文件之一，有时也能为有关销售交易的"发生"认定提供补充证据。

2. 信用管理部门进行信用批准

赊销批准是由信用管理部门根据企业管理当局的赊销政策以及对每个客户已授权的信用额度进行的。信用管理部门的职员在收到订单管理部门的销售单后，应将销售单的金额与该客户已取得的赊销信用额度扣除其迄今尚欠应收账款余额后的差额进行比较，以决定是否继续给予赊销。信用管理部门与销售部门不能是同一个部门，要实施职责分离。批准或不批准赊销，都要求被授权的信用管理部门人员在销售单上签署意见，其后再将签署意见后的销售单返回销售管理部门。

设计信用批准控制的目的是降低坏账风险，因此，这些控制与应收账款账面余额的"准确性、计价和分摊"认定有关。

3. 仓库按批准的销售单供货

通常情况下，仓库只有在收到经过批准的销售单时，才能供货。设计这项控制程序的目的是防止仓库在未经授权的情况下擅自发货。因此，已批准销售单的副联通常应送达仓库，作为仓库按销售单供货和发货给装运部门的授权依据。

4. 装运部门按销售单装运货物

装运部门职员应在经授权的情况下装运货物，装运部门应与仓库分离，使企业按销售单装运与按销售单供货的职责相分离。装运部门职员在装运之前，必须进行独立验证，以确定从仓库收到的商品都附有已批准的销售单，并且所装运商品与销售单相符。装运凭证是一式多联的、连续编号的提货单，按序归档的装运凭证通常由装运部门保管。装运凭证是商品确实已装运的证据，是证明销售交易发生的另一有效凭据。

5. 向顾客开具账单

开具账单包括编制和向客户寄送事先连续编号的销售发票。为防止出现遗漏、重复、错误计价或其他差错，开具账单时应做到以下几点：编制每张销售发票前，应独立检查是否存在装运凭证和相应的经批准的销售单；依据已授权批准的商品价目表编制销售发票；独立检查销售发票计价和计算的正确性；将装运凭证上的商品总数与相对应的销售发票上的商品总数进行比较。

开具账单的这些要求与销售交易的"发生""完整性""准确性"认定有关。销售发票副联通常由开具账单部门保管。

6. 记录销售

在手工会计系统中，记录销售的过程包括区分赊销、现销，按销售发票编制转账凭证或现金、银行存款收款凭证，再据以登记销售明细账和应收账款明细账或现金、银行存款日记账。

7. 办理和记录现金、银行存款收入

办理和记录现金、银行存款收入涉及有关货款收回，现金、银行存款的记录以及应收账款减少的活动。处理货币资金收入时最重要的是要保证全部货币资金及时记入现金、银行存款日记账或应收账款明细账，并及时将现金存入银行。在这一环节汇款通知单起着很重要的作用。

8. 办理和记录销货退回、销货折扣与折让

客户如果对商品不满意，销货企业一般都会同意退货，或给予一定的销货折让；客户如果提前支付货款，销货企业则可能会给予一定的销货折扣。发生此类事项时，必须经授权批准，并应确保与办理此事有关的部门和职务各司其职，分别控制实务流和会计处理。在此环节，严格使用贷项通知单起到重要作用。

9. 提取坏账准备

坏账准备的提取数必须能抵补企业以后无法收回的本期销货款。

10. 注销坏账

不管赊销部门的工作如何主动，客户因宣告破产、死亡等原因而不支付货款的情况仍时有发生。销货企业若认为某项货款再也无法收回，就必须注销这笔货款。对这些坏账，正确的处理方法应该是获取货款无法收回的确凿证据，经适当审批后及时进行会计调整。

销售业务的主要流程如图 7-1 所示。

试一试

以下（　　）是证实销售与收款循环中有关存在或发生认定的最有力证明。

A. 客户订购单　　B. 销售单　　C. 发运凭证　　D. 销售发票

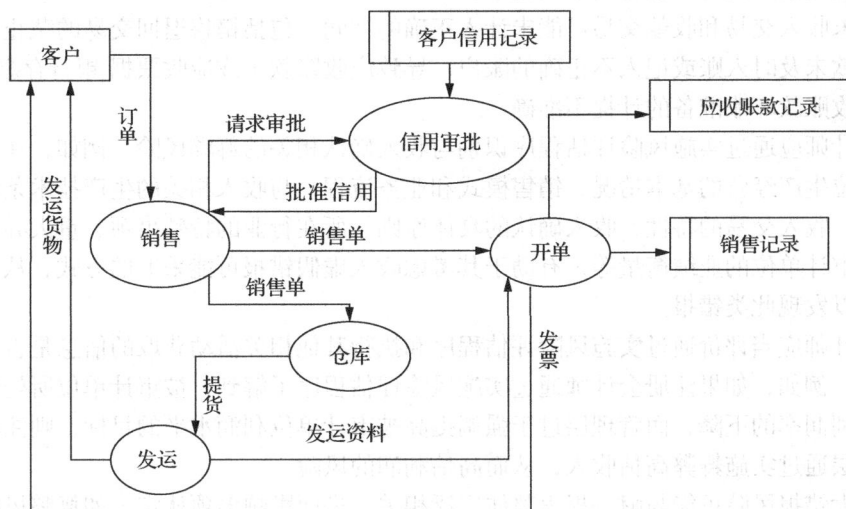

图 7-1　销售业务流程

（二）销售与收款循环涉及的主要报表项目

根据财务报表项目与业务循环的相关程度，销售与收款循环涉及的报表项目如表 7-1 所示。

表 7-1　　　　　　　　　　销售与收款循环和主要财务报表项目对照情况

业务循环	资产负债表项目	利润表项目
销售与收款循环	应收票据、应收账款、长期应收款、预收账款、应交税费	营业收入、税金及附加

07

二、销售与收款循环的风险评估程序

被审计单位可能有各种各样的收入来源，处于不同的控制环境，存在复杂的合同安排，这些情况对收入交易的会计核算可能存在诸多影响，比如不同交易安排下的收入确认的时间和依据可能不尽相同。

注册会计师应当考虑销售与收款循环中发生错报的可能性以及潜在错报的重大程度是否足以导致重大错报，从而评估销售与收款循环的相关交易和余额存在的重大错报风险，以此作为设计和实施进一步审计程序的基础。

与销售与收款循环相关的财务报表项目主要为营业收入和应收账款，此外还有应收票据、预收账款、长期应收款、应交税费、税金及附加等。以一般制造业的赊销为例，相关交易和余额存在的重大错报风险通常包括以下几点。

（1）收入确认存在的舞弊风险。收入是利润的来源，直接关系到企业的财务状况和经营成果。有些企业为了达到粉饰财务报表的目的而采用虚增（发生认定）或隐瞒收入（完整性认定）等方式实施舞弊。在财务报表舞弊案件中，涉及收入确认的舞弊占很大比例，收入确认已成为注册会计师审计的高风险领域。

（2）收入的复杂性可能导致的错误。例如，被审计单位可能针对一些特定的产品或者服务提供一些特殊的交易安排（例如特殊的退货约定、特殊的服务期限安排等），但管理层可能对这些不同安排下所涉及的交易风险的判断缺乏经验，收入确认上就容易发生错误。

（3）发生的收入交易未能得到准确记录。

（4）期末收入交易和收款交易可能未计入正确的期间，包括销售退回交易的截止错误。

（5）收款未及时入账或记入不正确的账户，导致应收账款（或应收票据/银行存款）的错报。

（6）应收账款坏账准备的计提不准确。

注册会计师应通过实施风险评估程序识别与收入确认相关的舞弊风险。例如，注册会计师了解被审计单位生产经营的基本情况、销售模式和业务流程、与收入相关的生产技术条件、收入的来源和构成、收入交易的特性、收入确认的具体原则、所在行业的特殊事项、重大异常交易的商业理由、被审计单位的业绩衡量等，有助于其考虑收入虚假错报可能采取的方式，从而设计恰当的审计程序以发现此类错报。

注册会计师应当评价通过实施风险评估程序和执行其他相关活动获取的信息是否表明存在舞弊风险因素。例如，如果注册会计师通过实施风险评估程序了解到，被审计单位所处行业竞争激烈并伴随着利润率的下降，而管理层过于强调提高被审计单位利润水平的目标，则注册会计师需要警惕管理层通过实施舞弊高估收入，从而高估利润的风险。

某些重大错报风险可能与财务报表整体广泛相关，进而影响多项认定，如舞弊风险；某些重大错报风险可能与特定的某类交易、账户余额和披露的认定相关，如会计期末的收入交易和收款交易的截止错误（截止），或应收账款坏账准备的计提（计价）。在评估重大错报风险时，注册会计师应当落实到该风险所涉及的相关认定，从而更有针对性地设计进一步审计程序。

三、销售与收款循环的控制测试

在审计实务中，注册会计师可以考虑以识别的重大错报风险为起点实施控制测试（见表 7-2）。

表 7-2   销售与收款交易的风险、控制和控制测试

风险	计算机控制	人工控制	控制测试
信用控制和赊销			
可能向没有获得赊销授权或超出了其信用额度的客户赊销	订购单上的客户代码与应收账款主文档记录的代码一致。目前未偿付余额加上本次销售额在信用限额范围内。只有上述两项均满足的客户才能获得发货批准并生成发运凭证	信用控制程序包括复核信用申请、收入和信用状况的支持性信息，批准信用限额，授权增设新的账户，以及适当授权超过信用限额的人工控制	通过询问员工、检查相关文件证实上述控制的实施
发运商品			
可能在没有批准发货的情况下发出了商品。已发出商品可能与发运凭证上的商品种类和数量不符。已销售商品可能未实际发给客户	当客户订购单在系统中获得发货批准时，系统自动生成连续编号的发运凭证。计算机把所有准备发出的商品与销售单上的商品种类和数量进行比对。打印种类或数量不符的例外报告，并暂缓发货	商品打包发运前，对商品和发运凭证内容进行独立核对。在发运凭证上签字以示商品已与发运凭证核对且种类和数量相符。销售人员关注快到期的发运凭证和未完成的订购单，督促尽快向客户发货。保安人员只有当商品附有发运凭证时才能放行。客户要在发运凭证上签字以作为收到商品且商品与订购单一致的证据。管理层复核例外报告和暂缓发货的清单，并解决问题	执行观察、检查程序。检查发运凭证上相关员工和客户的签名，作为发货的证据。检查例外报告和暂缓发货的清单

续表

风险	计算机控制	人工控制	控制测试
开具发票			
商品发运可能未开具销售发票	发货以后系统根据发运凭证及相关信息自动生成连续编号的销售发票。定期打印销售发票。系统自动复核连续编号的销售发票和发运凭证的对应关系，并定期生成例外报告	复核例外报告并调查原因	执行观察程序。检查例外报告
记录赊销			
销售发票入账的会计期间可能不正确	系统根据销售发票的信息自动汇总生成当期销售入账记录	定期执行人工销售截止检查程序。检查发票打印件的连续编号。复核并调查所有与发票不匹配的发运凭证	检查发票，重新执行销售截止检查程序
销售发票可能被记入不正确的应收账款账户	系统将客户代码、商品发送地址、发运凭证、发票与应收账款主文档中的相关信息进行比对	应收账款客户主文档中明细余额的汇总金额应与应收账款总分类账核对。向客户发送月末对账单，调查并解决客户质询的差异	检查应收账款客户主文档中明细余额汇总金额的调节结果与应收账款总分类账是否核对相符，以及负责该项工作的员工签名。检查客户质询信件并确定问题是否已得到解决
记录现金销售			
现金销售可能没有在销售时被记录。收到的现金可能没有存入银行	现金销售通过统一的收银台用收银机集中收款，并自动打印销售小票	销售小票应交予客户。通过监视器监督收银台。每个收银台都打印每日现金销售汇总表。计算每个收银台收到的现金，并与相关销售汇总表调节相符。独立检查所有收到的现金已存入银行	实地检查收银台、销售点并询问管理层，以确定在这些地方是否有足够的物理监控。检查结算记录上负责计算现金和与销售汇总表相调节工作的员工的签名。检查存款单和销售汇总表上的签名，证明已实施复核。重新检查已存入金额和销售汇总表金额
记录应收账款收款			
应收账款记录的收款与银行存款可能不一致	每日编制电子版收款清单时，系统自动贷记应收账款	将每日收款汇总表、电子版收款清单和银行存款清单相比较。定期取得银行对账单，独立编制银行存款余额调节表。向客户发送月末对账单，对客户质询的差异予以调查并解决	检查核对每日收款汇总表，电子版收款清单和银行存款清单的核对记录和核对人签名。检查银行存款余额调节表和负责编制的员工的签名。检查客户质询信件并确定问题是否已被解决
收款可能被记入不正确的应收账款账户	电子版的收款清单与应收账款明细账之间建立连接界面，根据对应的客户名称、代码、发票号等将收到的款项对应到相应的客户账户。对于无法对应的款项生成例外事项报告	将生成的例外事项报告的项目进行手工核对，调查产生的原因并解决。向客户发送月末对账单，对客户质询的差异予以调查并解决。管理层每月复核按客户细分的应收账款账龄分析表，并调查长期余额或其他异常余额	检查系统中的对应关系审核设置是否合理。检查对例外事项报告中的信息进行核对的记录以及无法核对事项的解决情况。检查客户质询信件并确定问题是否已被解决。检查管理层对应收账款账龄分析表的复核及跟进措施

07

续表

风险	计算机控制	人工控制	控制测试
坏账准备计提及坏账核销			
坏账准备的计提可能不充分	系统自动生成应收账款账龄分析表	管理层对财务人员基于账龄分析表，采用预期信用损失模型计算编制的坏账准备计提表进行复核。复核无误后需在坏账准备计提表上签字。 管理层复核坏账核销的依据，并进行审批	检查财务系统计算账龄分析表的规则是否正确。 询问管理层如何复核坏账准备计提表的计算，检查是否有复核人员的签字。 检查坏账核销是否经过管理层的恰当审批

　　表 7-2 列示的方法，目的在于帮助注册会计师根据具体情况设计相应的审计方案。但它既未包含销售交易所有的内部控制、控制测试，也并不意味着审计实务必须按此顺序与方法进行。一方面，被审计单位所处行业不同、规模不一、内部控制制度的健全程度和执行结果不同，以前期间接受审计的情况也各不相同；另一方面，受审计时间、审计成本的限制，注册会计师除了确保审计质量、审计效果外，还必须提高审计效率，尽可能地消除重复的测试程序，保证检查某一凭证时能够一次完成对该凭证的全部审计测试程序，并按最有效的顺序实施审计测试。因此，审计实务工作中，注册会计师应根据表 7-2 所列示的内容，从实际出发，将其转换为更实用、高效的审计计划。

试一试

　　下列各项中，预防员工贪污、挪用销货款的最有效的方法是（　　　　）。
　　A. 记录应收账款明细账的人员不得兼任出纳
　　B. 收取客户支票与收取客户现金由不同的人员担任
　　C. 请客户将货款直接汇入公司所指定的银行账户
　　D. 公司收到客户支票后立即寄送收据给客户

四、营业收入的实质性测试

（一）营业收入的审计目标

　　营业收入项目核算企业在销售商品、提供劳务等活动中所产生的收入。其审计目标的确定如表 7-3 所示。

营业收入审计目标的确定

表 7-3　　　　　　　　　　　　　营业收入审计目标的确定

被审计单位：		索引号：		页次：	
项目：　营业收入		编制人：		日期：	
报表期间：		复核人：		日期：	

审计目标	财务报表认定					
	发生	完整性	准确性	截止	分类	列报
A. 利润表中记录的营业收入已发生，且与被审计单位有关	√					
B. 所有应当记录的营业收入均已记录		√				
C. 与营业收入有关的金额及其他数据已恰当记录			√			

续表

审计目标	财务报表认定					
	发生	完整性	准确性	截止	分类	列报
D. 营业收入已记录于正确的会计期间				√		
E. 营业收入已记录于恰当的账户					√	
F. 营业收入已按照企业会计准则的规定在财务报表中做出恰当的列报						√

试一试

在销售与收款循环审计中，审计人员应当将完整性作为重要目标进行实质性测试。这种说法对吗？

（二）主营业务收入的实质性程序

（1）取得或编制主营业务收入项目明细表（见表7-4），复核加计是否正确，并与报表数、总账数和明细账合计数核对是否相符。

表7-4　　　　　　　　　　主营业务收入明细表

被审计单位名称：×××××　　　　审计人员：×××××　　　审计日期：2021-2-11

所属期间：2020年　　　　　　　　复核人员：×××××　　　复核日期：2021-2-13　　　单位：万元

月份	产品1	产品2	产品3	产品4	产品5	……	合计
1	120	90	80	……	……	……	1 000
2	200	110	90	……	……	……	1 200
3	100	120	100	……	……	……	900
4	120	80	110	……	……	……	1 000
5	200	130	100	……	……	……	950
6	100	110	120	……	……	……	900
7	120	100	110	……	……	……	1 000
8	200	150	90	……	……	……	1 200
9	100	120	130	……	……	……	900
10	120	110	120	……	……	……	1 000
11	200	100	130	……	……	……	1 200
12	100	150	110	……	……	……	1 000
合计	1 680	1 370	1 290	……	……	……	12 250

（2）实施分析程序。注册会计师应实施分析程序，检查主营业务收入是否有异常变动和重大波动，从而在总体上对主营业务收入的真实性做出初步判断。注册会计师通常在以下几方面进行比较分析。

① 将本期与上期的主营业务收入进行比较，分析产品销售的结构和价格的变动是否正常，并分析异常变动的原因。

② 比较本期各月各种主营业务收入的波动情况，分析其变动趋势是否正常，并查明异常现象和重大波动的原因。

③ 计算本期重要产品的毛利率，分析比较本期与上期同类产品毛利率变化情况，注意收入与成本是否配比，并查清重大波动和异常情况的原因。

④ 计算重要客户的销售额及其产品毛利率，分析比较本期与上期有无异常变化。

⑤ 将上述分析结果与同行业企业本期相关资料进行对比分析，检查是否存在异常。

（3）检查主营业务收入确认方法是否符合《企业会计准则》的规定。

根据《企业会计准则第 14 号——收入》的规定，企业应当在履行了合同中的履约义务，及在客户取得相关商品控制权时确认收入。当企业与客户之间的合同同时满足下列条件时，企业应当在客户取得商品控制权时确认收入。

① 合同各方已批准该合同并承诺将履行各自义务。

② 该合同明确了合同各方与所转让商品或提供劳务相关的权利和义务。

③ 该合同有明确的与所转让的商品相关的支付条款。

④ 该合同具有商业实质，即履行该合同将改变企业未来现金流量的风险、时间分布或金额。

⑤ 企业因向客户转让商品而有权取得的对价很可能收回。

《企业会计准则》分别对"在某时段内履行的履约义务"和"在某一时点履行的履约义务"的收入确认做出了规定。对于在某一时段内履行的履约义务，企业应当在该段时间内按照履约进度确认收入。对于在某一时点履行的履约义务，企业应当在客户取得相关商品的控制权时确认收入。注册会计师需要基于对被审计单位商业模式和日常经营活动的了解，判断被审计单位的合同履约义务是在某一时段内履行还是某一时点履行，据以评估被审计单位确认产品销售收入的会计政策是否符合《企业会计准则》，并测试被审计单位是否按照其既定的会计政策确认产品销售收入。

注册会计师通常对所选取的交易，追查至原始的销售合同及与履行合同相关的单据和文件记录，以评价收入确认方法是否符合《企业会计准则》的规定。

【例 7-1】注册会计师对某企业 2020 年度利润表进行审计时，抽查了 12 月份的有关账簿，发现下列情况。

① 企业销售甲产品，采用预收款项方式，12 月 5 日收到货款 56 500 元，货物尚未发出。企业收到货款时的账务处理是：借记"银行存款"56 500 元，贷记"主营业务收入"50 000 元，贷记"应交税费——应交增值税（销项税额）"6 500 元。

② 12 月 11 日，企业采用托收承付结算方式销售甲产品 60 台，已到银行办妥结算手续，货物已发出，但企业未做账务处理。

③ 12 月 20 日，采用交款提货方式销售给某单位乙产品 100 台，但仅在主营业务收入明细账中做了记录，主营业务成本明细账未记录。

④ 12 月 25 日，上月售出的乙产品 50 台，由于质量原因全部退回。产品已入库，但企业未做账务处理。

要求：指出该企业在销售业务核算中存在的问题。

解析：①预收款项销售应在商品发出时确认收入实现，该企业收到货款即确认收入，造成当期收入虚增。

② 托收承付结算方式下，应在货物已发出，到银行办妥结算手续时确认收入实现；该企业未做记录，造成收入低估。

③ 销售实现，仅确认收入，未记录成本，造成主营业务利润虚增。

④ 退回商品应冲减主营业务收入及成本，该企业未做处理，造成主营业务收入及利润虚增。

处理意见：建议该企业对相应收入、成本及利润进行调整。

（4）检查收入是否真实发生。

以主营业务收入明细账中的会计分录为起点，检查相关原始凭证如订购单、销售单、发运凭证、发票等，以评价已入账的营业收入是否真实发生。检查订购单和销售单，用以确认是否存在真实的客户购买要求，销售交易是否已经过适当的授权批准。销售发票存根上所列的单价，通常还要与经过批准的商品价目表进行比较核对，对其金额小计和合计数也要进行复算。发票中列出的商品的规格、数量和客户代码等，则应与发运凭证进行比较核对，尤其是由客户签收商品的一联，确定已按合同约定履行了履约义务，可以确认收入。同时，还要检查原始凭证中的交易日期（客户取得商品控制权的日期），以确认收入计入了正确的会计期间。

试一试

为了证实登记入账的销售业务是否均已发生，最有效的做法是（　　）。
A. 只审查主营业务收入明细账
B. 由主营业务收入明细账追查至有关的原始凭证
C. 只审查有关的原始凭证
D. 由有关原始凭证追查至主营业务收入明细账

（5）检查收入记录的完整性。

以发运凭证为起点，从发运凭证（客户签收联）中选取样本，追查至主营业务收入明细账，以确定是否存在遗漏事项（完整性认定）。为使这一程序成为一项有意义的测试，注册会计师需要确认全部发运凭证均已归档，这一点一般可以通过检查发运凭证的顺序编号来查明。

试一试

为了证明被审计单位主营业务收入是否完整，下列审计程序中最有效的是（　　）。
A. 将本年各月收入与上年各月收入进行比较
B. 检查收入的计量是否符合企业会计准则
C. 以主营业务收入明细账为起点追查到发票及发运凭证
D. 以发运凭证为起点追查到发票及主营业务收入明细账

（6）实施主营业务收入截止测试。

对主营业务收入实施截止测试，其目的主要在于确定被审计单位主营业务收入的会计记录归属期是否正确，应记入本期或下期的主营业务收入是否被推延至下期或提前至本期。实施截止测试的前提是注册会计师充分了解被审计单位的收入确认会计实务，并识别能够证明某笔销售符合收入确认条件的关键单据。例如，货物出库时，与货物相关的风险和报酬可能尚未转移，不符合收入确认的条件，因此，发货单可能不是实现收入的充分证据；又如，销售发票与收入相关，但是销售发票开具日期不一定与收入实现的日期一致。假定一般制造业企业在货物送达客户并由客户签收时确认收入，注册会计师可以考虑选择两条审计路径实施收入的截止测试，具体内容如表7-5所示。

表7-5　　　　收入截止测试的两条审计路线

起点	路线	目的	优点	缺点
账簿记录	从报表日前后若干天的账簿记录查至记账凭证，检查发票存根与发货凭证	证实已入账收入是否在同一期间已发货、有无多计收入，防止高估收入	比较直观，容易追查至相关凭证记录	缺乏全面性和连贯性，只能查多记，无法查漏记
发运凭证	从报表日前后若干天的发货凭证查至发票开具情况与账簿记录	确认收入是否已计入适当的会计期间，防止低估收入	较全面、连贯，容易发现漏记收入	较费时、费力，难以查找相应的发货及账簿记录，不易发现多记收入

　　上述两条审计路径在实务中均被广泛采用，它们并不是孤立的，注册会计师可以考虑并用这两条路径，甚至可以在同一主营业务收入科目审计中并用。实际上，被审计单位的具体情况各异，管理层意图各不相同：有的为了完成利润目标、承包指标，更多地享受税收等优惠政策，便于筹资等目的，可能会多计收入；有的则为了以丰补歉、留有余地、推迟缴税时间等目的而少计收入。因此，为提高审计效率，注册会计师应当凭借专业经验和所掌握的信息、资料做出正确判断，选择适当的审计路径实施有效的收入截止测试。

> **试一试**
>
> 下列情况中，注册会计师应主要审查收入的截止认定的是（　　）。
> A. 将未曾发生的销售收入登记入账
> B. 已经发生的销售业务不登记入账
> C. 将下年度收入列入本期
> D. 将利息收入列入营业收入

　　【例 7-2】华兴公司在销售时要求必须有预先编号的出库单。出货时，发货人员要在出库单上填上日期。截至 12 月 31 日，最后一张出库单号码为 2167。会计部门按收到的出库单先后开立发票。

　　华兴公司 12 月底和次年 1 月的部分账簿记录如表 7-6 所示。

表 7-6　　　　　华兴公司 12 月底和次年 1 月的部分账簿记录

日期	出库单号码	销售发票号码	交易金额/元
12 月 30 日	2164	4326	726.11
12 月 30 日	2169	4329	1 914.30
12 月 31 日	2165	4327	417.83
12 月 31 日	2168	4328	2 620.22
12 月 31 日	2166	4330	47.74
1 月 1 日	2163	4332	641.31
1 月 1 日	2167	4331	106.39
1 月 1 日	2170	4333	852.06
1 月 2 日	2171	4335	1 250.50
1 月 2 日	2172	4334	646.58

　　要求：根据以上资料判断该公司账面记录是否存在问题并分析对财务报表的影响。

　　解析：该企业 12 月 31 日最后一张出库单号码为 2167，出库单号码为 2163、2167 的业务均被记录到次年 1 月；而出库单号码为 2168、2169 号业务又被提前至本年度。这种截止日期的错误造成财务报表上收入核算的错误。

　　（7）检查销售折扣、销售退回与销售折让业务是否真实，内容是否完整，相关手续是否符合规定，折扣与折让的计算和会计处理是否正确。

　　企业在销售业务中，往往会因产品品种不符、质量不符合要求以及结算方面的原因发生销售折扣、销售退回与销售折让业务。尽管引起销售折扣、销售退回与销售折让的原因不尽相同，其表现形式也不尽一致，但都是对收入的抵减，直接影响收入的确认和计量。因此，注册会计师应重视销售折扣与销售折让的审计。重点检查以下内容。

① 获取或编制销售折扣与销售折让明细表,复核加计是否正确,并与明细账合计数核对是否相符。

② 取得被审计单位有关销售折扣与销售折让的具体规定和其他文件资料,并抽查较大的销售折扣与销售折让发生额的授权批准情况,与实际执行情况进行核对,检查其是否经授权批准,是否合法、真实。

③ 将销售退回、销售折让或销售折扣的账面金额与贷项通知单的记录进行核对。

④ 销售折让与销售折扣是否及时足额提交对方,有无虚设中介、转移收入、私设账外"小金库"等情况。

⑤ 确定销售退回、销售折让、销售折扣的会计记录是否合理。

⑥ 检查销售退回的商品是否已验收入库并登记入账。

(8)检查有无特殊的销售行为,如委托代销、分期收款销售、商品需要安装和检验的销售、附有退回条件的销售、售后租回、售后回购、以旧换新、出口销售等,选择恰当的审计程序进行审核。

(9)确定主营业务收入是否在利润表上恰当披露。

完成主营业务收入实质性程序后,审计结果要记录于主营业务收入审定表,如表7-7所示。

表7-7 主营业务收入审定表

单位名称: 　　　　　　查验人员: 　　　　　查验日期: 　　　　　索引号:

所属期间: 　年度 　　　复核人员: 　　　　　复核日期:

上期审定数	本期未审数	同比增减	调整		其中滚调		审定数
			借	贷	借	贷	
审计说明:			经审计调整如下:			借方	贷方
报表、总账、明细账核对情况:			1.				
			2.				
			3.				
			审计结论:经审计期末余额			可以确认	
						调整后可以确认	

五、应收账款的实质性测试

(一)应收账款的审计目标

应收账款是指企业因销售商品、提供劳务而形成的债权,即由于企业销售商品、提供劳务等原因,应向购货客户或接受劳务的客户收取的款项或代垫的运杂费等,是企业在信用活动中所形成的各种债权性资产。企业的应收账款是在销货业务中产生的。企业在销售实现时若没有立即收取现款,而是获得了要求客户在一定条件下和一定时间内支付货款的权力,就产生了应收账款。因此,应收账款的审计应结合销货业务来进行。应收账款余额一般包括应收账款账面余额和相应的坏账准备两部分。

应收账款审计目标确定如表7-8所示。

应收账款审计目标的确定

07

表 7-8   应收账款审计目标确定

被审计单位：			索引号：		页次：
项目：　应收账款			编制人：		日期：
报表期间：			复核人：		日期：

审计目标	财务报表认定				
	存在	完整性	权利和义务	准确性、计价和分摊	列报
A. 资产负债表中记录的应收账款是存在的	√				
B. 所有应当记录的应收账款均已记录		√			
C. 记录的应收账款由被审计单位拥有或控制			√		
D. 应收账款以恰当的金额包括在财务报表中，与之相关的计价调整已恰当记录				√	
E. 应收账款已按照企业会计准则的规定在财务报表中做出恰当列报					√

（二）应收账款的实质性程序

1. 获取或编制应收账款明细表

应收账款明细表如表 7-9 所示。注册会计师获取或编制应收账款明细表，主要是复核加计是否正确，并与总账数和明细账合计数核对是否相符；结合坏账准备科目与报表数核对是否相符。

表 7-9   应收账款明细表

被审计单位：			索引号：		页次：
项目：应收账款			编制人：		日期：
审计截止日期：			复核人：		日期：

序号	单位名称	是否关联方	期初余额			借方发生额	贷方发生额	期末余额			账龄（审定数）			
			未审数	审计调整	审定数			未审数	审计调整	审定数	1年以内	1—2年	2—3年	合计
1														
2														
3														
4														
5														
6														
7														
8														
9														
10														
合计														

编制说明：外币应收账款应列明原币金额及折合汇率

审计说明：

【至少需要说明主要项目变动较大的原因或其他项目异常变动的原因】

2．实施分析程序

对应收账款实施分析程序，主要考虑以下方面。

① 将本期应收账款余额与本企业历史数据及同行业的平均水平进行比较。

② 进行比率分析，计算本期应收账款周转率、应收账款与流动资产总额之比、坏账费用与赊销净额之比等比率，并与企业的历史数据及同行业的平均水平进行比较。

通过分析程序，注册会计师可以分析企业应收账款的构成及变化是否正常，并发现潜在的错报与漏报。

3．分析应收账款账龄

注册会计师可以通过分析应收账款的账龄，以了解应收账款的可收回性。应收账款的账龄是指资产负债表中的应收账款从销售实现，产生应收账款之日起，至资产负债表日止所经历的时间。

注册会计师可以通过查看应收账款账龄分析表了解和评估应收账款的可收回性；将应收账款账龄分析表中的合计数与应收账款总分类账余额相比较，并调查重点调节项目。从应收账款账龄分析表中抽取一定数量的项目，追查至原始凭证，如销售发票、运输记录等，测试账龄核算的准确性。

4．实施函证程序

对应收账款来说，函证是非常重要的审计程序。函证就是直接发函给被审计单位的债务人，要求核实被审计单位应收账款的记录是否正确的一种审计方法。通过函证应收账款，可以有效地证明被询证者的存在和被审计单位记录的可靠性。除非有充分证据表明应收账款对被审计单位财务报表而言是不重要的，或者函证很可能是无效的，否则，注册会计师应当对应收账款进行函证。询证函由注册会计师利用被审计单位提供的应收账款明细账户名称及地址编制，询证函的寄发一定要由注册会计师亲自进行。

（1）函证范围的选择

注册会计师不需要对被审计单位所有的应收账款进行函证。函证数量的大小、范围是由诸多因素决定的，主要有以下几点。

① 应收账款在全部资产中的比重。如果应收账款在全部资产中所占的比重较大，则函证的范围应相应大一些。

② 被审计单位内部控制的强弱。如果内部控制系统较健全，则可以相应减少函证量。

③ 以前期间的函证结果。若以前期间函证中发现过重大差异，或纠纷较多，则范围应相应扩大。

④ 函证的方式。若采用积极式函证，则可以相应减少函证量；若采用消极式函证，则要相应增加函证量。

（2）函证对象的选择

注册会计师选择函证项目时，除了考虑金额较大的项目，也需要考虑风险较高的项目。例如：账龄较长的项目；与债务人发生纠纷的项目；重大关联方项目；主要客户（包括关系密切的客户）项目；新增客户项目；交易频繁但期末余额较小甚至余额为零的项目；可能产生重大错报或舞弊的非正常的项目。这种基于一定的标准选取样本的方法具有针对性，比较适用于应收账款余额和性质差异较大的情况。如果应收账款余额由大量金额较小且性质类似的项目构成，则注册会计师通常采用抽样技术选取函证样本。

（3）函证的方式

注册会计师可采用积极的或消极的函证方式实施函证。

① 积极的函证方式。如果采用积极的函证方式，注册会计师应当要求被询证者在所有情况下

必须回函，确认询证函所列示信息是否正确，或填列询证函要求的信息。积极的函证方式又分为两种：一种是在询证函中列明拟函证的账户余额或其他信息，要求被询证者确认所函证的款项是否正确。通常认为，对这种询证函的回复能够提供可靠的审计证据。但是，其缺点是被询证者可能对所列示信息根本不加以验证就予以回函确认，注册会计师通常难以发觉是否发生了这种情形。为了避免这种风险，注册会计师可以采用另外一种询证函，即在询证函中不列明账户余额或其他信息，而要求被询证者填写有关信息或提供进一步信息。由于这种询证函要求被询证者做出更多的努力，所以可能会导致回函率降低，进而导致注册会计师执行更多的替代程序。

在采用积极的函证方式时，只有注册会计师收到回函，才能为财务报表认定提供审计证据。注册会计师没有收到回函，可能是由于被询证者根本不存在，或是由于被询证者没有收到询证函，也可能是由于询证者没有理会询证函，因此，无法证明所函证信息是否正确。

当债务人符合下列情况时，采用积极式函证较好：①个别账户的欠款金额较大；②有理由相信欠款可能存在争议、差错等问题。

图 7-2 所示为常用积极式询证函的格式，供参考。

企业询证函

编号：

××（公司）：

本公司聘请的××会计师事务所正在对本公司××年度财务报表进行审计，按照《中国注册会计师审计准则》的要求，应当询证本公司与贵公司的往来账项等事项。下列数据出自本公司账簿记录，如与贵公司记录相符，请在本函下端"信息证明无误"处签章证明；如有不符，请在"信息不符"处列明不符金额。回函请直接寄至××会计师事务所。

回函地址：

邮编：　电话：　传真：　联系人：

1. 贵公司与本公司的往来账项列示如下。

单位：元

截止日期	贵公司欠	欠贵公司	备注

2. 其他事项。

本函仅为复核账目之用，并非催款结算。若款项在上述日期之后已经付清，仍请及时函复为盼。

（公司盖章）
年　月　日

结论：1. 信息证明无误。

（公司盖章）
年　月　日
经办人：

2. 信息不符，请列明不符的详细情况。

（公司盖章）
年　月　日
经办人：

图 7-2　常用积极式询证函的格式

② 消极的函证方式。如果采用消极的函证方式，注册会计师只要求被询证者仅在不同意询证函列示信息的情况下才予以回函。对消极式询证函而言，未收到回函并不能明确表明预期的被询证者已经收到询证函或已经核实了询证函中包含的信息的准确性。因此，未收到消极式询证函的回函提供的审计证据，远不如积极式询证函的回函提供的审计证据有说服力。如果询证函中的信息对被询证者不利，则被询证者更有可能回函表示其不同意；相反，如果询证函中的信息对被询证者有利，回函的可能性就会相对较小。

当符合以下条件时，可以采用消极式函证：①相关的内部控制是有效的，固有风险和控制风险评估为低水平；②预计差错率较低；③欠款余额小的债务人数量很多；④注册会计师有理由确信大多数被函证者能认真对待询证函，并对不正确的情况予以反馈。

图 7-3 所示为常用消极式询证函的格式，供参考。

```
                        企业询证函
                                              编号：
××（公司）：
    本公司聘请的××会计师事务所正在对本公司××年度财务报表进行审计，按照《中国注册
会计师审计准则》的要求，应当询证本公司与贵公司的往来账项等事项。下列数据出自本公司账
簿记录，如与贵公司记录相符，则无须回复；如有不符，请直接通知会计师事务所，并请在空白
处列明贵公司认为是正确的信息。回函请直接寄至××会计师事务所。
    回函地址：
    邮编：     电话：     传真：     联系人：
    1. 本公司与贵公司的往来账项列示如下。                     单位：元
```

截止日期	贵公司欠	欠贵公司	备注

```
    2. 其他事项。
    本函仅为复核账目之用，并非催款结算。若款项在上述日期之后已经付清，仍请及时核对为盼。
                                              （公司盖章）
                                                年  月  日

××会计师事务所：
    上面的信息不正确，差异如下。


                                              （公司盖章）
                                                年  月  日
                                              经办人：
```

图 7-3　常用消极式询证函的格式

③ 两种方式的结合使用。在实务中，注册会计师也可将这两种方式结合使用。以应收账款为例，当应收账款的余额是由少量的大额应收账款和大量的小额应收账款构成时，注册会计师可以对所有的或抽取的大额应收账款样本项目采用积极的函证方式，而对抽取的小额应收账款样本项目采用消极的函证方式。

试一试

下列应该寄发积极式询证函的是（　　　）。
A. 重大错报风险评估为高水平
B. 涉及大量余额较小的账户
C. 预期不存在大量的错误
D. 有理由相信被询证者会认真对待询证

（4）函证时间的选择

注册会计师通常以资产负债表日为截止日，在资产负债表日后适当时间内实施函证。如果重大错报风险评估为低水平，注册会计师可选择资产负债表日前适当日期为截止日实施函证，并对所函证项目自该截止日起至资产负债表日止发生的变动实施其他实质性程序。

（5）函证的控制

注册会计师通常利用被审计单位提供的应收账款明细账户名称及客户地址等资料据以编制询证函，但注册会计师应当对函证全过程保持控制。询证函应由注册会计师直接收发；被询证者以传真、电子邮件等方式回函的，应要求被询证者寄回询证函原件；如果未能收到积极式函证回函，应当考虑与被询证者联系，要求对方做出回应或再次寄发询证函。

注册会计师可通过函证结果汇总表的方式对询证函的收回情况加以控制。函证结果汇总表如表 7-10 所示。

表 7-10   应收账款函证结果汇总表

被审计单位名称：　　　　　　　　　制表：　　　　　　　　　日期：
结账日：　年　月　日　　　　　　　复核：　　　　　　　　　日期：

询证函编号	客户名称	地址及联系方式	账面金额	函证方式	函证日期		回函日期	替代程序	确认余额	差异金额及说明	备注
					第一次	第二次					

（6）对不符事项的处理

对回函中出现的不符事项，注册会计师需要调查核实原因，确定其是否构成错报。注册会计师不能仅通过询问被审计单位相关人员对不符事项的性质和原因得出结论，而是要在询问原因的基础上，检查相关的原始凭证和文件资料予以证实。必要时与被询证者联系，获取相关信息和解释。对应收账款而言，登记入账的时间不同而产生的不符事项主要表现如下。

① 客户已经付款，被审计单位尚未收到货款。

② 被审计单位的货物已经发出并已做销售记录，但货物仍在途中，客户尚未收到货物。

③ 客户由于某种原因将货物退回，而被审计单位尚未收到。

④ 客户对收到的货物的数量、质量及价格等方面有异议而全部或部分拒付货款等。

（7）对未回函项目实施替代程序

如果采用积极的函证方式实施函证而未能收到回函，注册会计师应当考虑与被询证者联系，要求对方做出回应或再次寄发询证函。如果仍未能得到被询证者的回应，注册会计师应当实施替代审计程序。

① 检查资产负债表日后收回的货款。值得注意的是，注册会计师不能仅查看应收账款的贷方发生额，还要查看相关的收款单据，以证实付款方确为该客户且确与资产负债表日的应收账款相关。

② 检查相关的销售合同、销售单、发运凭证等文件。注册会计师需要根据被审计单位的收入确认条件和时点，确定能够证明收入发生的凭证。

③ 检查被审计单位与客户之间的往来邮件，如有关发货、对账、催款等事宜邮件。

在某些情况下，注册会计师可能认为取得积极式函证回函是获取充分、适当的审计证据的必要程序，尤其是识别出有关收入确认的舞弊风险，导致注册会计师不能信赖从被审计单位取得的审计证据，则替代程序不能提供注册会计师需要的审计证据。在这种情况下，如果未获取回函，注册会计师应当确定其对审计工作和审计意见的影响。

注册会计师应当将询证函回函作为审计证据，纳入审计工作底稿管理，询证函回函的所有权归属所在会计师事务所。

【例 7-3】A 注册会计师是甲公司 2020 年度财务报表审计项目负责人，决定从表 7-11 所列甲公司的应收账款明细账中选择 3 家进行积极式函证，其中 E 公司属于甲公司的子公司。

表 7-11　　　　　　　　　　甲公司应收账款情况

客户名称	金额/元	账龄	回函情况
A公司	30 000 000	6 个月	
B公司	50 000	1.5 年	
C公司	800	6 个月	
D公司	10 000	3.5 年	
E公司	234 000	1 年	

要求： 请指出应选择哪三家公司进行函证，并分别说明理由。

解析： 应选择 A、D、E 公司进行积极式函证。

选择 A 公司是因为 A 公司的余额较大，其正确性对报表影响大；选择 D 公司是因为其账龄较长，存在错弊或纠纷的可能性大；选择 E 公司是因为其为被审计单位的关联单位，有可能存在关联交易。

5. 检查坏账的冲销和转回

首先，注册会计师检查有无债务人破产或者死亡的，以及破产或以遗产清偿后仍无法收回的，或者债务人长期未履行清偿义务的应收账款；其次，应检查被审计单位坏账的处理是否经授权批准，有关会计处理是否正确。

6. 抽查有无不属于结算业务的债权

不属于结算业务的债权，不应在应收账款中进行核算。因此，注册会计师应抽查应收账款明细账，并追查有关原始凭证，查证被审计单位应收账款中有无不属于结算业务的债权。如有，应做出记录或建议被审计单位进行适当调整。

7. 确定应收账款的列报是否恰当

会计准则规定：应收账款项目应根据"应收账款"和"预收账款"科目所属各明细科目的期末借方余额合计数，减去"坏账准备"科目中有关应收账款计提的坏账准备期末余额后的金额填列。如"应收账款"科目所属明细科目期末有贷方余额，应在资产负债表"预收款项"项目中列示。

（三）坏账准备的实质性程序

企业通常应当定期或者至少于每年年度终了，对应收款项进行全面检查，预计各项应收款项可能发生的坏账，相应计提坏账准备。坏账准备审计常用的实质性程序包括以下几点。

（1）取得或编制坏账准备明细表，复核加计是否正确，与坏账准备总账数、明细账合计数核对是否相符。

（2）将应收账款坏账准备本期计提数与资产减值损失相应明细账目的发生数核对是否相符。

（3）检查应收账款坏账准备计提和核销的批准程序，取得书面报告等证明文件。评价计提坏账准备所依据的资料、假设及方法；复核应收账款坏账准备是否按经股东（大）会或董事会批准的既定方法和比例提取，其计算和会计处理是否正确。

企业应根据所持应收账款的实际可收回情况，合理计提坏账准备，不得多提或少提，否则应视为滥用会计估计，按照重大会计差错更正的方法进行会计处理。

（4）实际发生坏账损失的，检查转销依据是否符合有关规定，会计处理是否正确。对于被审计单位在被审计期间内发生的坏账损失，注册会计师应检查其原因是否清楚，是否符合有关规定，有无授权批准，相应的会计处理是否正确。对有确凿证据表明确实无法收回的应收账款，如债务单位已撤销、破产、资不抵债、现金流量严重不足等，企业应根据管理权限，经股东（大）会或董事会，或经理（厂长）办公会或类似机构批准作为坏账损失，冲销提取的坏账准备。

（5）已经确认并转销的坏账重新收回的，检查其会计处理是否正确。

（6）确定坏账准备的披露是否恰当。企业应当在财务报表附注中清晰地说明坏账的确认标准、坏账准备的计提方法和计提比例。

【例 7-4】甲公司 2020 年 12 月 31 日应收账款总账余额为 20 000 万元，其所属明细账中借方余额的合计数为 21 000 万元，贷方余额的合计数为 1 000 万元；其他应收款总账余额为 3 000 万元。该公司采用余额百分比法计提坏账准备，计提比例为 1%，计提金额为 230 万元。坏账准备的账户记录如表 7-12 所示。

表 7-12　　　　　　　　　　　　　坏账准备明细账　　　　　　　　　　　　　单位：万元

日期	凭证字号	摘要	借方	贷方	余额
1 月 1 日		上年结转			100（贷方）
5 月 6 日	转字 37	核销坏账	50		50（贷方）
8 月 11 日	转字 87	核销坏账	60		-10（借方）
12 月 31 日	转字 98	计提本年的坏账准备		230	220（贷方）

要求：根据上述资料，指出坏账准备计提中存在的问题。

解析：该公司坏账准备的计提金额有误。首先，对于应收账款明细账中有贷方余额的不应计提坏账准备，因其相当于预收账款，应该对其进行重新分类，归入负债方。年末计提坏账准备的基数为：

21 000+3 000=24 000（万元）

当年应提取坏账准备：24 000×1%-（-10）=250（万元）

该公司少提 20 万元（250-230）坏账准备，建议做出调整。

项目实施

阳光实业有限公司该笔业务的处理有误。预收账款销售应在商品发出时确认收入实现，该公司提前确认收入造成 2020 年度收入虚增，利润也虚增。审计人员应将审计中发现的问题记录于主营业务收入检查情况表（见表 7-13）。

表 7-13　　　　　　　　　　　　　主营业务收入检查情况表

被审计单位：阳光实业有限公司					索引号：H0106				页次	
项目：主营业务收入					编制人：李东				日期：2021-01-20	
报表时间：2020-01-01—2020-12-31					复核人：万伟				日期：2021-01-21	

日期	凭证号	摘要	对方科目名称	金额/元	核对内容				附件
					1	2	3	4	
12 月 24 日	107	预收账款销售 B 商品	银行存款	300 000	×	×	×	×	

续表

日期	凭证号	摘要	对方科目名称	金额/元	核对内容				附件
					1	2	3	4	
		合计							

核对内容说明：1. 原始凭证内容完整；2. 有无授权批准；3. 财务处理正确；4. 金额核对相符

审计说明：

经抽查，存在差异，建议做出调整：

借：主营业务收入　　　　　　　　　　　　　　　　　　　300 000
　　贷：预收账款　　　　　　　　　　　　　　　　　　　　　　300 000

另外，审计人员应提请阳光实业有限公司对会计资料做出相应调整。阳光实业有限公司在进行调整时可做如下处理。

借：以前年度损益调整　　　　　　　　　　　　300 000
　　贷：预收账款　　　　　　　　　　　　　　　　　　300 000
借：应交税费——应交所得税　　　　　　　　　　75 000
　　贷：以前年度损益调整　　　　　　　　　　　　　　75 000
借：利润分配——未分配利润　　　　　　　　　225 000
　　贷：以前年度损益调整　　　　　　　　　　　　　225 000
借：盈余公积——法定盈余公积　　　　　　　　22 500
　　贷：利润分配——未分配利润　　　　　　　　　　22 500

07

视野拓展

衰亡的昆明机床

昆明机床，这家云南老牌的装备制造企业、全省第2家上市公司，在上市的第25个年头成为云南退市第一股。

2013年至2015年，昆明机床与部分经销商或客户签订合同，经销商或客户虚假采购昆明机床产品并预付定金，但最终并不提货，昆明机床后期将定金退回客户，或者直接按照客户退货进行处理，完成虚假销售。在此过程中，昆明机床虚构合同、发货单、运输协议等单据，通过虚构交易的方式来虚计收入，以达到虚增当年利润的目的。为避免虚计收入被审计人员发现，昆明机床采用在账外设立库房的方式，将存货以正常销售的方式出库，但存货并未实际发往客户，而是移送至账外库房。之后，昆明机床通过"二次"销售，虚构销售退回，或将产成品拆解为零配件从第三方虚构采购购回等方式处理账外存货，但原来虚计的应收账款无法冲减。为避免设立账外库房的事宜被审计人员察觉，昆明机床还要求出租外库的出租人将租金业务发票开具为运输费用发票。昆明机床2013年虚计收入115笔，共计122 352 581.32元，2014年虚计收入46笔，共计79 459 999.98元，2015年虚计收入34笔，共计20 203 582.87元。此外，昆明机床还通过虚增合同价格的方式虚增收入2 105 786.33元。

昆明机床虚增收入是为了盈利，从而避免股票被特别处理。然而最后因为造假，还是被退市。

在财务造假案件中，收入与利润的造假是最常见的，昆明机床就是这样的典型。如何才能识破此类造假和防止此类造假的发生？在众多造假事件中我们看到，注册会计师在审计中遇见的不仅是一般的会计误差，还有企业的管理舞弊、经营失败和由此带来的审计失败的高风险。注册会计师为了尽可能履行其职责，应该高度关注一些诱发管理层虚构交易的动因。例如，要使公司的业绩看起来更具有吸引力，以便鼓励投资；要增加每股盈余，以便增发或配股；要实现总公司下达的目标和任务；公司或产业面临着收益或市场占有率的突然降低等。这些动因刺激了被审计单位进行舞弊，也增加了审计的风险。如果注册会计师事先对这些因素进行充分的了解与评估，通过合理运用分析性程序是可以发现审计线索的，也就有可能发现被审计单位的会计舞弊。如果审计程序运用得当，舞弊都是有迹可循的。

练习与实训

一、单项选择题

1. 销售与收款循环的业务一般以（　　）为起点。
   A. 处理客户订货
   B. 向客户提供商品或劳务
   C. 商品或劳务转化为应收账款
   D. 收入货币资金

2. 分析应收款项账龄仅有助于判断（　　）。
   A. 应收账款的完整性
   B. 赊销业务的审批情况
   C. 应收账款的可收回性
   D. 应收账款的估价

3. 对通过函证无法证实的应收账款，注册会计师应当执行的最有效的审计程序是（　　）。
   A. 重新测试相关的内部控制
   B. 审查与应收账款相关的销货凭证
   C. 进行分析性复核
   D. 审查资产负债表日后的收款情况

4. 为了提高函证应收账款所得证据的可靠性，函证的时间最好安排在（　　）。
   A. 被审计年度的年中
   B. 资产负债表日附近
   C. 被审计年度的年初
   D. 外勤工作结束日

5. 采用（　　）结算方式，在正式向购货方发出商品时作为收入的实现。
   A. 托收承付　　　B. 预收款项　　　C. 分期收款　　　D. 直接收款

6. 在确定应收账款函证对象时，以下项目中，最应当进行函证的是（　　）。
   A. 函证很可能无效的应收账款
   B. 执行其他审计程序可以确认的应收账款
   C. 交易频繁但期末余额较小的应收账款
   D. 有充分证据表明应收账款对被审计单位财务报表而言是不重要的

7. 针对被审计单位年末隐瞒销售收入的行为，下列审计程序中，最不相关的是（　　）。
   A. 从次年1月份主营业务收入明细账记录中抽取某些项目，检查相应的记账凭证、发运单和销售发票
   B. 以当年12月31日主营业务收入明细账记录为起点，抽取项目，检查相应的记账凭证、发运凭证和销售发票
   C. 抽取本年度12月31日开具的销售发票，检查相应的发运凭证和账簿记录
   D. 抽取本年度12月31日的发运凭证，检查相应的销售发票和账簿记录

8. 应收账款函证的回函应当（　　）。
   A. 直接寄给客户
   B. 直接寄给会计师事务所
   C. 直接寄给客户和会计师事务所
   D. 直接寄给客户，由客户转交会计师事务所

9. 下列事项中，不属于虚增收入或提前确认收入的舞弊手段的是（　　）。

A. 采用完工百分比法确认劳务收入时，故意少计实际发生的成本

B. 在与商品相关的风险和报酬尚未全部转移给客户之前确认销售收入

C. 隐瞒售后租回协议，而将售后租回方式发出的商品作为销售商品确认收入

D. 销售合同中约定被审计单位的客户在一定时间内有权无条件退货，而被审计单位隐瞒退货条款在发货时全额确认销售收入

10. 下列事项中，没有表明收入确认可能存在舞弊风险迹象的是（　　）。

A. 发生销售业务之后长期不进行结算，挂账发出商品和其他应收款

B. 在应收款项收回时，付款单位与购买方不一致，存在较多代付款的情况

C. 被审计单位销售记录表明已将商品发往外部仓库或货运代理人，却未指明任何客户

D. 经客户同意，将商品运送到销售合同约定地点以外的其他地点

二、多项选择题

1. 在对收入及其结算情况审计时，一般要结合（　　）进行。

A. 应收账款　　　B. 应付账款　　　C. 预付账款　　　D. 预收款项

2. 审计人员确定应收账款函证数量的大小、范围时，应考虑的主要因素有（　　）。

A. 应收账款在全部资产中的重要性　　　B. 被审计单位内部控制的强弱

C. 以前年度函证结果　　　D. 函证方式的选择

3. 销售与收款循环业务包括的利润表项目主要有（　　）。

A. 营业收入　　　B. 税金及附加　　　C. 管理费用　　　D. 所得税费用

4. 在符合（　　）情况时，注册会计师可以采用消极式函证。

A. 预计差错率较低　　　B. 债务人欠款余额小

C. 债务人能认真对待询证函　　　D. 内部控制较差

5. 注册会计师在确定函证对象时，下列债务人中应作为主要选择对象的有（　　）。

A. 欠款金额占全部应收账款的 20%　　　B. 欠款时间已达两年以上

C. 持有被审计单位 30% 的股权　　　D. 与被审计单位是同一位董事长

6. 以下控制措施对防范相应的风险有效的有（　　）。

A. 赊销的审批可以防止以巨额坏账损失为代价的大量销售风险

B. 销售价格、销售条件、运费、折扣等必须经过审批是为了保证销售交易按照企业定价政策规定的价格开票收款

C. 对于超过企业既定销售政策和信用政策规定范围的特殊销售交易，企业进行集体决策是为了防止因审批人决策失误而造成严重损失

D. 发货以后才开具账单是为了防止漏开账单的风险

7. 注册会计师对被审计单位已发生的销货业务是否均已登记入账进行审计时，常用的控制测试程序有（　　）。

A. 检查发运凭证连续编号的完整性　　　B. 检查赊销业务是否经过授权批准

C. 检查销售发票连续编号的完整性　　　D. 观察已经寄出的对账单的完整性

8. 注册会计师在审计过程中发现，被审计单位对外销售一批商品，该商品已发出且纳税义务已发生，由于货款收回存在较大不确定性，判断为不符合收入确认条件。下列关于该笔销售业务的会计处理中，能得到注册会计师认可的有（　　）。

A. 发出商品的同时结转其销售成本

B. 根据增值税专用发票上注明的税额确认应收账款

C. 根据增值税专用发票上注明的税额确认应交税费

D. 将发出商品的成本记入"发出商品"科目

9. 下列各项中，会导致被审计单位应收账款账面价值减少的有（　　　）。

A. 转销无法收回的用备抵法核算的应收账款　B. 收回应收账款

C. 计提应收账款坏账准备　　　　　　　　　D. 收回已转销的应收账款

10. 以下对询证函的处理方法中，正确的有（　　　）。

A. 在粘封询证函时对其统一编号，并将发出询证函的情况记录于审计工作底稿

B. 询证函经会计师事务所盖章后，由注册会计师直接寄出

C. 收回的询证函回函复制给被审计单位管理层以帮助其催收货款

D. 以电子邮件方式收回的询证函，要求被询证单位将原件盖章后寄至会计师事务所

三、判断题

1. 在销售的截止测试中，注册会计师可以考虑采用以账簿记录为起点的审计路线，以防止少计收入。（　　　）

2. 应收账款的账龄分析将有助于了解坏账准备的计提是否充分。（　　　）

3. 批准赊销应与销售独立，以防止信用风险。（　　　）

4. 由出纳定期向客户寄出对账单，促使客户履行合约。（　　　）

5. 审查坏账准备提取是否正确，仅关系到资产负债表的正确性。（　　　）

6. 积极式函证方式没有得到复函的，应采用追查程序，一般来说应第二次甚至第三次发函，如果仍得不到答复，应考虑采用必要的替代审计程序。（　　　）

7. 为了证实已发生的销售业务是否均已登记入账，有效的做法是审查销售日记账。（　　　）

8. 营业成本属于销售与收款循环中审计的项目。（　　　）

9. 向客户提供商品或劳务是销售与收款循环的起点。（　　　）

10. 注册会计师签发的消极式询证函，如果客户未予答复，表明被审计单位的记录一定是正确可靠的。（　　　）

四、实训题

1. 注册会计师审查永晨公司有关销售与收款的内部控制时，了解情况如下。

（1）业务部门收到订购单后，首先进行登记，然后审核订购单的内容和数量，确定能够如期供货后，编制一式两联的销售单，自留一联，另一联传给信用部门。

（2）信用部门根据销售单进行资信调查，并批准赊销。在销售单上签字并传送给运输部门。

（3）仓库部门根据运输部门持有的经信用部门批准的销售单核发货物。填制出库单，一式三联，自留一联并登记有关存货账簿，传给会计部门和业务部门各一联。

（4）运输部门办理托运，取得运单并交给开票部门。

（5）会计部门根据出库单和运单开具销货发票，并根据销货发票、出库单和运单编制记账凭证、登记应收账款明细账，并进行总分类核算。

（6）出纳人员收到货款时，应登记银行存款日记账；收到商业汇票时，应登记应收票据登记簿，然后交会计人员制单、记账。

（7）会计部门及时催收尚未付清的应收账款。对确已无法收回的，经批准后可作为坏账处理。对已冲销的坏账，进行登记并加以控制，以免已冲销坏账日后收回时被有关人员贪污。

要求：请说明永晨公司销售与收款的管理存在哪些问题。

2. 注册会计师对万和实业有限公司 2020 年度的销售收入进行分析性复核时，发现本年度的销售收入比上年明显减少，对照在前期调查了解到，该公司本年度生产销售情况是历史上最好的

实际情况，李文感到销售收入的真实性值得怀疑，于是，抽查了 9 月、12 月相关的会计凭证，发现 12 月一笔 500 000 元（不含税）销售业务，货物已发出并已向银行办理了托收手续，但未作为销售收入入账，该笔业务的成本 300 000 元也未结转。

要求：指出该公司业务处理中存在的问题并提出调整建议。

3. 假设注册会计师李立在审计华兴公司的 2020 年度财务报表中应收账款时，采用积极函证的方式发出了 86 份询证函。收回了 76 份回函，其中 71 份回答是肯定的，另有 5 份存在问题，存在问题的 5 份回函的回函情况分别如下。

（1）A 公司：货款 30 万元属实，但款项已于 2020 年 12 月 25 日用支票支付。

（2）B 公司：购买的 20 万元货物尚未收到。

（3）C 公司：因产品质量问题，根据合同约定，于 2020 年 12 月 28 日将货物退回。

（4）D 公司：因产品运输途中损坏，已提起诉讼，要求半价支付货款 20 万元，而非 40 万元。

（5）E 公司：2020 年 12 月 8 日收到华兴公司委托代销商品 34 万元，尚未销售。

没有回函的 10 份函证中，G 公司因地址错误被邮局退回，H 公司已经被吊销，其他公司情况不明。

要求：请说明针对以上 5 份回函中有问题的事项，该如何处理；针对未回函的情况又该如何处理。

4. 某企业按应收账款余额的 3% 计提坏账准备，坏账准备账户年初贷方余额为 60 000 元，借方发生额为 30 000 元，另有去年已注销的坏账今年收回 10 000 元，该企业做分录如下。

借：银行存款　　　　　　　　　　　　　　　　　　　10 000
　　贷：其他应收款　　　　　　　　　　　　　　　　　　　　10 000

年末应收账款余额 800 000 元，会计人员计提坏账准备的会计分录如下。

借：信用减值损失——计提坏账准备　　　　　　　　　24 000
　　贷：坏账准备　　　　　　　　　　　　　　　　　　　　　24 000

要求：指出该企业存在的问题并做出调整分录。

07

项目八
采购与付款循环的审计

知识目标 ↓

1. 掌握采购与付款循环的业务流程；
2. 掌握采购与付款循环内部控制的要求；
3. 掌握采购与付款循环主要账户的审计目标。

能力目标 ↓

1. 能进行采购与付款循环主要账户的控制测试；
2. 能进行采购与付款循环主要账户的实质性测试。

📖 项目引入

注册会计师张雷审计双联公司的应付账款项目，由于双联公司为一化工企业，每年从某固定供应商购入原材料近 2 100 万吨。截至 2019 年年底，双联公司应付该供应商货款为 2 138 万元。由于该供应商属于长期客户，且应付账款金额巨大，因此注册会计师向该供应商进行函证。经函证，该供应商确认双联公司欠货款为 2 528 万元。张雷在分析审查产生差异的原因时，向双联公司相关采购人员及财务人员进行询问，得知：由于双联公司认为对方售价太高，自 2016 年以来公司就没有付过货款，双方一直争执不下。因此，双联公司将该应付账款按自己认定价格入账，准备待双方达成协议再做调整。

针对发现的情况，注册会计师应如何处理呢？

📚 相关知识

一、采购与付款循环概述

（一）采购与付款循环的主要业务活动

下面以一般制造业的商品采购为例，简要阐述采购与付款循环中的主要业务环节。

1. 制定采购计划

基于企业的生产经营计划，生产、仓库等部门定期编制采购计划，经部门负责人等适当的管理人员审批后提交采购部门，具体安排商品及服务采购。

采购与付款循环的
主要业务活动

2. 供应商认证及信息维护

企业通常对合作的供应商事先进行资质等审核，将通过审核的供应商信息录入系统，形成完整的供应商清单，并及时对其信息变更进行更新。采购部门只能向通过审核的供应商进行采购。

3. 请购商品

生产部门负责对需要购买的已列入存货清单的项目填写请购单，其他部门也可以对所需购买的未列入存货清单的项目编制请购单。大多数企业对正常经营所需物资的购买均进行一般授权，但对资本支出和租赁合同，企业通常要求进行特别授权，只允许指定人员提出请购。请购单可由手工或计算机编制，由于企业许多部门都可以填列请购单，不便事先编号，为加强控制，每张请购单必须经过对这类支出负预算责任的主管人员签字批准。

请购单是证明有关采购交易的"发生"认定的凭据之一，也是采购交易轨迹的起点。

4. 编制订购单

采购部门在收到请购单后，对经过批准的请购单发出订购单。对每张订购单，采购部门应确定最佳的供应来源。对一些大额、重要的采购项目，应采取竞价方式确定供应商，以保证供货的质量、及时性和成本的低廉。订购单一式多联，并连续编号，分送供应商、企业内部验收部门、请购部门和应付凭单部门。随后，应独立检查订购单的处理，以确定是否确实收到商品并正确入账。这项检查与采购交易的"完整性"和"发生"认定有关。

5. 验收商品

商品的验收是会计核算中确认资产、费用和负债是否存在和发生的重要依据，是购进交易中的重要环节。验收部门首先应比较所收商品与订购单上的要求是否相符，然后再盘点商品并检查商品有无损坏。验收后，验收部门应对已收货的每张订购单编制一式多联、预先编号的验收单，作为验收和检验商品的依据。验收人员将商品送交仓库或其他请购部门时，应取得经过签字的收据，或要求其在验收单的副联上签收，以确立他们对所采购的资产应负的保管责任。验收人员还应将其中的一联验收单送交应付凭单部门。

验收单是支持资产或费用以及与采购有关的负债的"存在"或"发生"认定的重要凭证。定期独立检查验收单的顺序以确定每笔采购交易都已编制凭单，则与采购交易的"完整性"认定有关。

6. 储存已验收的商品存货

将已验收商品的保管与采购的其他职责分离，可减少未经授权的采购风险。存放商品的仓储区应相对独立，限制无关人员接近。这些控制与商品的"存在"认定有关。

7. 编制付款凭单

付款凭单是采购方的应付凭单部门编制的，是载明已收到商品、资产或接受劳务的厂商、应付款金额和付款日期的凭证。付款凭单是企业内部记录和支付负债的授权证明文件。商品验收后，应付凭单部门应核对订购单、验收单和供货发票的一致性，确认负债，编制付款凭单。这项功能的控制包括：①确定供应商发票的内容与相关的验收单、订购单的一致性；②确定供应商发票计算的正确性；③编制有预先编号的付款凭单，并附上支持性凭证（如订购单、验收单和供应商发票等）。这些支持性凭证的种类，因交易对象的不同而不同；④独立检查付款凭单计算的正确性；⑤在付款凭单上填入应借记的资产或费用账户名称；⑥由被授权人员在凭单上签字，以示批准照此凭单要求付款。所有未付凭单的副联应保存在未付凭单档案中，以待日后付款。经适当批准并预先编号的凭单为记录采购交易提供了依据。经审核的付款凭单，连同每日的凭单汇总表应一起送到会计部门。这些控制与"存在""发生""完整性""权利和义务""准确性、计价和分摊"等认定有关。

08

8. 确认与记录负债

会计部门在收到已批准的付款凭单后，应对有关资料内容进行核对，确定无误后据以编制有关记账凭证和登记有关明细账和总账账簿。

应付账款确认与记录的一项重要控制是要求记录现金支出的人员不得经手现金、有价证券和其他资产。恰当的凭证、记录与记账手续，对业绩的独立考核和应付账款职能而言是必不可少的控制。

在手工系统下，应将已批准的未付款凭单送达会计部门，据以编制有关记账凭证和登记有关账簿。会计主管应监督为采购交易而编制的记账凭证中账户分类的适当性；通过定期核对编制记账凭证的日期与凭单副联的日期，监督入账的及时性。而会计人员则应核对所记录的凭单总数与应付凭单部门送来的每日凭单汇总表是否一致，并定期独立检查应付账款总账余额与应付凭单部门未付款凭单档案中的总金额是否一致。

9. 付款

通常，应付凭单部门负责确定未付凭单在到期日付款。企业有多种款项结算方式，以支票结算方式为例，编制和签署支票的有关控制包括：①独立检查已签发支票的总额与所处理的付款凭单的总额的一致性；②应由被授权的会计部门的人员负责签署支票；③被授权签署支票的人员应确定每张支票都附有一张已经适当批准的未付款凭单，并确定支票收款人姓名和金额与凭单内容的一致性；④支票一经签署就应在其凭单和支持性凭证上用加盖印戳或打洞等方式将其注销，以免重复付款；⑤支票签署人不应签发无记名甚至空白的支票；⑥支票应预先顺序编号，保证支出支票存根的完整性和作废支票处理的恰当性；⑦应确保只有被授权的人员才能接近未经使用的空白支票。

10. 记录现金、银行存款支出

根据付款凭单、支票登记簿和有关记账凭证登记有关现金和银行存款的日记账和总账账簿。以银行存款支出来说，会计主管应独立检查记入银行存款日记账和应付账款明细账的金额的一致性，以及与支票汇总记录的一致性。通过定期比较银行存款日记账记录的日期与支票副本的日期，独立检查入账的及时性。

采购与付款循环的主要业务流程如图 8-1 所示。

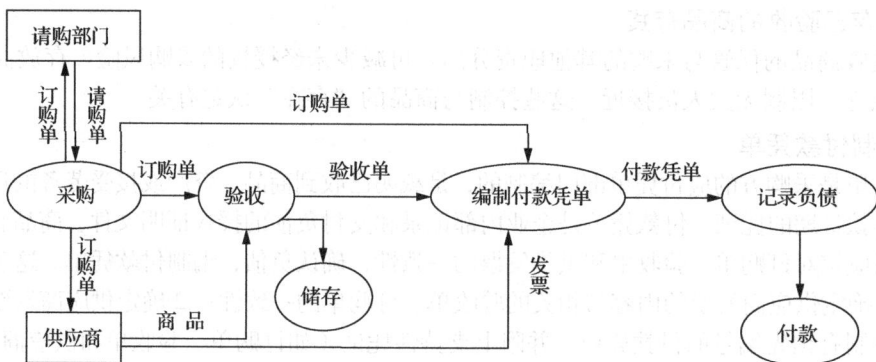

图 8-1　采购与付款循环的主要业务流程

试一试

下列部门中，与采购与付款业务的内部控制不相关的是（　　　）。
A. 业务部门　　B. 采购部门　　C. 验收部门　　D. 信用部门

（二）采购与付款循环涉及的主要报表项目

根据财务报表项目与业务循环的相关程度，采购与付款循环涉及的报表项目如表 8-1 所示。

表 8-1　　　　　　　　　　采购与付款循环与主要财务报表项目对照情况

业务循环	资产负债表项目	利润表项目
采购与付款循环	预付账款、固定资产、在建工程、工程物资、固定资产清理、无形资产、开发支出、商誉、长期待摊费用、应付票据、应付账款、长期应付款	管理费用、销售费用等

二、采购与付款循环的风险评估程序

注册会计师基于在了解被审计单位及其环境的整个过程中所识别的相关风险，结合对采购与付款循环中拟测试控制的了解，考虑在采购与付款循环中发生错报的可能性以及潜在错报的重大程度是否足以导致重大错报，从而评估采购与付款循环的相关交易和余额存在的重大错报风险，以为设计和实施进一步审计程序提供基础。

影响采购与付款交易和余额的重大错报风险可能包括以下几点。

1. 低估负债或相关准备

在承受反映较高盈利水平和营运资本的压力下，被审计单位管理层可能试图低估应付账款等负债或资产相关准备，包括低估对存货应计提的跌价准备。重大错报风险常常集中体现在以下几部分。

（1）遗漏交易，例如未记录已收取货物但尚未收到发票的采购相关的负债或未记录尚未付款的已经购买的服务支出等。

（2）采用不正确的费用支出截止期，例如将本期的支出延迟到下期确认。

（3）将应当及时确认损益的费用性支出资本化，然后通过资产的逐步摊销予以消化等。这些将对完整性、截止、发生、存在、准确性和分类认定产生影响。

2. 管理层错报负债与费用支出的偏好和动因

被审计单位管理层可能为了完成预算，满足业绩考核要求，保证从银行获得资金，吸引潜在投资者，误导股东，影响公司股价等动机，通过操纵负债和费用的确认控制损益。例如以下情形。

（1）平滑利润。通过多计准备或少计负债和准备，把损益控制在被审计单位管理层希望的程度。

（2）利用特别目的的实体把负债从资产负债表中剥离，或利用关联方间的费用定价优势制造虚假的收益增长趋势。

（3）被审计单位管理层把私人费用计入企业费用，把企业资金当作私人资金运作。

3. 费用支出的复杂性

例如，被审计单位以复杂的交易安排购买一定期间的多种服务，管理层对于涉及的服务受益与付款安排所涉及的复杂性缺乏足够的了解。这可能导致费用支出分配或计提的错误。

4. 不正确地记录外币交易

当被审计单位进口用于出售的商品时，可能存在采用不恰当的外币汇率而导致该项采购的记录出现差错的风险。此外，还存在未能将诸如运费、保险费和关税等与存货相关的进口费用进行正确分摊的风险。

5. 舞弊和盗窃的固有风险

如果被审计单位经营大型零售业务，所采购商品和固定资产的数量及支付的款项庞大、交易

08

复杂，容易造成商品发运错误，员工和客户发生舞弊和盗窃的风险较高。如果那些负责付款的会计人员有权接触应付账款主文档，并能够通过在应付账款主文档中擅自添加新的账户来虚构采购交易，风险也会增加。

6. 存在未记录的权利和义务

存在未记录的权利和义务可能导致资产负债表分类错误以及财务报表附注不正确或披露不充分。

为评估重大错报风险，注册会计师可以通过审阅以前年度审计工作底稿、观察内部控制执行情况、询问管理层和员工、检查相关的文件和资料等方法，了解为预防、检查和纠正前面所认定的重大错报的固有风险而设置的内部控制。在评估重大错报风险时，注册会计师之所以需要充分了解被审计单位对采购与付款交易的控制活动，目的在于使得计划实施的审计程序更加有效。也就是说，注册会计师只有对被审计单位的重大错报风险有一定认识，在此基础上设计并实施进一步审计程序，才能有效应对重大错报风险。

三、采购与付款循环的控制测试

在审计实务中，注册会计师可以以识别的重大错报风险为起点实施采购与付款循环的控制测试（见表8-2）。

表8-2　　　　　　　　采购与付款循环的风险、控制和控制测试

风险	计算机控制	人工控制	控制测试
订购商品和劳务			
采购可能由未经授权的员工执行	访问控制只允许经授权的员工处理订购单，菜单层面的控制授权限定至单个员工	复核正式的授权级别并定期修订，采购人员有权在限额内进行采购或处理某些类型的支出。超越控制的、人工接受的订购单，需经采购主管或高级管理层批准	询问、检查授权批准和授权越权的文件。检查订购单并确定其是否在授权批准的范围之内
收到商品和劳务			
收到商品可能未被记录	当商品接收仓库索取订购单以核对货物时，计算机生成一份事先编号的采购入库通知单。定期打印未完成订单	由采购部门复核和追踪未完成订购单报告。定期将报表余额调整至应付账款余额	检查打印文件并追踪未完成订购单。检查应付账款的调整，并重新执行这些程序，以获取其是否正确的证据
收到的商品可能不符合订购单的要求或可能已被损坏	收货人员将收到的商品情况、实际收货数量录入采购入库通知单，将采购入库通知单与订购单上的具体信息进行比对，并就比对不符商品的情况和数量生成例外报告	清点从供应商处收到的商品，将商品的情况、收货数量与订购单进行核对。检查货物的状况。复核例外报告并解决所有差异	询问、观察商品实物并与订购单进行核对。检查打印文件以获取复核和跟进的证据
记录采购和应付账款			
收到的商品可能未做采购记录	由计算机打印一份没有相应发票记录的采购入库通知单的完整清单。在一些计算机系统中，可能根据订购单上的采购价格在临时文档中生成一份预开单据，当实际收到供应商发票时，再按发票金额转账	由会计部门人员追踪遗失的发票	询问、检查例外报告和其他文件，以追踪商品已收到但发票未到、未做采购记录的情况

续表

风险	计算机控制	人工控制	控制测试
记录采购和应付账款			
对发票已到,但商品或劳务尚未收到的可能做采购记录,或者可能重复做采购记录	由计算机比对订购单、采购入库通知单和发票,只有比对一致后,采购才能被记录至总分类账;对比对不符和重复的发票生成例外报告。 在分批次处理系统中,由计算机控制各采购入库通知单金额的总额,并与相应的供应商发票金额比对,对出现的差异打印成例外报告	由会计部门人员追踪例外报告中提及的供应商发票与订购单或采购入库通知单比对不一致问题或重复问题	询问和检查例外报告,并追踪已收到但比对不符的发票
采购发票可能未被记录于正确的会计期间	由计算机将记录采购的日期和采购入库通知单上的日期进行比对,如果这些日期归属不同的会计期间,应生成打印文档	由会计人员输入必要的分录,确保对计入当期的负债的核算是恰当的	询问和检查打印文件并重新执行截止程序
记录的采购价格可能不正确	由计算机将供应商发票上的单价与订购单上的单价进行比对,如有差异应生成例外报告	复核例外报告,并解决问题	询问和检查打印文件,以及解决差异的证据。通过对照发票价格与订购单上的价格,重新执行价格测试
记录开具的支票和电子货币转账支付凭证			
开具的支票和电子货币转账支付凭证可能未被记录	在开具支票过程中,由计算机生成事先顺序编号的支票。对空白支票实施接触控制,只有得到授权的员工才能接触。由支票支付系统打印所有开具的支票	如果支票是手工开具的,应控制尚未签发的事先顺序编号的支票;由高级员工开具支票;按顺序检查支票编号;调节银行存款余额	询问并观察实物控制和接触控制。重新执行顺序检查和调节银行存款余额的程序
可能就虚构或未经授权的采购开具支票和电子货币转账支付凭证	由计算机比对订购单、采购入库通知单和发票,以及经批准的供应商主文档上的供应商账户代码和名称,打印例外报告	如果支票由人工开具,由支票开具人员检查所有支持性文件,包括支票开具供应商的应付账款调节表和汇款通知。由管理层复核应付账款明细表以发现非正常的支付	询问和观察支票开具流程。检查例外报告并追踪问题的解决
可能重复开具支票和电子货币转账支付凭证	由计算机将付款金额和应付账款余额进行比对,并就支付金额超过应付金额的情况生成例外报告	支持性凭证应该注明"已付讫"标记以防止重复支付。复核例外报告并检查例外事项的处理	检查例外报告,以确定任何付款额超过应付余额的情况是否得到解决。检查已注明"已付讫"标记的凭据
开具支票和电子货币转账支付凭证的金额可能不正确	由计算机比对订购单、采购入库通知单、发票以及在每一应付账款记录中的供应商账户代码和金额	如果支票由人工开具,由支票开具人员检查所有支持性文件,包括支票开具前供应商的应付账款调节表和汇款通知	询问和观察支票开具流程,并重新执行调节程序

另外,由于固定资产有着不同于一般商品的特殊性,对其进行控制测试应注意以下内容。

(1)对于固定资产的预算制度,注册会计师应选取固定资产投资预算和投资可行性项目论证报告,检查是否编制预算并进行论证,以及是否经适当层次审批;对实际支出与预算之间的差异

08

以及未列入预算的特殊事项，应检查其是否履行特别的审批手续。如果固定资产增减均能处于良好的经批准的预算控制之下，注册会计师即可适当减少针对固定资产增加、减少实施的实质性程序的样本量。

（2）对于固定资产的授权批准制度，注册会计师不仅应检查被审计单位固定资产授权批准制度本身是否完善，还应选取固定资产请购单及相关采购合同，检查是否得到适当审批和签署，关注授权批准制度是否切实得到执行。

（3）对于固定资产的账簿记录制度，注册会计师应当认识到，一套设置完善的固定资产明细分类账和登记卡，将为分析固定资产的取得和处置、复核折旧费用和修理支出的列支带来帮助。

（4）对于固定资产的职责分工制度，注册会计师应当认识到，明确的职责分工制度，有利于防止舞弊，降低注册会计师的审计风险。

（5）对于资本性支出和收益性支出的区分制度，注册会计师应当检查该制度是否遵循企业会计准则的要求，是否适应被审计单位的行业特点和经营规模，并抽查实际发生与固定资产相关的支出时是否按照该制度进行恰当的会计处理。

（6）对于固定资产的处置制度，注册会计师应当关注被审计单位是否建立了有关固定资产处置的分级申请报批程序；抽取固定资产盘点明细表，检查账实之间的差异是否经审批后及时处理；抽取固定资产报废单，检查报废是否经适当批准和处理；抽取固定资产内部调拨单，检查调入、调出是否已进行适当处理；抽取固定资产增减变动情况分析报告，检查是否经复核。

（7）对于固定资产的定期盘点制度，注册会计师应了解和评价被审计单位固定资产盘点制度，并应注意查询盘盈、盘亏固定资产的处理情况。

（8）对于固定资产的保险情况，注册会计师应抽取固定资产保险单盘点表，检查是否已办理商业保险。

试一试

以下控制活动中，与采购交易发生认定最相关的是（　　　）。
A. 检查验收单是否连续编号
B. 检查有无未记录的供应商发票
C. 检查付款凭证是否附有供应商发票
D. 审核批准采购价格和折扣的授权签字

四、应付账款的实质性测试

（一）应付账款的审计目标

应付账款是企业在正常经营过程中，因购买材料、商品或接受劳务供应等而应付给供应单位的款项。可以看出，应付账款业务是随着企业赊购交易的发生而发生的，注册会计师应结合购货业务进行应付账款的审计。

采购与付款交易的主要重大错报风险通常是低估费用和应付账款，从而高估利润、粉饰财务状况。此外，对于付款交易，还应关注被审计单位是否存在未经授权或无效的付款，是否将应计入费用的付款有意无意地冲销了不相关的应付账款。应付账款审计目标的确定如表8-3所示。

应付账款的审计

表 8-3 应付账款审计目标的确定

被审计单位： 索引号： 页次：
项目： 应付账款 编制人： 日期：
报表期间： 复核人： 日期：

审计目标	财务报表认定				
	存在	完整性	权利和义务	准确性、计价和分摊	列报
A. 资产负债表中记录的应付账款是存在的	√				
B. 所有应当记录的应付账款均已记录		√			
C. 资产负债表中记录的应付账款是被审计单位应当履行的现实义务			√		
D. 应付账款以恰当的金额包括在财务报表中，与之相关的计价调整已恰当记录				√	
E. 应付账款已按照企业会计准则的规定在财务报表中做出恰当的列报					√

（二）应付账款的实质性程序

1. 获取或编制应付账款明细表

应付账款明细表如表 8-4 所示。注册会计师获取或编制应付账款明细表，主要是复核加计是否正确，并与报表数、总账数和明细账合计数核对是否相符。

表 8-4 应付账款明细表

被审计单位： 索引号： 页次：
项目：应收账款 编制人： 日期：
审计截止日期： 复核人： 日期：

序号	单位名称	是否关联方	期初余额			借方发生额	贷方发生额	期末余额			账龄（审定数）			
			未审数	审计调整	审定数			未审数	审计调整	审定数	1年以内	1—2年	2—3年	合计
1														
2														
3														
4														
5														
6														
7														
8														
9														
10														
合计														

编制说明：外币应付账款应列明原币金额及折合汇率

审计说明：
【至少需要说明主要项目变动较大的原因或其他项目异常变动的原因】

139

2. 对应付账款进行分析程序

（1）对应付账款本期期末余额与上期期末余额进行比较，分析其波动原因。

（2）计算应付账款对存货的比率、应付账款对流动负债的比率，并与以前期间对比分析，评价应付款整体的合理性。

（3）根据存货、主营业务收入和主营业务成本的增减变动幅度，判断应付账款增减变动的合理性。

3. 函证应付账款

应付账款作为往来款项，一般情况下不需要函证，但如果控制风险较高，某些应付账款明细账户金额较大或被审计单位处于财务困难阶段，则应进行应付账款的函证。函证时，注册会计师应选择较大金额的债权人，以及那些在资产负债表日金额不大，甚至为零，但为被审计单位重要供货人的债权人，作为函证对象。函证最好采用积极形式，并具体说明应付金额。

注册会计师应获取适当的供应商相关清单，例如本期采购量清单、所有现存供应商名单或应付账款明细账。询问该清单是否完整并考虑该清单是否应包括预期负债等附加项目。选取样本进行测试并执行以下程序。

（1）向债权人发送询证函。注册会计师应根据审计准则的规定对询证函保持控制，包括确定需要确认或填列的信息、选择适当的被询证者、设计询证函，包括正确填列被询证者的姓名和地址，以及被询证者直接向注册会计师回函的地址等信息，必要时再次向被询证者寄发询证函等。

（2）将询证函回函确认的余额与已记录金额相比较，如存在差异，检查支持性文件，评价已记录金额是否适当。

（3）对于未做回复的函证实施替代程序，如检查至付款文件（如现金支出、电汇凭证和支票复印件）、相关的采购文件（如采购订单、验收单、发票和合同）或其他适当文件。

（4）如果认为回函不可靠，评价对评估的重大错报风险以及其他审计程序的性质、时间安排和范围的影响。

> **试一试**
>
> 对应付账款进行函证时，注册会计师最好应（　　　）。
> A. 采用消极式函证，并不具体说明应付金额
> B. 采用积极式函证，并具体说明应付金额
> C. 采用积极式函证，并不具体说明应付金额
> D. 采用消极式函证，并具体说明应付金额

【例 8-1】在初次审计 G 公司的财务报表时，若决定函证部分应收账款，表 8-5 所列为正在考虑的应收账款账户。

表 8-5　　　　　　　　　　　　正在考虑的应收账款账户　　　　　　　　　　　单位：万元

公司	年末应收账款	全年销货金额
甲	0	100
乙	3	6
丙	9	11
丁	20	220

要求：（1）上述公司中哪两家最需要函证？请说明理由。

（2）假定上述四家公司为被审计单位的供货商，且上述金额为应付账款余额和全年购货总额，

若正准备从中抽取两家进行应付账款函证，则哪两家最需要函证？请说明理由。

（3）应收账款函证与应付账款函证有何区别？

解析：（1）应当选择丁、丙两家公司进行函证。因为应收账款函证的主要目的在于防止企业高估应收账款，虚增资产和销售收入。丁、丙两家公司应收账款期末余额较大，被高估和虚增的可能性较大，因而应作为重点函证对象。

（2）应当选择丁、甲两家公司进行函证。因为应付账款函证的主要目的在于防止企业隐瞒应付账款，虚减负债。本期向丁、甲两家公司采购货物数额较大，应付账款发生额较大，被隐瞒的可能性较大，因而应作为重点函证对象。

（3）虽同为往来款项，但应付账款与应收账款性质不同，因此双方有着不同的审计重点，审计程序也有着很大的区别。表现在函证程序的应用上，应付账款函证和应收账款函证的区别如下。

① 函证审计程序的重要程度不同：应收账款主要审计目标是检查应收账款的存在认定，函证是必要程序；应付账款主要审计目标是检查应付账款的完整认定，函证不能保证查出未入账的应付账款，因此应付账款函证不是法定程序。

② 选择函证审计程序对象不同：应收账款应选择应收账款余额较大、有争议的进行函证；应付账款应选择较大金额的债权人，以及那些资产负债表日金额不大，甚至为零，但为企业重要供货人的债权人作为函证对象。

③ 函证方式不同：应收账款函证对于大金额账项采用积极式函证，对于小金额账项则采用消极式函证，有时候两种函证方式结合起来使用可能更适宜；应付账款函证最好采用积极式函证，并具体说明应付金额。

④ 替代程序不同。对应付账款来说替代程序可以检查决算日后应付账款明细账及库存现金和银行存款日记账，核实其是否已支付，同时检查该笔债务的相关凭证资料，如合同、发票、验收单，核实应付账款的真实性。

4. 检查是否存在未入账应付账款

可以通过以下方式查找未入账的应付账款。

（1）检查债务形成的相关原始凭证，如供应商发票、验收报告或入库单等，查找有无未及时入账的应付账款，确认应付账款期末余额的完整性。

（2）检查资产负债表日后应付账款明细账贷方发生额的相应凭证，关注其购货发票的日期，确认其入账时间是否合理。

（3）获取被审计单位与其供应商之间的对账单，并将对账单和被审计单位财务记录之间的差异进行调节（如在途款项、在途商品、付款折扣、未记录的负债等），查找有无未入账的应付账款，确定应付账款金额的准确性。

（4）针对资产负债表日后付款项目，检查银行对账单及有关付款凭证（如银行汇款通知、供应商收据等），询问被审计单位内部或外部的知情人员，查找有无未及时入账的应付账款。

（5）结合存货监盘程序，检查被审计单位在资产负债日前后的存货入库资料（验收报告或入库单），检查是否有大额货到单未到的情况，确认相关负债是否计入了正确的会计期间。

08

试一试

以下审计程序中，与查找未入账应付账款无关的是（   ）。
A. 审核资产负债表日后未付账单的凭证
B. 审核资产负债表日后现金支出的主要凭证
C. 检查年末应付账款明细账记录
D. 追查年末前签发的验收单至相关的供应商发票

5. 检查长期挂账的应付账款

审计过程中，如发现长期挂账的应付账款，应询问被审计单位长期挂账的原因，做出记录，注意其是否可能发生呆账收益。还要注意判断被审计单位是否缺乏偿债能力或利用应付账款隐瞒利润。检查应付账款长期挂账的原因并做出记录，对确实无须支付的应付款的会计处理是否正确。

6. 检查应付账款分类的正确性

结合预付账款的明细余额，查明是否有应付账款和预付账款同时挂账的项目；结合其他应付款的明细余额，查明有无属于应付账款的其他应付款。检查应付账款是否存在借方余额。如有应查明原因，必要时建议被审计单位做重分类调整。

7. 检查异常或大额及重大调整事项

针对异常或大额交易及重大调整事项（如大额的购货折扣或退回、会计处理异常的交易、未经授权的交易，或缺乏支持性凭证的交易等），检查相关原始凭证和会计记录，以分析交易的真实性、合理性。

8. 检查应付账款在财务报表中的列报

检查应付账款是否已按企业会计准则的规定在财务报表中做出恰当列报和披露。一般来说，"应付账款"项目应根据"应付账款"和"预付账款"科目所属明细科目的期末贷方余额的合计数填列。

完成应付账款实质性测试程序后，审计结果要记录于应付账款审定表，应付账款审定表如表 8-6 所示。

表 8-6　　　　　　　　　　　应付账款审定表

单位名称：　　　　　　　查验人员：　　　　　　　查验日期：　　　　　　　索引号：

截止日期：　年　月　日　复核人员：　　　　　　　复核日期：　　　　　　　页次：

上期审定数	未审数				同比增减	调整		重分类		审定数
	年初余额	借	贷	期末余额		借	贷	借	贷	

审计说明：	经审计调整如下：
1. 总账、明细账、报表核对一致	
2. 期末较上年审定数：	
	审计结论：
	1. 经审计，上述审定数可以确认；
	2. 经审计，上述调整或重分类后的审定数可以确认

五、固定资产的实质性测试

（一）固定资产的审计目标

固定资产是指同时具有以下两个特征的有形资产：①为生产商品、提供劳务、出租或经营管理而持有；②使用寿命超过一个会计年度。固定资产只有同时满足下列两个条件才能予以确认：①与该固定资产有关的经济利益很可能流入企业；②该固定资产的成本能够可靠地计量。固定资产属于长期资产，随着使用和磨损的发生，通过计提折旧的方式逐渐减少账面价值。

固定资产审计的范围很广。"固定资产"项目反映企业所有固定资产的原价；"累计折旧"项目反映企业固定资产的累计折旧数额；"固定资产减值准备"项目反映企业对固定资产计提的减值准备数额。这三项无疑属于固定资产的审计范围。除此之外，由于固定资产的增加包括购置、自行建造、投资者投入、融资租入、更新改造、接受捐赠和盘盈等多种途径，相应涉及银行存款、应付账款、预付账款、在建工程、股本、资本公积、长期应付款等项目；企业的固定资产又因出售、报废、投资转出、捐赠转出、毁损和盘亏等原因而减少，与固定资产清理、其他应收款、营业外收入和营业外支出等项目有关；另外，企业按月计提固定资产折旧，又与制造费用、销售费用、管理费用等项目联系在一起。因此，在进行固定资产审计时，应当关注这些相关项目。

固定资产审计目标的确定如表 8-7 所示。

表 8-7　　　　　　　　　　　　　　固定资产审计目标的确定

被审计单位：			索引号：			页次：
项目：固定资产			编制人：			日期：
报表期间：			复核人：			日期：

审计目标	财务报表认定				
	存在	完整性	权利和义务	准确性、计价和分摊	列报
A. 资产负债表中记录的固定资产是存在的	√				
B. 所有应当记录的固定资产均已记录		√			
C. 记录的固定资产由被审计单位拥有或控制			√		
D. 固定资产以恰当的金额包括在财务报表中，与之相关的计价或分摊已恰当记录				√	
E. 固定资产已按照企业会计准则的规定在财务报表中做出恰当的列报					√

（二）固定资产的实质性程序

1. 固定资产及累计折旧分类汇总表

注册会计师应索取或编制固定资产及累计折旧分类汇总表，检查固定资产的分类是否正确并与总账数和明细账合计数核对是否相符。固定资产及其累计折旧分类汇总表，是分析固定资产账户余额变动情况的重要依据，其内容包括固定资产的增减变动情况、固定资产折旧的计提情况等，是固定资产审计的重要工作底稿，其格式如表 8-8 所示。

检查固定资产

08

表 8-8　　　　　　　　　　　　　固定资产及累计折旧分类汇总表

年　　月　　日

| 被审计单位： | | 编制人： | | | 日期： | 年 月 日 |
| 单位：万元 | | 复核人： | | | 日期： | 年 月 日 |

固定资产类别	固定资产				累计折旧				
	期初余额	本期增加	本期减少	期末余额	折旧方法	折旧率	期初余额	本期增加	本期减少	期末余额
合计									

2．对固定资产实施分析程序

根据被审计单位业务的性质，选择以下方法对固定资产实施分析性程序。

（1）计算固定资产原值与本期产品产量的比率，并与以前期间比较，分析其变动原因，旨在发现闲置固定资产或已减少固定资产未在账户上注销的问题。

（2）计算本期计提折旧额与固定资产总成本的比率，将此比率与上期比较，旨在发现本期折旧额计算上的错误。

（3）计算累计折旧与固定资产总成本的比率，将此比率与上期比较，旨在发现累计折旧核算上的错误。

（4）比较本期各月之间、本期与以前各期之间的修理及维护费用，旨在发现资本性支出和收益性支出区分中可能存在的错误。

（5）比较本期与以前各期固定资产的增加和减少。由于被审计单位的生产经营情况在不断变化，各期之间固定资产增加和减少的数额可能有很大差异，所以注册会计师应当深入分析其差异，并根据被审计单位以往和今后的生产经营趋势，判断差异产生的原因是否合理。

（6）分析固定资产的构成及其增减变动情况，与在建工程、现金流量表、生产能力等相关信息交叉复核，检查固定资产相关金额的合理性和准确性。

3．对固定资产进行实地观察

对固定资产实施实地观察程序时，注册会计师可以以固定资产明细分类账为起点，进行实地追查，以证明会计记录中所列固定资产确实存在，并了解其目前的使用状况；也可以以实地为起点，追查至固定资产明细分类账，以获取实际存在的固定资产均已入账的证据。实地观察时除确认数量是否相符外，注册会计师还应注意固定资产的质量状况、使用情况及保管情况。注册会计师实地观察的重点是本期新增加的重要固定资产。

试一试

注册会计师为了获取存在的固定资产均已入账的证据，应当采用的最佳程序是（　　　　）。
A．以固定资产明细账为起点，进行实地追查
B．以实地为起点，追查至固定资产明细账
C．先从实地追查至明细账，再从明细账追查至实地
D．先从明细账追查至实地，再从实地追查至明细账

4．检查固定资产的所有权

对各类固定资产，注册会计师应收集不同的证据以确定其是否确实归被审计单位所有。

（1）外购的机器设备等，审核采购发票、采购合同等予以确定。

（2）房地产类固定资产，可以查阅有关的合同、产权证明、财产税单、抵押借款的还款凭据、保修单等书面文件。

（3）对融资租入的固定资产，应验证有关融资租赁合同，证实其并非经营租赁租入的固定资产。

（4）对汽车等运输设备，应验证有关运营证件等。

5．固定资产增加的审查

被审计单位如果不能正确核算固定资产的增加，将对资产负债表和利润表产生长期的影响。因此，审计固定资产的增加是固定资产实质性程序中的重要内容。固定资产的增加有购置、自制自建、投资者投入、融资租入、更新改造、债务人抵债等多种途径。审计要点如下。

（1）审查固定资产增加是否列入计划、是否合法，会计处理是否符合规定。

（2）审查增加固定资产的计价是否符合规定。

① 对于外购固定资产，通过核对采购合同、发票、保险单、发运凭证等资料，抽查测试其入账价值是否正确，授权批准手续是否齐备，会计处理是否正确；如果购买的是房屋建筑物，还应检查契税的会计处理是否正确；检查分期付款购买固定资产入账价值及会计处理是否正确。

② 对于在建工程转入的固定资产，应检查固定资产确认时点是否符合企业会计准则的规定，入账价值与在建工程的相关记录是否核对相符，是否与竣工决算、验收和移交报告等一致；对已经达到预定可使用状态，但尚未办理竣工决算手续的固定资产，检查其是否已按估计价值入账，并按规定计提折旧。

③ 对于投资者投入的固定资产，检查投资者投入的固定资产是否按投资各方确认的价值入账，并检查确认价值是否公允，交接手续是否齐全；涉及国有资产的，是否有评估报告并经国有资产管理部门评审备案或核准确认。

④ 对于更新改造增加的固定资产，检查通过更新改造而增加的固定资产增加的原值是否符合资本化条件，是否真实，会计处理是否正确；重新确定的折旧年限是否恰当。

⑤ 对于租赁增加的固定资产，获取租入固定资产的相关证明文件，检查租赁合同的主要内容，并结合使用权资产、租赁负债等科目检查相关的会计处理是否正确。

⑥ 对于企业合并、债务重组和非货币性资产交换增加的固定资产，检查产权过户手续是否齐备，检查固定资产入账价值及确认的损益和负债是否符合规定。

⑦ 对于通过其他途径增加的固定资产，应检查增加固定资产的原始凭证，核对其计价及会计处理是否正确，法律手续是否齐全。

【例 8-2】注册会计师审计某企业当年财务决算时发现，该企业本年度6月份购入空调10台，每台3 000元，当日即投入使用，其会计处理如下：

借：管理费用　　　　　　　　　　　　　　　　30 000
　　贷：银行存款　　　　　　　　　　　　　　　　30 000

经查，该类空调的年折旧率为12%，购买手续齐备。

要求： 指出该企业处理当中存在的问题，提出处理意见。

解析： 该空调应作为固定资产核算，该企业将购买空调的支出计入管理费用，形成了账外资产，并影响了利润的正确性。可做如下调整：

借：固定资产　　　　　　　　　　　　　　　　30 000
　　贷：累计折旧　　　　　　　　　　　　　1 800（30 000×12%×6/12）
　　　　管理费用　　　　　　　　　　　　　28 200

6. 固定资产减少的审查

企业固定资产的减少，大致有以下去向：出售、报废、毁损、向其他单位投资转出、盘亏等。为了保护固定资产的安全和完整，必须对固定资产的减少进行严格的审查，从而确定固定资产减少的合理性、合法性。固定资产减少审计的主要目的在于查明已减少的固定资产是否已做适当的会计处理。

试一试

审查报废的固定资产时应注意报废固定资产的净损失按规定应记入（　　　）科目。

A. 投资收益　　　　B. 营业外支出　　　　C. 制造费用　　　　D. 管理费用

7. 检查固定资产后续支出的核算

固定资产的后续支出主要指的是固定资产的保养、维修和改良支出。固定资产日常保养、维修支出应当直接计入当期费用，固定资产改良支出应计入固定资产价值。注册会计师应注意审查被审计单位的收益性支出与资本性支出的划分标准是否符合公认会计原则和有关法规制度；抽查固定资产及有关期间费用明细账，并与企业原始凭证核对，确定保养、维修或改良支出是否经过适当批准，金额是否正确，会计处理是否恰当。

8. 调查未使用和不需用的固定资产

注册会计师应调查被审计单位有无已完工或已购建但尚未交付使用的新增固定资产、因改扩建等原因暂停使用的固定资产，以及多余或不适用的需要进行处理的固定资产，如有则应做彻底调查，以确定其是否真实。同时，还应调查未使用、不需用固定资产的购建启用及停用时点，并进行记录。

9. 固定资产折旧的审查

（1）审查被审计单位固定资产折旧政策的执行情况。主要应检查折旧范围、折旧方法是否符合企业会计准则规定，如有无扩大或缩小固定资产折旧范围、随意变更折旧方法的问题。

① 固定资产准则中规定，企业应对所有的固定资产计提折旧，但是，已提足折旧仍继续使用的固定资产和单独计价入账的土地除外。固定资产提足折旧后，无论是否继续使用，均不再计提折旧，提前报废固定资产不再补提折旧；已达到预定可使用状态但尚未办理竣工决算的固定资产，应按估计价值确定成本，计提折旧。

② 企业可选用的固定资产折旧方法包括年限平均法、工作量法、双倍余额递减法和年数总和法等；除非由于与固定资产有关的经济利益的预期实现方式有重大改变，折旧方法一经选定，不得随便调整。

（2）固定资产折旧费用计算的审查。注册会计师应审阅、复核固定资产折旧计算表，并对照记账凭证、固定资产卡片和固定资产分类表，通过核实月初固定资产原值、分类或个别折旧率，结合固定资产当期增加及减少的情况，复算折旧额的计算是否正确。审查时注意：计提减值准备的固定资产，计提的折旧是否正确；因更新改造而停止使用的固定资产是否停止计提折旧，因大修理停用的固定资产是否照提折旧；固定资产装修费用的处理是否正确；经营租赁方式租入的固定资产发生改良支出，是否采用合理方法单独计提折旧；未使用、不需用和暂时闲置的固定资产是否按规定计提折旧。

（3）固定资产折旧费用分配的审查。将"累计折旧"账户的本期发生额与相应成本费用中的折旧费用明细账户相核对，以确定所计提折旧金额是否全部摊入本期产品成本费用，折旧费用的分配是否合理，分配方法与上期是否一致。

【例 8-3】注册会计师审查甲股份有限公司 2020 年度"固定资产"和"累计折旧"项目时发现下列情况。

（1）对所有的空调按其实际使用的时间（5 月至 9 月）计提折旧。

（2）公司有租入的设备 4 台，租赁期为 5 年，未列入计提折旧固定资产范围。

（3）对已提足折旧继续使用的某设备，仍计提折旧。

（4）8 月初购入吊车 2 辆，价值 650 万元，当月已投入使用并同时开始计提折旧。

（5）该公司采用年限平均法计提折旧，但于本年度 9 月改为工作量法，这一改变已经董事会批准，未在财务报表附注中予以说明。

要求：请指出上述各项中存在的问题，并提出改进建议。

解析：（1）作为一种具有特殊性质的固定资产，空调属于"季节性使用的固定资产"，按照制度规定停用期间应照常计提折旧。

（2）租入固定资产应由承租方计提折旧，因此，该企业应将租入的4台设备列入计提折旧固定资产范围内。

（3）根据企业会计准则规定，已提足折旧仍继续使用的固定资产，不再计提折旧。该公司对其继续计提，造成多提折旧，应对多提的折旧进行冲回。

（4）根据企业会计准则规定，当月增加的固定资产从下月开始计提折旧。该公司的2辆吊车应从9月开始计提折旧，而不是8月。

（5）企业会计准则规定，固定资产折旧方法一经确定，不得随意变更；如需要变更，应经董事会批准，并应在财务报表附注中予以披露。该公司变更折旧方法后，未按规定程序披露，应加以纠正。

10. 固定资产减值的审查

（1）获取或编制固定资产减值准备明细表，复核加计是否正确，并与总账数和明细账合计数核对是否相符。

（2）检查被审计单位计提固定资产减值准备的依据是否充分，会计处理是否正确。

（3）检查资产组的认定是否恰当，计提固定资产减值准备的依据是否充分，会计处理是否正确。

（4）计算本期末固定资产减值准备占期末固定资产原值的比率，并与期初该比率比较，分析固定资产的质量状况。

（5）检查被审计单位处置固定资产时原计提的减值准备是否同时结转，会计处理是否正确。

（6）检查是否存在转回固定资产减值准备。

11. 检查固定资产在财务报表中的披露

财务报表附注通常应说明固定资产的标准、分类、计价方法和折旧方法，各类固定资产的预计使用年限、预计净残值和折旧率，分类别披露固定资产在本期的增减变动情况，并应披露用作抵押、担保和本期从在建工程转入数、本期出售固定资产数、本期置换固定资产数等情况。

【例8-4】注册会计师在审查中立公司2020年度固定资产折旧时，发现上年末新增已投入生产使用的机床一台，原价为100 000元，预计净残值为10 000元，预计使用年限为5年，从2020年1月起开始计提折旧。使用年数总和法对该项固定资产进行折旧，其余各类固定资产均用年限平均法折旧，且该公司对这一事项在财务报表附注中未做揭示。

要求： 注册会计师应要求该被审计单位在报表中如何处理该事项？

解析：（1）固定资产折旧方法本期出现不一致，且未充分揭示，这违反了现行会计制度。由此，计算的该事项对资产负债表和利润表的影响如下。

用年数总和法计算的年折旧额=（100 000−10 000）×5÷15=30 000（元）

用年限平均法计算的年折旧额=（100 000−10 000）×1÷5=18 000（元）

所以，折旧方法的改变，使得本年度多提折旧额12 000元，致使资产负债表中的"固定资产"项目减少12 000元，利润表中的利润总额减少12 000元。

（2）注册会计师应要求被审计单位在财务报表附注中做这样的提示："本公司对原值为100 000元，预计净残值为10 000元，预计使用年限为5年的机床采用年数总和法进行折旧，与采用年限平均法相比，本年度的折旧额增加12 000元，利润总额减少12 000元，特予以揭示"。

项目实施

如果购销双方在价格上没有达成协议，那么双联公司在核算上只能以合同价或双方协议价暂估入账，而不能不入账或以自己确认的价格入账。因此，双联公司随意少计应付账款是不正确的，存在低估负债的问题。注册会计师应提请其纠正，并调整相应的报表项目。如果被审计单位拒绝，注册会计师要根据其重要性判断如何在审计报告中披露。

注册会计师应将审计中发现的问题记录于应付账款检查表（见表8-9）。

表 8-9　　　　　　　　　　　　　应付账款检查表

被审计单位：双联公司　　　　　　　　　　索引号：
项目：应付账款　　　　　　　　　　　　　编制人：张雷　　　　　　日期：
审计截止日期：2020-12-31　　　　　　　　复核人：　　　　　　　　日期：

日期	凭证编号	业务内容	对方科目名称	借方金额	贷方金额	核对内容							附件
						1	2	3	4	5	6	7	
12月31日		采购原材料	原材料		3 900 000	×	×	×	√	√	×	×	
	合计												

核对内容说明：1. 原始凭证是否齐全；2. 记账凭证与原始凭证是否相符；3. 账务处理是否正确；4. 是否记录于恰当的会计期间；5. 是否属于结算业务的债权；6. 入库单中的货物名称、数量、单价及金额与购货发票核对是否一致；7. 记账凭证内容与购货发票核对是否一致

审计说明：

经抽查，存在差异，建议做出调整：
借：原材料　　　　　　　　　　　　　3 900 000
　　贷：应付账款　　　　　　　　　　　　　3 900 000

视野拓展

固定资产投资中的"黑洞"

目前，不少企业的固定资产投资项目呈现高额化、长期化趋势，给企业提供了做假账的空间，使监管部门清查的难度更大。

固定资产投资是企业做假账的一个重要切入点。企业可以故意夸大固定资产投资的成本，借机转移资金，使股东蒙受损失；也可以故意低估固定资产投资的成本，或者在财务报表中故意延长固定资产投资周期，减少每一年的成本或费用，借此抬高公司净利润。

如果一家企业在固定资产投资上做假，很容易露出马脚，因为固定资产是无法移动的，很容易审查；虽然其市场价格往往很难估算，但其投资成本还是可以估算的。监管部门如果想搞清楚某家上市公司的固定资产投资有没有水分，只需要带上一些固定资产评估专家到工地上去看一看，做一个简单的调查即可获知真相。

如果投资者对固定资产投资中的造假现象抱有警惕性，他可以从以下几个角度分析调查：企业承诺的固定资产投资项目，有没有在预定时间内完工，有没有稳定发挥效益。项目完工并不意味着发挥效益，许多项目在完工几个月甚至几年后仍然无法发挥效益，或者刚刚发挥效益又因故重新整顿，这就更值得怀疑了。如果董事会在年度报告和季度报告中没有明确的解释，我们完全有理由质疑该公司在搞"钓鱼工程"，或者是在搞"纸上工程"。

练习与实训

一、单项选择题

1. 下列各项措施中，预防员工在购货中舞弊的最有力的措施是（　　　）。
    A. 定期与供应商对账
    B. 记录应付账款明细账的人员不得兼任出纳
    C. 收到货物必须由专人验收
    D. 将款项直接汇到供应商指定的银行账户

2. 注册会计师实地观察的重点是（　　　）的重要固定资产。
    A. 本期增加　　　　B. 本期减少　　　　C. 本期报废　　　　D. 本期正在使用

3. 下列凭证中，不属于采购与付款循环审计范围的是（　　　）。
    A. 购货发票　　　　B. 支票　　　　C. 订购单　　　　D. 发货单

4. 注册会计师为审查被审计单位未入账负债而实施的下列审计程序中，最有效的是（　　　）。
    A. 审查资产负债表日后货币资金支出情况　　　B. 审查资产负债表日前后几天的发票
    C. 审查应付账款、应付票据的函证回函　　　D. 审查购货发票与债权人名单

5. 固定资产折旧审计的目标不应包括（　　　）。
    A. 确定固定资产的增加、减少是否符合预算和经过授权批准
    B. 确定折旧政策和方法是否符合国家有关财会法规的规定
    C. 确定适当的折旧政策和方法是否得到一贯遵守
    D. 确定折旧额的计算是否正确

6. 注册会计师应进行应付账款函证的情况不包括（　　　）。
    A. 控制风险较高　　　　　　　　　B. 应付账款明细账户金额较大
    C. 应付账款在全部负债中所占比重较大　　　D. 被审计单位处于财务困难阶段

7. 注册会计师认为被审计单位固定资产折旧计提不足的迹象是（　　　）。
    A. 经常发生大额的固定资产清理损失　　　B. 累计折旧与固定资产原值比率较大
    C. 提取折旧的固定资产账面价值庞大　　　D. 固定资产保险大于其账面价值

8. 验证应付账款余额不存在漏报时，注册会计师获取的审计证据中，证明力最强的是（　　　）。
    A. 供应商开具的销售发票　　　　　　B. 供应商提供的月对账单
    C. 被审计单位编制的连续编号的验收报告　　　D. 被审计单位编制的连续编号的订购单

9. 注册会计师在查找已提前报废但尚未做出会计处理的固定资产时，以下审计程序中最有可能实施的是（　　　）。
    A. 以检查固定资产实物为起点，检查固定资产的明细账和投保情况
    B. 以检查固定资产明细账为起点，检查固定资产实物和投保情况
    C. 以分析折旧费用为起点，检查固定资产实物
    D. 以检查固定资产实物为起点，分析固定资产维修和保养费用

10. 注册会计师在固定资产审计过程中，发现被审计单位对生产设备进行改良。经调查发现，发生资本化支出共计 45 万元（不考虑增值税），被替换的旧部件变卖收入为 10 万元，该设备原价为 500 万元，已计提折旧 300 万元。不考虑其他影响因素，注册会计师核算的设备改良后入账价值为（　　　）万元。
    A. 245　　　　　　B. 235　　　　　　C. 200　　　　　　D. 190

二、多项选择题

1. 固定资产的审计目标一般包括（　　　）。

    A. 确定固定资产是否归被审计单位所有

    B. 确定固定资产的计价和折旧政策是否恰当

    C. 确定固定资产的期末余额是否正确

    D. 确定固定资产及其累计折旧增减变动的记录是否完整

2. 下列选项中，可以用来验证应付账款是否真实存在的程序有（　　　）。

    A. 将应付账款清单加总

    B. 从应付账款清单追查至卖方发票和卖方对账单

    C. 函证大额、异常项目的应付账款

    D. 对未列入本期的负债进行测试

3. 注册会计师证实被审计单位应付账款是否在报表上充分披露时应考虑的情况有（　　　）。

    A. 应付账款明细账的期末贷方余额是否并入应付账款项目

    B. 应付账款明细账的期末借方余额是否并入预付款项项目

    C. 以担保资产换取的应付账款是否在报表附注中予以揭示

    D. 应付账款的分类是否恰当

4. 下列固定资产中，不应计提折旧的有（　　　）。

    A. 季节性停用和修理停用的设备　　　　　B. 处于改扩建期间的固定资产

    C. 企业短期出租给其他企业的固定资产　　D. 已提足折旧继续使用的固定资产

5. 验收单是支持资产或费用以及与采购有关的负债的（　　　）认定的重要凭证。

    A. 存在或发生　　　　B. 准确性　　　　C. 权利和义务　　　　D. 完整性

6. 以下选项中，属于采购与付款业务不相容职责包括（　　　）。

    A. 询价与确定供应商　　　　　　　　　　B. 采购、验收与相关会计记录

    C. 付款审批与执行　　　　　　　　　　　D. 采购合同订立与审批

7. 注册会计师审计固定资产时，以下会计处理正确的有（　　　）。

    A. 固定资产改良支出应计入固定资产账面价值

    B. 固定资产修理费用应直接计入当期费用

    C. 固定资产装修费用可予以资本化

    D. 不能区分是固定资产修理还是固定资产改良的，发生的支出计入固定资产价值

8. 以下审计程序中，与应付账款完整性检查有关的有（　　　）。

    A. 向供应商函证零余额的应付账款账户

    B. 检查采购文件以确定是否使用预先编号的订购单、验收单

    C. 从应付账款明细账追查至采购合同、供应商发票和验收单等凭证

    D. 抽取采购合同、供应商发票和验收单等凭证，追查至应付账款明细账

9. 注册会计师对被审计单位的采购业务进行年底截止测试的方法有（　　　）。

    A. 实地观察期末存货和固定资产状况

    B. 将验收单上的日期与采购明细账中的日期比较

    C. 将购货发票上的日期与采购明细账中的日期比较

    D. 了解期末存货盘亏调整和损失处理

10. 下列有关被审计单位固定资产折旧的会计处理中，注册会计师认可的有（　　　）。

    A. 基本生产车间使用的固定资产，其计提的折旧应计入制造费用

B. 销售部门使用的固定资产，其计提的折旧应计入销售费用

C. 建造厂房时使用的自有固定资产，其计提的折旧应计入在建工程成本

D. 行政管理部门使用的固定资产，其计提的折旧应计入管理费用

三、判断题

1. 对大规模企业而言，企业内部各个部门都可填制请购单。为了加强控制，企业的请购单必须连续编号。（   ）

2. 应付账款函证时，应选择的函证对象是较大金额的债权人，那些在资产负债表日金额为零的债权人不必函证。（   ）

3. 审查固定资产减少的主要目的在于查明已减少的固定资产是否已做适当的会计处理。（   ）

4. 注册会计师审查应付账款时，应结合采购业务进行审计。（   ）

5. 对于预收账款的审查，注册会计师可将其并入采购业务一起进行。（   ）

6. 对于更新改造增加的固定资产，注册会计师应审查被审计单位是否对折旧进行了重新计算。（   ）

7. 注册会计师可将审计应付账款工作中选定账户金额邮寄询证函的程序，完全交由被审计单位办理。（   ）

8. 验收单是支持资产或费用以及与采购有关负债的存在或发生认定的重要凭证。（   ）

9. 注册会计师审查被审计单位卖方发票、验收单、订购单和请购单的合理性和真实性，追查存货的采购至存货的永续盘存记录，可测试已发生购货业务的完整性。（   ）

10. 在被审计单位因重复付款、付款后退货及预付货款等原因，导致应付账款借方余额过大时，注册会计师应提请被审计单位做重分类调整。（   ）

四、实训题

1. 2021年2月，注册会计师对J公司进行2020年财务报表审计。在分析、审阅应付账款明细账时，发现其中"H公司"账户12月发生的贷方记录，合计金额高达5 000 000元，相当于前11个月合计数的50%，注册会计师认为该月记录不正常，于是将12月账内每笔记录与有关凭证进行了核对，其中12月28日账内一笔金额为3 390 000元，记账凭证中会计分录是：

借：银行存款　　　　　　　　　　　　　　　3 390 000

贷：应付账款——H公司　　　　　　　　　3 390 000

所附原始凭证为银行存款进账单及销售给H公司甲产品的销售发票，发票记载销售金额为3 000 000元，增值税为390 000元。注册会计师审查了仓库的发货记录，仓库保管人员证明12月28日当天发出一批甲产品，成本为2 000 000元。

要求：请指出该笔业务会计处理中存在的问题及对财务报表的影响，提出被审计单位审计调整建议。（该企业增值税税率为13%，所得税税率为25%，法定公积金计提标准为10%）

2. 注册会计师在审查利康公司2020年度固定资产业务时，发现当年9月购入专用设备一台，买价300 000元，共发生运杂费2 000元和设备安装费2 500元，后两笔费用都计入管理费用。专用设备于当年9月投入使用（预计净残值为0，采用直线法折旧，折旧率为10%）。

要求：指出该公司处理当中存在的问题，提出处理意见。

3. 2021年1月，注册会计师审查了某企业上年12月基本生产车间设备计提折旧情况。在审阅固定资产明细账和折旧费用明细账时，发现以下记录。

（1）11月末，该车间设备计提折旧额12 000元，年折旧率为6%。

（2）11月，购入设备一台，原值20 000元，已安装完工并交付使用。

（3）11月，将原来未使用的一台设备投入车间使用，原值10 000元。

（4）11月，交外单位大修设备一台，原值50 000元。

（5）8月进行技术改造的一台设备，于11月完成改造，达到预计可使用状态。该设备原值为200 000元。已计提折旧120 000元，技术改造支出50 000元，变价收入20 000元。

（6）12月，该车间设备计提折旧21 000元。

要求：假定该企业2020年11月末计提折旧数正确，验证该企业该年12月计提折旧数是否正确。

项目九
生产与存货循环的审计

项目引入

注册会计师对阳光实业有限公司的成本核算进行审计，通过审查该公司的存货项目、主营业务成本等明细表，并与有关明细账、总账核对，发现账表之间数字完全相符。有关数字如表 9-1 所示。

表 9-1　　　　　　　　　　　　　　　　有关项目的金额

项目	金额/元	项目	金额/元
材料期初余额	80 000	本期购入材料	150 000
材料期末余额	60 000	本期销售材料	10 000
直接人工成本	15 000	制造费用	42 000
在产品期初余额	23 000	在产品期末余额	30 000
产成品期初余额	40 000	产成品期末余额	50 000

注册会计师通过对有关记账凭证和原始凭证的审计，发现以下问题。

（1）本期已入库，但尚未收到结算凭证的材料 5 000 元未做暂估处理。

（2）已领未用的材料 1 000 元，未做假退料处理。

（3）为在建工程发生的工人工资计入生产成本 2 000 元。

（4）本期发生的车间设备大修理费用 6 000 元全部计入当期制造费用。

（5）经对期末在产品盘点发现，在产品实际金额为 38 000 元。

针对发现的情况，指出被审计单位成本核算中存在的问题；编制生产成本与主营业务成本倒轧表（见表 9-12）验证本期主营业务成本的正确性。

相关知识

一、生产与存货循环概述

（一）生产与存货循环的主要业务活动

下面以制造业为例介绍生产与存货循环所涉及的主要业务活动。

生产与存货循环的
主要业务活动

1. 计划和安排生产

生产计划部门的职责是根据顾客订单或者销售部门对销售的预测和存货需求的分析来决定生产授权。如决定授权生产，即签发预先编号的生产通知单。生产计划部门通常应将发出的所有生产通知单编号并加以记录控制。此外，通常该部门还需编制一份材料需求报告，列示所需要的材料和零件及其库存。

2. 发出原材料

生产部门由专人负责根据生产的需要填制生产领料单，向仓库领取材料。仓库部门的责任是根据从生产部门收到的领料单发出原材料。领料单上必须列示所需的材料数量和种类，以及领料部门的名称。领料单可以一料一单，也可以一单多料，通常需一式三联。仓库发料后，其中一联连同材料交还领料部门，其余两联经仓库登记材料明细账后，送会计部门进行材料收发核算和成本核算。

3. 生产产品

生产部门在收到生产通知单及领取原材料后，便将生产任务分解到每一个生产工人，并将所领取原材料交给生产工人，据以执行生产任务。生产工人在完成生产任务后，将完成的产品交生产部门查点，然后转交检验员验收并办理入库手续；或是将所完成的产品移交下一个部门，以进一步加工。

4. 核算产品成本

为了正确地核算产品成本并对在产品进行有效控制，必须建立健全成本会计制度，将生产控制和成本核算有机结合在一起。一方面，生产过程中的各种记录、生产通知单、领料单、计工单、入库单等文件资料都要汇集到会计部门，由会计部门对其进行检查和核对，了解和控制生产过程中对存货的实物流转；另一方面，会计部门要设置相应的会计账户，会同有关部门对生产过程中的成本进行核算和控制。成本会计制度可以非常简单，只在期末记录存货余额；也可以是完善的标准成本制度，它可以提供原材料转为在产品、在产品转为产成品，以及按成本中心、分批生产任务通知单或生产周期所消耗的材料、人工和间接费用的分配与归集的详细资料。

5. 储存产成品

产成品入库，须由仓库部门先行点验和检查，然后签收，签收后，将实际入库数量通知会计部门。据此，仓库部门确立了本身应承担的责任，并对验收部门的工作进行验证。

6. 发出产成品

产成品的发出须由独立的发运部门进行。装运产成品时必须持有经有关部门核准的发运通知单，并据此编制出库单。出库单至少一式四联：一联交仓库部门；一联由发运部门留存；一联送交顾客；一联作为给顾客开发票的依据。

7. 存货盘点

管理人员编制盘点指令，安排适当人员对存货实物（包括原材料、在产品和产成品等所有存货类别）进行定期盘点，将盘点结果与存货账面数量进行核对，调查差异并进行适当调整。

8. 计提存货跌价准备

会计部门根据存货龄分析表信息及相关部门提供的有关存货状况的信息，结合存货盘点过程中对存货状况的检查结果，对出现损毁、滞销、跌价等降低存货价值的情况进行分析计算，计提存货跌价准备。

生产与存货循环的主要业务流程如图 9-1 所示。

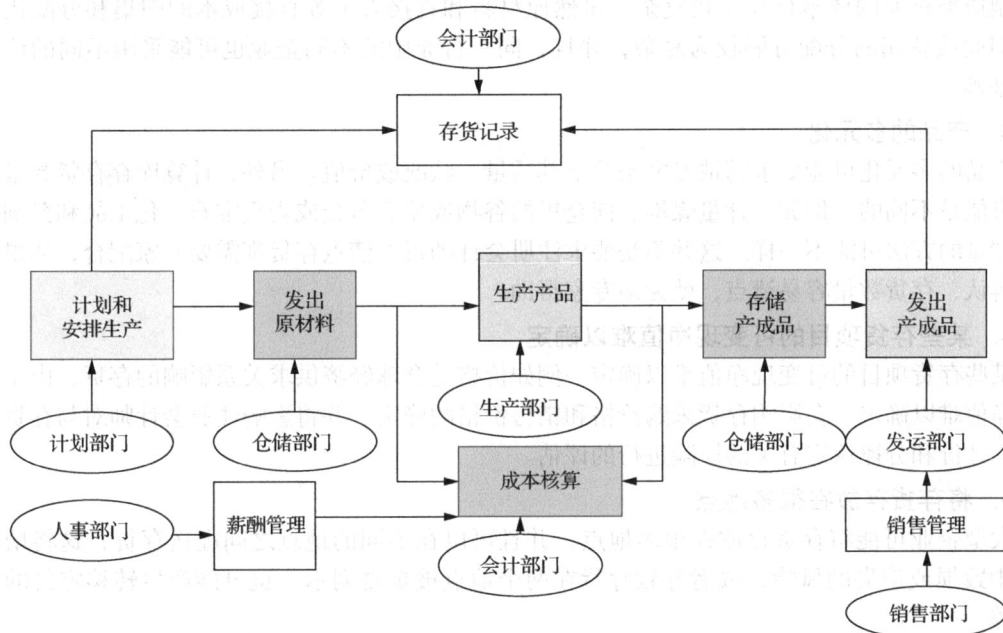

图 9-1　生产与存货循环的主要业务流程

试一试

一般来说，（　　）与生产与存货循环有关，而与其他任何循环无关。

A. 采购材料和储存材料　　　　　　　B. 购置加工设备和维护加工设备
C. 预付保险费和理赔　　　　　　　　D. 加工产品和储存完工产品

09

（二）生产与存货循环涉及的主要报表项目

根据财务报表项目与业务循环的相关程度，生产与存货循环涉及的主要报表项目如表 9-2 所示。

表 9-2　　　　　　　　　生产与存货循环和主要财务报表项目对照情况

业务循环	资产负债表项目	利润表项目
生产与存货循环	存货（包括材料采购或在途物资、原材料、材料成本差异、库存商品、发出商品、商品进销差价、委托加工物资、委托代销商品、受托代销商品、周转材料、生产成本、制造费用、劳务成本、存货跌价准备、受托代销商品款等）、应付职工薪酬	营业成本、管理费用等

二、生产与存货循环的风险评估程序

以一般制造类企业为例，影响生产与存货循环交易和余额的风险因素可能包括以下几点。

1. 交易的数量和复杂性

制造类企业交易的数量庞大，业务复杂，这就增加了错误和舞弊的风险。

2. 成本核算的复杂性

制造类企业的成本核算比较复杂。虽然原材料和直接人工等直接成本的归集和分配比较简单，但间接费用的分配可能较为复杂，并且，同一行业中的不同企业也可能采用不同的认定和计量基础。

3. 产品的多元化

产品的多元化可能要求聘请专家来验证其质量、状况或价值。另外，计算库存存货数量的方法也可能是不同的。例如，计量煤堆、筒仓里的谷物或糖、黄金或贵重宝石、化工品和药剂产品的存储量的方法可能不一样。这并不是要求注册会计师每次清点存货都需要专家配合，如果存货容易辨认、存货数量容易清点，就无须专家帮助。

4. 某些存货项目的可变现净值难以确定

某些存货项目的可变现净值难以确定。例如价格受全球经济供求关系影响的存货，由于其可变现净值难以确定，会影响存货采购价格和销售价格的确定，并将影响注册会计师对与存货的准确性、计价和分摊认定有关的风险进行的评估。

5. 将存货存放在很多地点

大型企业可能将存货存放在很多地点，并且可以在不同的地点之间配送存货，这将增加商品途中毁损或遗失的风险，或者导致存货在两个地点被重复列示，也可能产生转移定价的错误或舞弊。

6. 寄存的存货

有时存货虽然还存放在企业，但可能已经不归企业所有。反之，企业的存货也可能被寄存在其他企业。

由于存货与企业各项经营活动紧密联系，存货的重大错报风险往往与财务报表其他项目的重大错报风险紧密相关。例如，收入确认的错报风险往往与存货的错报风险共存，采购交易的错报风险与存货的错报风险共存，存货成本核算的错报风险与营业成本的错报风险共存，等等。

注册会计师基于生产与存货循环的重大错报风险评估结果，制定实施进一步审计程序的总体方案（包括综合性方案和实质性方案），继而实施控制测试和实质性程序，以应对识别出的认定层次的重大错报风险。

三、生产与存货循环的控制测试

注册会计师可以以识别的重大错报风险为起点实施生产与存货循环的控制测试，具体内容如表 9-3 所示。

表 9-3　　　　　　生产与存货循环的风险、存在的控制及控制测试程序

风险	计算机控制	人工控制	控制测试
发出原材料			
原材料的发出可能未经授权		所有领料单由生产主管签字批准，仓库管理员凭已批准的领料单发出原材料	选取领料单，检查是否有生产主管的签字授权

续表

风险	计算机控制	人工控制	控制测试
发出原材料			
发出的原材料可能未正确计入相应产品的生产成本中	将领料单信息输入系统时须输入对应的生产任务单编号和所生产的产品代码，每月末系统自动归集生成材料成本明细表	生产主管每月末将生产任务单及相关领料单存联与材料成本明细表进行核对，调查差异并处理	检查生产主管核对材料成本明细表的记录，并询问其核对过程及结果
记录人工成本			
生产工人的人工成本可能未得到准确反映	所有员工有专属员工代码和部门代码，员工的考勤记录记入相应员工代码	人事部每月编制工薪费用分配表，按员工所属部门将工薪费用分配至生产成本、制造费用、管理费用和销售费用，经财务经理复核后入账	检查系统中员工的部门代码设置是否与其实际职责相符。询问并检查财务经理复核工资费用分配表的过程和记录
记录制造费用			
发生的制造费用可能没有得到完整归集	系统根据输入的成本和费用代码自动识别制造费用并进行归集	成本会计每月复核系统生成的制造费用明细表并调查异常波动。必要时由财务经理批准进行调整	检查系统的自动归集设置是否符合有关成本和费用的性质，是否合理。询问并检查成本会计复核制造费用明细表的过程和记录，检查财务经理对调整制造费用的分录的批准记录
计算产品成本			
生产成本和制造费用在不同产品之间、在产品和产成品之间的分配可能不正确		成本会计执行产品成本核算日常成本核算，财务经理每月末审核产品成本计算表及相关资料（原材料成本核算表、工薪费用分配表、制造费用分配表等），并调查异常项目	询问财务经理如何执行复核及调查。选取产品成本计算表及相关资料，检查财务经理复核记录
产成品入库			
已完工产品的生产成本可能没有转移到产成品中	系统根据当月输入的产成品入库单和出库单信息自动生成产成品收（入库）发（出库）存（余额）报表	成本会计将产成品收发存报表中的产品入库数量与当月成本计算表中结转的产成品成本对应的数量进行核对	询问和检查成本会计将产成品收发存报表与成本计算表进行核对的过程和记录
发出产成品			
销售发出的产成品的成本可能没有准确转入营业成本	系统根据确认的营业收入所对应的售出产品自动结转营业成本	财务经理和总经理每月对毛利率进行比较分析，对异常波动进行调查和处理	检查系统设置的自动结转功能是否正常运行，成本结转方式是否符合公司成本核算政策。询问和检查财务经理和总经理进行毛利率分析的过程和记录，并对异常波动的调查和处理结果进行核实
盘点存货			
存货可能被盗或因材料领用/产品销售未入账而出现账实不符		仓库保管员每月末盘点存货并与仓库台账核对并调节一致；成本会计监督其盘点与核对，并抽查部分存货进行复盘。每年末盘点所有存货，并根据盘点结果分析盘盈盘亏并进行账面调整	

09

续表

风险	计算机控制	人工控制	控制测试
		计提存货跌价准备	
可能存在残次的存货，影响存货的价值	系统根据存货入库日期自动统计货龄，每月末生成存货货龄分析表	财务部根据系统生成的存货货龄分析表，结合生产和仓储部门上报的存货损毁情况及存货盘点中对存货状况的检查结果，计提存货减值准备，报总经理审核批准后入账	询问财务经理识别减值风险并确定减值准备的过程，检查总经理的复核批准记录

试一试

生产与存货循环的控制测试不包括（　　）。
A. 对客户的内部控制制度进行简易抽查　　B. 对内部控制进行评价
C. 抽查成本会计制度　　D. 存货监盘

四、存货的实质性测试

（一）存货的审计目标

存货往往是企业流动资产中所占比重最大的一个项目，存货的重大错报对于财务状况和经营成果都会产生直接的影响，审计中许多复杂和重大的问题都与存货有关。存货审计，尤其是对年末存货余额的测试，通常是审计中最复杂也最费时的部分。导致存货审计复杂的主要原因包括：①存货通常是资产负债表中的一个主要项目，而且通常是构成营运资本的最大项目。②存货存放于不同的地点，这使得对它的实物控制和盘点都很困难。企业必须将存货置放于便于产品生产和销售的地方，但是这种分散也带来了审计的困难。③存货项目的多样性。④存货本身的陈旧以及存货成本的分配也使得存货的估价存在困难。⑤不同企业采用的存货计价方法存在多样性。正是存货对企业的重要性、存货问题的复杂性以及存货与其他项目密切的关联度，要求注册会计师对存货项目的审计应当予以特别的关注。

结合存货的特性，生产与存货交易的重大错报风险通常是影响存货存在、完整性、权利和义务，以及准确性、计价和分摊等认定的高估风险。相应地，注册会计师针对上述重大错报风险实施实质性审计程序的目标在于获取关于存货存在、完整性、权利和义务，以及准确性、计价和分摊、列报等多项认定的审计证据。存货审计目标的确定如表9-4所示。

表9-4　　　　存货审计目标的确定

被审计单位：			索引号：	页次：
项目：存货			编制人：	日期：
报表期间：			复核人：	日期：

审计目标	财务报表认定				
	存在	完整性	权利和义务	准确性、计价和分摊	列报
A. 资产负债表中记录的存货是存在的	√				
B. 所有应当记录的存货均已记录		√			
C. 记录的存货由被审计单位拥有或控制			√		
D. 存货以恰当的金额包括在财务报表中，与之相关的计价调整已恰当记录				√	
E. 存货已按照企业会计准则的规定在财务报表中做出恰当列报					√

（二）存货的实质性程序

1. 获取年末存货余额明细表

复核单项存货金额的计算（单位成本×数量）和明细表的加总计算是否准确；将本年末存货余额与上年末存货余额进行比较，总体分析变动原因。

2. 对存货实施分析程序

① 按存货品种及存放地点、存货类别，比较当年度及以前年度数量和金额的增减变动，并对异常情况做出解释。

② 按存货成本构成、存货平均成本、材料采购价格差异，比较当年度及以前年度的增减变动，并对异常情况做出解释。

③ 比较当年度及以前年度直接材料、直接人工、制造费用占生产成本的比例，并查明异常情况的原因。

④ 比较截止日前后两个月的产品毛利率，并对异常波动做出解释。

⑤ 比较当年与以前年度的存货周转率，查明异常情况的原因。

3. 实施存货监盘

存货监盘是指注册会计师现场观察被审计单位存货的盘点，并对已盘点存货进行适当检查。可见，存货监盘有两层含义：一是注册会计师应亲临现场观察被审计单位存货的盘点；二是在此基础上，注册会计师应根据需要适当抽查已盘点存货。

检查存货

注册会计师监盘存货的目的在于获取有关存货数量和状况的审计证据，因此，存货监盘针对的主要是存货的存在认定，对存货的完整性认定及准确性、计价和分摊认定，也能提供部分审计证据。此外，注册会计师还可能在存货监盘中获取有关存货所有权的部分审计证据；但是存货监盘本身并不足以供注册会计师确定存货的所有权，注册会计师可能需要执行其他实质性审计程序以应对所有权认定的相关风险。

为了达到比较好的效果，存货监盘应做好盘点前的计划工作、盘点过程的监督工作以及盘点工作结束后的记录工作。具体来讲，存货监盘的要点如下。

（1）存货监盘计划

存货监盘不同于货币资金的突击盘点，有效的存货监盘工作必须建立在事前周密计划的基础上。注册会计师应当根据被审计单位存货的特点、盘存制度和存货内部控制的有效性等情况，在评价被审计单位存货盘点计划的基础上，编制存货监盘计划，对存货监盘做出合理安排。一般来讲，存货监盘计划应包括以下内容。

① 监盘的目标、范围及时间安排。存货监盘的目标是获取被审计单位资产负债表有关存货数量和状况的审计证据，检查存货的数量是否真实完整，存货是否归属被审计单位，存货有无毁损、陈旧、过时、残次或短缺等状况。

存货监盘的范围的大小取决于存货的内容、性质以及与存货相关的内部控制的完善程度和重大错报风险的评估结果。

存货监盘的时间，包括实地察看盘点现场的时间、观察存货盘点的时间和对已盘点存货实施检查的时间等，应当与被审计单位实施存货盘点的时间协调。监盘时间以会计期末以前为优，如果被审计单位的盘点在会计期末以后进行，那么就必须编制从盘点日到期末的存货余额调节表，但尽量使盘点时间靠近会计期末。

② 存货监盘的要点及关注事项。监盘的要点主要包括注册会计师实施存货监盘程序的方法、步骤，各个环节应注意的问题及所要解决的问题。注册会计师需要重点关注的事项包括盘点期间的存货移动、存货的状况、存货的截止确认、存货的各个存放地点及金额等。

③ 参加存货监盘人员的分工。注册会计师应当根据被审计单位参加存货盘点人员分工、分组情况、存货监盘工作量的大小和人员素质情况，确定参加存货监盘的人员组成、各组成员的职责和具体的分工情况，并加强督导。

④ 检查存货的范围。注册会计师应当根据对被审计单位存货盘点和对被审计单位内部控制的评价结果确定检查存货的范围。在实施观察程序后，如果认为被审计单位内部控制设计良好且得到有效实施，存货盘点组织良好，可以相应缩小实施检查程序的范围。

（2）存货监盘程序

① 评价管理层用以记录和控制存货盘点结果的指令和程序。注册会计师需要考虑这些指令和程序是否包括下列方面：适当控制活动的运用，例如收集已使用的存货盘点记录，清点未使用的存货盘点表单，实施盘点和复盘程序；准确认定在产品的完工程度，流动缓慢（呆滞）、过时或毁损的存货项目，以及第三方拥有的存货（如寄存货物）；在适用的情况下用于估计存货数量的方法，如可能需要估计煤堆的重量；对存货在不同存放地点之间的移动以及截止日前后出入库的控制。

② 观察管理层制定的盘点程序的执行情况。注册会计师需要关注，所有在盘点日以前入库的存货项目是否均已包括在盘点范围内，所有已确认为销售但尚未装运出库的商品是否均未包括在盘点范围内；在途存货和被审计单位直接向顾客发运的存货是否均已得到了适当的会计处理。

此外，注册会计师可以获取有关截止性信息，具体来说，注册会计师一般应获取盘点日前后存货收发及移动的凭证，检查库存记录与会计记录期末截止是否正确。注册会计师通常可观察存货的验收入库地点和装运出库地点以执行截止测试。在存货入库和装运过程中采用连续编号的凭证时，注册会计师应当关注盘点日前的最后编号。如果被审计单位没有使用连续编号的凭证，注册会计师应当列出盘点日以前的最后几笔装运和入库记录。如果被审计单位使用运货车厢或拖车进行存储、运输或验收入库，注册会计师应详细列出存货场地上满载和空载的车厢或拖车，并记录各自的存货状况。

③ 检查存货。在存货监盘过程中检查存货，虽然不一定能确定存货的所有权，但有助于确定存货的存在，以及识别过时、毁损或陈旧的存货。注册会计师应当把所有过时、毁损或陈旧存货的详细情况记录下来，这有利于进一步追查这些存货的处置情况，也能为测试被审计单位存货跌价准备计提的准确性提供依据。

④ 执行抽查。在对存货盘点结果进行测试时，注册会计师可以从存货盘点记录中选取项目追查至存货实物，以及从存货实物中选取项目追查至盘点记录，以获取有关盘点记录准确性和完整性的审计证据。需要说明的是，注册会计师应尽可能避免让被审计单位事先了解将抽盘的存货项目。除记录注册会计师对存货盘点结果进行的测试情况外，获取管理层完成的存货盘点记录的复印件也有助于注册会计师日后实施审计程序，以确定被审计单位的期末存货记录是否准确地反映了存货的实际盘点结果。

存货抽查情况表如表 9-5 所示。

表 9-5　　　　　　　　　　　　　存货抽查情况表

被审计单位：××××　　　　　　　抽查人员：　　　　　　　　日期：
所属时期：2020 年 12 月 31 日　　　复核人员：　　　　　　　　日期：　　　金额单位：元

存货规格	单位	单价	盘点前账面记录		盘点表记录		抽查结果		抽查结果差异	
			数量	金额	数量	金额	数量	金额	数量	金额
A101	千克	50	1 000	50 000	1 000	50 000	1 000	50 000	—	—
A102	千克	60	2 000	120 000	2 000	120 000	1 980	118 800	20	1 200
			……		……		……			

注册会计师在实施抽盘程序时发现差异，很可能表明被审计单位的存货盘点在准确性或完整性方面存在错误。由于检查的内容通常仅仅是已盘点存货中的一部分，所以在检查中发现的错误很可能意味着被审计单位的存货盘点还存在着其他错误。一方面，注册会计师应当查明原因，并及时提请被审计单位更正；另一方面，注册会计师应当考虑错误的潜在范围和重大程度，在可能的情况下，扩大检查范围以降低风险。注册会计师还可要求被审计单位重新盘点。重新盘点的范围可限于某一特殊领域的存货或特定盘点小组。

⑤ 存货监盘结束时的工作。

盘点结束前，注册会计师应当再次观察盘点现场，确定所有应纳入盘点范围的存货是否均已盘点；取得并检查已填用、作废及未使用盘点表单的号码记录，确定其是否连续编号，查明已发放的表单是否均已收回，并与存货盘点的汇总记录进行核对。

注册会计师应当根据自己在存货监盘过程中获取的信息对被审计单位最终的存货盘点结果汇总记录进行复核，并评估其是否正确地反映了实际盘点结果。

如果存货盘点日不是资产负债表日，注册会计师应当实施适当的审计程序，确定盘点日和资产负债表日之间存货的变动是否已做正确的记录。

试一试

注册会计师审查存货时，需要（　　）。
A. 亲自盘点存货
B. 亲自指挥客户进行盘点工作
C. 了解客户是否定期进行存货盘点，但不必参与盘点过程
D. 观察客户的盘点过程并适当抽查

（3）特殊情况的处理

① 如果是被审计单位存货的性质或位置等原因导致无法实施存货监盘，注册会计师应当考虑能否实施替代审计程序，获取有关期末存货数量和状况的充分、适当的审计证据。

注册会计师应实施的替代审计程序主要包括：检查进货交易凭证或生产记录以及其他相关资料；检查资产负债表日后发生的销货交易凭证；向顾客或供应商函证。

但在其他一些情况下，如果不能实施替代审计程序，或者实施替代审计程序可能无法获取有关存货的存在和状况的充分、适当的审计证据，注册会计师需要按照审计准则的规定发表非无保留意见。

② 如果不可预见的因素导致无法在预定日期实施存货监盘，如恶劣的天气导致注册会计师无法实施存货监盘程序，或由于恶劣的天气无法观察存货，如木材被积雪覆盖；此时，注册会计师应当另择日期实施监盘，并对间隔期内发生的交易实施审计程序。

③ 对由被审计单位委托其他单位保管或控制的存货，注册会计师应当向保管人或债权人函证。如获取的信息使注册会计师对第三方的诚信和客观性产生疑虑，注册会计师可以考虑实施检查或其他适合具体情况的审计程序，如实施或安排其他注册会计师实施对第三方的存货监盘（如可行）；获取其他注册会计师或服务机构注册会计师针对用以保证存货得到恰当盘点和保管的内部控制的适当性而出具的报告；检查与第三方持有的存货相关的文件记录，如仓储单；当存货被作为抵押品时，要求其他机构或人员进行确认。

此外，注册会计师可以考虑由第三方保管存货的商业理由的合理性，以进行存货相关风险（包括舞弊风险）的评估，并计划和实施适当的审计程序，例如检查被审计单位和第三方所签署

的存货保管协议的相关条款、复核被审计单位调查及评价第三方工作的程序等。

④ 对所有权不属于被审计单位的存货，注册会计师应当取得其规格、数量等有关资料，确定是否已单独存放、标明，且未被纳入盘点范围。在存货监盘过程中，注册会计师应当根据取得的所有权不属于被审计单位的存货的有关资料，观察这些存货的实际存放情况，确保其未纳入盘点范围。即使在被审计单位声明不存在受托代存存货情况下，注册会计师在存货监盘时也应当关注是否存在某些存货不属于被审计单位的迹象，以避免盘点范围不当。

⑤ 对某些特殊类型的存货而言，被审计单位通常使用的盘点方法和控制程序并不完全适用。这些存货通常或者没有标签，或者其数量难以估计，或者其质量难以确定，或者盘点人员无法对其移动实施控制。在这些情况下，注册会计师需要运用职业判断，根据存货的实际情况，设计恰当的审计程序，对存货的数量和状况获取审计证据。表 9-6 列举了被审计单位特殊存货的类型、通常存在的潜在问题、可供实施的审计程序，供参考。

表 9-6   特殊存货的监盘程序

存货类型	潜在问题	可供实施的审计程序
木材、钢筋盘条、管子	通常无标签，但在盘点时会做上标记或用粉笔标识。 难以确定存货的数量或等级	检查标记或标识。 利用专家或被审计单位内部有经验人员的工作
堆积型存货（如糖、煤、钢废料）	通常既无标签也不做标记。 在估计存货数量时存在困难	运用工程估测、几何计算、高空勘测，并依赖详细的存货记录。 如果堆场中的存货堆不高，可进行实地监盘，或通过旋转存货堆加以估计
使用磅秤测量的存货	在估计存货数量时存在困难	在监盘前和监盘过程中均应检验磅秤的精准度，并留意磅秤的位置移动与重新调校程序。 将检查和重新称量程序相结合。 检查称量尺度的换算问题
散装物品（如贮窖存货，使用桶、箱、罐、槽等容器储存的液体、气体、谷类粮食、流体存货等）	在盘点时通常难以识别和确定。 在估计存货数量时存在困难。 在确定存货质量时存在困难	使用容器进行监盘或通过预先编号的清单列表加以确定。 使用浸蘸、测量棒、工程报告以及依赖永续存货记录。 选择样品进行化验与分析，或利用专家的工作
贵金属、石器、艺术品与收藏品	在存货辨认与质量确定方面存在困难	选择样品进行化验与分析，或利用专家的工作
生产纸浆用木材、牲畜	在存货辨认与数量确定方面存在困难。 可能无法对此类存货的移动实施控制	通过高空摄影以确定其存在，对不同时点的数量进行比较，并依赖永续存货记录

试一试

注册会计师对企业存货进行监盘时，发现所有权不属于被审计单位的存货，则应当（   ）。

A. 不予理会   B. 要求单独存放   C. 纳入盘点范围   D. 要求退回

【例 9-1】注册会计师正在对华兴公司的存货进行监盘，工作中发现下列问题。

（1）产成品仓库中有数箱产品未挂盘点单，经询问，属于被审计单位的已售出产品。

（2）一间小仓库中有三种沾满灰尘的原材料，每种材料都挂有盘点标签，并且数额与实物相符。

（3）材料明细账上有一批存货记录，存货盘点表上没有，经询问，得知该批材料存放在外地。

要求： 对监盘中发现的问题应当怎样开展进一步审计程序？

解析：（1）查阅有关购销协议，结算凭证等，以确定该批产品的所有权。如果该批产品的销售尚未实现，应将其列入被审计单位的存货。

（2）向有关生产主管查询该批材料是否还能用于生产，如果不能用于生产，属于报废或毁损的材料，则不应当列入被审计单位的存货。

（3）派人前往存放地进行盘点，存货量不大时，也可向寄存的单位函证。

4. 存货计价测试

监盘程序主要对存货的结存数量予以确认。为验证财务报表上存货余额的真实性，还必须对存货的计价进行审计。

（1）选择测试样本

用于计价测试的样本，应从存货数量已经盘点、单价和总金额已经记入存货汇总表的结存存货中选择。选择时应着重结存余额较大，且价格变化较频繁的项目，同时考虑所选样本的代表性。抽样方法一般采用分层抽样法，抽样规模应足以推断总体的情况。

（2）计价方法的确认

存货计价方法多种多样，企业可以结合国家法规要求选择适合自身特点的方法。注册会计师除应了解掌握被审计单位的存货计价方法外，还应对这种计价方法的合理性与一贯性予以关注，没有足够理由，计价方法在同一会计年度内不得变动。对于已变动的计价方法，注册会计师应审查其变动是否在财务报表上予以充分披露。

【例9-2】 某企业采用月末一次加权平均法计算结转耗用材料成本，本月甲材料月初结存数量5 200千克，金额为7 800元，本月购入甲材料数量7 300千克，金额为14 600元。本月基本生产车间耗料5 000千克，结转材料成本10 000元。

要求： 指出上述会计处理存在的问题。

解析： 抽查有关会计凭证，重新计算结转发出材料实际成本。经重新计算发现：

加权平均单价=（7 800+14 600）÷（5 200+7 300）=1.792（元）

发出材料实际成本=5 000×1.79=8 960（元）

多转材料实际成本=10 000-8 960=1 040（元）

存在的问题：该企业按进料价格多转耗用材料成本1 040元，最终影响当期发出产品的成本。

（3）计价测试的内容

① 对存货价值的组成内容予以检查。存货价值通常由买价、运输及仓储成本、直接加工成本和制造费用等组成。不同企业在成本及费用的界定上可能不尽相同，注册会计师在开始计价测试前就有必要确认存货的合理合法价值构成。

② 存货成本的计价测试。存货成本审计主要包括直接材料成本的审计、直接人工成本的审计、制造费用的审计、生产成本在当期完工产品与在产品之间分配的审计等内容。

A. 直接材料成本的审计。直接材料成本的实质性程序一般应从审阅材料和生产成本明细账入手，抽查有关的费用凭证，验证企业产品直接耗用材料的数量、计价和材料费用分配是否真实、合理。

抽查产品成本计算单，检查直接材料成本的计算是否正确，材料费用的分配标准与计算方法是否合理和适当，是否与材料费用分配汇总表中该产品分摊的直接材料费用相符。检查直接材料耗用数量的真实性，有无将非生产用材料计入直接材料费用。分析比较同一产品前后各年度的直接材料成本，如有重大波动应查明原因。抽查材料发出及领用的原始凭证，检查领料单的签发是

09

否经过授权，材料发出汇总表是否经过适当的人员复核，材料单位成本计价方法是否适当，是否正确、及时入账。对采用定额成本或标准成本的被审计单位，应检查直接材料成本差异的计算、分配与会计处理是否正确，并查明直接材料的定额成本、标准成本在本年度内有无重大变更。

B. 直接人工成本的审计。直接人工成本实质性程序的内容主要包括：抽查产品成本计算单，检查直接人工成本的计算是否正确，人工费用的分配标准与计算方法是否合理和适当，是否与人工费用分配汇总表中该产品分摊的直接人工费用相符；将本年度直接人工成本与前期进行比较，查明异常波动的原因；分析比较本年度各个月份的人工费用发生额，如有异常波动，应查明原因；结合应付职工薪酬的检查，抽查人工费用会计记录及会计处理是否正确；对采用标准成本法的被审计单位，应抽查直接人工成本差异的计算、分配与会计处理是否正确，并查明直接人工的标准成本在本年度内有无重大变更。

C. 制造费用的审计。制造费用是企业为生产产品或提供劳务而发生的间接费用，即生产单位为组织和管理生产而发生的费用。制造费用实质性程序的基本要点包括：获取或编制制造费用汇总表，并与明细账、总账核对是否相符，抽查制造费用中的重大数额项目及例外项目是否合理；审阅制造费用明细账，检查其核算内容及范围是否正确，并应注意是否存在异常会计事项，如有，则应追查至记账凭证及原始凭证，重点查明被审计单位有无将不应列入成本费用的支出（如投资支出、被没收的财物、支付的罚款、违约金、技术改造支出等）计入制造费用；必要时，对制造费用实施截止测试，即检查资产负债表日前后若干天的制造费用明细账及其凭证，确定有无跨期入账的情况；检查制造费用的分配是否合理；对于采用标准成本法的被审计单位，应抽查标准制造费用的确定是否合理，计入成本计算单的数额是否正确，制造费用的计算、分配与会计处理是否正确，并查明标准制造费用在本年度内有无重大变动。

D. 生产成本在当期完工产品与在产品之间分配的审计。检查成本计算单在产品数量与生产统计报告或在产品盘存表中的数量是否一致；检查在产品约当产量计算或其他分配标准是否合理；计算复核样本的总成本和单位成本。

【例9-3】注册会计师审查某厂2020年12月成本计算单时，发现下列问题。

（1）12月31日材料退库18 000元，经查并无材料退库。

（2）制造费用中修理费用5 000元，经查为大修理工程所用。

（3）待摊费用1 000元，应摊入本月成本，漏记未转账。

月末完工产品800件，在产品400件，材料在生产开始时一次投料，在产品加工程度为50%。该单位自编产品成本计算表，如表9-7所示。

表9-7　产品成本计算表　单位：元

成本项目	生产费用合计	完工产品成本	在产品成本
直接材料	150 000	100 000	50 000
直接人工	18 000	14 400	3 600
制造费用	22 000	17 600	4 400
合计	190 000	132 000	58 000

经查完工产品入库为1 000件，并非800件，在产品数量、投料程度和加工程度正确。

要求：根据上述资料纠正存在的错误，重编成本计算表。

解析：（1）无材料退库，本期直接材料成本应调增。

（2）修理费用应计入管理费用，本期制造费用应调减。

（3）待摊费用漏记，本期制造费用应调增。

重新编制的产品成本计算表如表9-8所示。

表9-8　　　　　　　　　　　　重编的产品成本计算表　　　　　　　　　　　　单位：元

成本项目	生产费用合计	完工产品成本	在产品成本
直接材料	168 000	120 000	48 000
直接人工	18 000	15 000	3 000
制造费用	18 000	15 000	3 000
合计	204 000	150 000	54 000

该企业通过虚构材料退库、虚增制造费用、漏摊待摊费用、缩小产成品数量等手法，达到调节成本进而调节利润的目的。

③ 对期末存货的计价检查。在期末存货计价审计中，由于被审计单位期末存货采用成本与可变现净值孰低的方法计价，所以注册会计师应充分关注其对存货可变现净值的确定及存货跌价准备的计提。注册会计师可以通过询问管理层和相关部门员工，了解被审计单位如何收集有关滞销、过时、陈旧、毁损、残次存货的信息并为之计提必要的存货跌价准备。如被审计单位编制存货货龄分析表，则可以通过审阅分析表识别滞销或陈旧的存货。此外，注册会计师还要结合存货监盘过程中检查存货状况而获取的信息，以判断被审计单位的存货跌价准备计算表是否有遗漏。

试一试

某股份有限公司期末存货采用成本与可变现净值孰低法计价，成本与可变现净值的比较采用单项比较法。该公司2020年12月31日A、B、C三种存货的成本分别为：130万元、221万元、316万元；A、B、C三种存货的可变现净值分别为：128万元、215万元、336万元。则注册会计师认为该公司2020年12月31日存货的账面价值为（　　　　）万元。

A．679　　　　　　　B．695　　　　　　　C．659　　　　　　　D．687

5．确定存货是否在资产负债表上恰当披露

根据会计准则的规定，资产负债表上的存货项目应根据"材料采购""原材料""低值易耗品""库存商品""委托加工物资""委托代销商品""生产成本"等科目的期末余额合计，减去"存货跌价准备""受托代销商品款"科目期末余额后填列。材料采用计划成本核算，以及库存商品采用计划成本核算或售价核算的企业，还应按加或减"材料成本差异""商品进销差价"科目余额后的金额填列。

完成存货实质性程序后，审计结果要记录于存货审定表，如表9-9所示。

表9-9　　　　　　　　　　　　　存货审定表

单位名称：　　　　　　查验人员：　　　　　　查验日期：　　　　　　索引号：

截止日期：　年　月　日　复核人员：　　　　　　复核日期：　　　　　　页次：

上期审定数	未审数				同比增减	调整		审定数
	年初余额	借	贷	期末余额		借	贷	

审计说明：

1．总账、明细账、报表核对一致

2．期末较上年审定数：

经审计调整如下：

审计结论：

1．经审计，上述审定数可以确认；

2．经审计，上述调整或重分类后的审定数可以确认

> 资产负债表中的"存货"项目不包括（   ）科目的期末余额。
>
> A. 原材料　　　　B. 库存商品　　　　C. 存货跌价准备　　D. 待摊费用

五、应付职工薪酬的实质性测试

（一）应付职工薪酬的审计目标

工薪交易和相关余额主要的重大错报风险是对费用的高估，如向虚构员工发放工薪、对未实际发生工时支付工薪或以未授权的工薪率发放工薪等（存在或发生以及准确性认定）。由于严格的监管环境，以及工薪活动的敏感性和保密性，未遵守法律、法规可能受到的严厉惩罚。管理层针对工薪系统实施严格的控制，在大多数情况下能够有效且预先发现并纠正错误和舞弊。因此，注册会计师在测试了关键控制后可能将工薪交易和相关余额中的重大错报风险评估为低水平，并考虑通过实施分析程序获取所需要的大多数实质性审计证据，减少细节测试。针对剩余重大错报风险，注册会计师应当采用细节测试对应付职工薪酬的完整性、准确性、计价以及权利和义务进行测试。

人力资源与工薪的主要业务活动

应付职工薪酬审计目标的确定如表 9-10 所示。

表 9-10　　　　　　　　　　　　应付职工薪酬审计目标的确定

被审计单位：			索引号：	页次：
项目：应付职工薪酬			编制人：	日期：
报表期间：			复核人：	日期：

审计目标	财务报表认定				
	存在	完整性	权利和义务	准确性、计价和分摊	列报
A. 资产负债表中记录的应付职工薪酬是存在的	√				
B. 所有应当记录的应付职工薪酬均已记录		√			
C. 记录的应付职工薪酬是被审计单位应当履行的现时义务			√		
D. 应付职工薪酬以恰当的金额包括在财务报表中，与之相关的计价调整已恰当记录				√	
E. 应付职工薪酬已按企业会计准则的规定在财务报表中做出恰当列报					√

（二）应付职工薪酬的实质性程序

应付职工薪酬的实质性程序通常包括以下几点。

（1）获取或编制应付职工薪酬明细表，复核加计是否正确，并与报表数、总账数和明细账合计数核对是否相符。

（2）对本期职工薪酬的发生情况实施分析程序。

① 检查各月职工薪酬的发生额是否有异常波动，若有，则要求被审计单位予以解释。

② 将本期职工薪酬总额与上期进行比较，要求被审计单位解释其减增变动原因，或取得公司管理当局关于员工工资水平的决议。

③ 了解被审计单位本期平均职工人数，计算人均薪酬水平，与上期或同行业水平进行比较。

④ 结合员工社会保险缴纳情况，明确被审计单位员工范围，检查是否与关联公司员工工资混淆列支。

（3）检查工资、奖金、津贴和补贴。

① 计提是否正确，依据是否充分。

② 检查分配方法与上年是否一致。

③ 检查发放金额是否正确，代扣的款项及其金额是否正确。

④ 检查是否存在属于拖欠性质的职工薪酬，并了解拖欠的原因。

（4）检查社会保险费（包括医疗、养老、失业、工伤、生育保险费）、住房公积金、工会经费和职工教育经费等计提（分配）和支付（或使用）的会计处理是否正确，依据是否充分。

（5）检查非货币性福利。

① 检查以自产产品发放给职工的非货币性福利，检查是否根据受益对象，按照该产品的公允价值，计入相关资产成本或当期损益，同时确认应付职工薪酬；对于难以认定受益对象的非货币性福利，是否直接计入当期损益和应付职工薪酬。

② 检查无偿向职工提供住房的非货币性福利，是否根据受益对象，将该住房每期应计提的折旧计入相关资产成本或当期损益，同时确认应付职工薪酬。对于难以认定受益对象的非货币性福利，是否直接计入当期损益和应付职工薪酬。

③ 检查租赁住房等资产供职工无偿使用的非货币性福利，是否根据受益对象，将每期应付的租金计入相关资产成本或当期损益，并确认应付职工薪酬。对于难以认定受益对象的非货币性福利，是否直接计入当期损益和应付职工薪酬。

（6）检查应付职工薪酬的期后付款情况，并关注在资产负债表日至财务报表批准报出日之间，是否有确凿证据表明需要调整资产负债表日原确认的应付职工薪酬事项。

（7）检查应付职工薪酬是否已按照企业会计准则的规定在财务报表中做出恰当的列报。

【例9-4】注册会计师小李于2021年1月20日在审核华兴公司"应付职工薪酬"时，发现该公司为6名部门经理以上的管理人员每人提供一辆公车免费使用，每辆汽车每月计提折旧1 500元。注册会计师认为这笔业务应在"应付职工薪酬"中核算，而华兴公司财务人员认为该业务不属于职工薪酬核算内容。

要求：这笔业务是否应计入应付职工薪酬呢？

解析：华兴公司向管理人员提供公车免费使用，属于非货币性福利，应作为职工薪酬核算，折旧还应计入当期损益。因此，应提请华兴公司财务人员对以上业务处理进行调整。

六、营业成本的实质性测试

（一）营业成本的审计目标

营业成本指企业从事对外销售商品、提供劳务等主营业务活动和销售材料、出租固定资产、出租无形资产、出租包装物等其他经营活动所发生的实际成本，主要包括主营业务成本和其他业务成本两部分。营业成本审计目标的确定见表9-11。

表 9-11　　　　　　　　　　　　　　　　营业成本审计目标的确定

被审计单位：　　　　　　　　　　　　　　　　索引号：　　　　　　　　页次：

项目：营业成本　　　　　　　　　　　　　　　编制人：　　　　　　　　日期：

报表期间：　　　　　　　　　　　　　　　　　复核人：　　　　　　　　日期：

审计目标	财务报表认定					
	发生	完整性	准确性	截止	分类	列报
A. 利润表中记录的营业成本已发生，且与被审计单位有关	√					
B. 所有应当记录的营业成本均已记录		√				
C. 与营业成本有关的金额及其他数据已恰当记录			√			
D. 营业成本已记录于正确的会计期间				√		
E. 营业成本已记录于恰当的账户					√	
F. 营业成本已按照企业会计准则的规定在财务报表中做出恰当的列报						√

（二）营业成本的实质性程序

以下以主营业务成本为例介绍营业成本的实质性测试程序。

（1）获取或编制主营业务成本明细表，复核加计是否正确，与明细账和总账核对是否相符。

（2）进行分析性程序。

① 比较当年度与以前年度不同品种产品的主营业务成本和毛利率，并查明异常情况的原因。

② 比较当年度与以前年度各月主营业务成本的波动趋势，并查明异常情况的原因。

③ 比较被审计单位与同行业的毛利率，并查明异常情况的原因。

④ 比较当年度及以前年度主要产品的单位产品成本，并查明异常情况的原因。

（3）编制生产成本与主营业务成本倒轧表（见表 9-12），并与相关科目交叉索引。

（4）抽查主营业务成本结转明细清单，比较计入主营业务成本的品种、规格、数量和主营业务收入的口径是否一致，是否符合配比原则。

（5）针对主营业务成本中重大调整事项（如销售退回）、非常规项目，检查相关原始凭证，评价真实性和合理性，检查其会计处理是否正确。

（6）在采用计划成本、定额成本、标准成本或售价核算存货的条件下，应检查产品成本差异或商品进销差价的计算、分配和会计处理是否正确。

（7）结合期间费用的审计，判断被审计单位是否通过将应计入生产成本的支出计入期间费用，或将应计入期间费用的支出计入生产成本等手段调节生产成本，从而调节主营业务成本。

（8）检查主营业务成本是否已按照企业会计准则的规定在财务报表中做出恰当列报。

项目实施

阳光实业有限公司成本核算中存在问题如下。

（1）已入库未收到结算凭证的材料应做暂估入库处理，本期购入材料少计 5 000 元。

（2）已领未用材料应做假退料处理，直接材料成本应冲减 1 000 元。

（3）在建工程工人工资不应计入生产成本，本期直接人工成本应冲减 2 000 元。

（4）车间设备大修理费用应计入管理费用，应调减制造费用 6 000 元。

（5）在产品账面余额 30 000 元，实际盘点金额为 38 000 元，影响本期完工产品成本。

根据上述资料填制生产成本与主营业务成本倒轧表（见表 9-12）。

表 9-12　　　　　　　　　　　生产成本与主营业务成本倒轧表

被审计单位：阳光实业有限公司　　　　　　　索引号：　　　　　　　页次：

项目：主营业务成本　　　　　　　　　　　　编制人：　　　　　　　日期：

报表期间：2020 年度　　　　　　　　　　　复核人：　　　　　　　日期：　　　　单位：元

项目	索引号	未审数	审计调整		审定数	备注
期初原材料余额		80 000				80 000
加：本期购货净额		150 000	借 5 000			155 000
减：期末原材料余额		60 000	借 1 000			61 000
减：其他原材料发出额		10 000				10 000
直接材料成本		160 000				164 000
加：直接人工成本		15 000	贷 2 000			13 000
加：制造费用		42 000	贷 6 000			36 000
产品生产成本		217 000				213 000
加：在产品期初余额		23 000				23 000
减：在产品期末余额		30 000	借 8 000			38 000
库存商品成本		210 000				198 000
加：库存商品期初余额		40 000				40 000
减：库存商品期末余额		50 000				50 000
减：其他库存商品发出额						
主营业务成本		2 000 000				188 000

审计结论：

主营业务成本多计 12 000 元，将影响营业利润少计 12 000 元

视野拓展

存货的"奥秘"

在形形色色的利润操纵手法中，资产造假占据了主要地位。我国近年来影响较大的财务报表舞弊案大多数与资产项目的造假有关，上市公司琼民源、蓝田股份、东方锅炉、成都红光就是其中的典型。造假的公司一般使用五种手段来非法提高资产价值和虚增盈利，即虚构收入、制造虚假的时间差异、隐瞒负债和费用、虚假披露以及资产计价舞弊。其中资产计价舞弊是资产造假的惯用手法。而存货项目种类繁多并且流动性强、计价方法多样等特点导致存货高估构成资产计价舞弊的主要部分。

曾被誉为"中国农业第一股"的蓝田股份主营产品是农副水产品和饮料。2000 年蓝田股份的水产品收入位于"A07 渔业"上市公司的同业最高水平，高于 3 倍同业平均值。蓝田股份的农副水产品生产基地位于湖北洪湖市，公司生产区是一个几十万亩（1 亩约为 666.67 平方米）的天然水产种养场，其主营业务是淡水鱼类及其他水产品养殖。2000 年蓝田股份的流动资产占资产百分比位于"A07 渔业"上市公司的同业最低水平，低于同业平均值，约为平均值的 1/3；而存货占流动资产百分比位于"A07 渔业"上市公司的同业最高水平，高于约 3 倍同业平均值；而在产品占

存货的 82%。按蓝田股份的报告，其精养鱼塘每亩水面产值达 3 万元，考虑到水产品的价格，意味着蓝田股份一亩水面至少产 3 000 千克鱼，每平方米水面下要有 50～60 千克鱼在游动，这么大的密度，氧气供应是大问题，恐怕只有实验室才能做得到。存货周转率最低的 1998 年也达到了 4.49，最高时甚至达到 10.82，意味着蓝田股份从购买鱼苗到鱼长大并卖出最多只要约 80 天时间。以上种种迹象表明蓝田股份存货项目存在着明显的高估问题。而面积达几十万亩的养殖场中对水产品进行盘点造成的审计困难，使注册会计师未能及时发现并披露蓝田股份的造假行为。最终，蓝田股份因虚构收入、虚增资产、高估存货等问题而黯然退市，为其提供审计服务的沈阳华伦会计师事务所也一并为蓝田股份的造假行为承担了连带责任。

此案件给我们敲响了警钟。存货审计是如此重要，也是如此复杂，存货舞弊并非仅凭简单的监盘就可查出。不过，如果注册会计师能够弄清这些欺骗性操纵是如何进行的，对于发现这些舞弊将会大有帮助，这就意味着注册会计师必须掌握识别存货舞弊的技术。不诚实的企业常常组合利用以下几种方法来进行存货造假：虚构不存在的存货、操纵存货盘点，以及错误的存货资本化。所有这些精心设计的方案有一个共同的目的，即虚增存货的价值。证实存货数量的最有效途径是对其进行整体监盘。注册会计师必须合理、周密地安排监盘程序并谨慎地予以执行。但仅靠监盘并不能发现所有重大舞弊行为，注册会计师还必须合理的运用其他审计程序，以发现存货的"奥秘"。

练习与实训

一、单项选择题

1. 存货监盘程序所得到的是（　　）。
　　A. 书面证据　　　　B. 口头证据　　　C. 环境证据　　　D. 实物证据
2. 存货审计的内容不包括（　　）。
　　A. 制造费用的审计　　　　　　　　　B. 存货跌价准备的审计
　　C. 直接材料成本、人工成本的审计　　D. 坏账准备的审计
3. 在一般情况下，（　　）应划入生产与存货循环。
　　A. 应付账款　　　　B. 其他应收款　　C. 主营业务成本　　D. 无形资产
4. 毛利率的波动可能意味着（　　）。
　　A. 固定制造费用比重较小时销量发生变动　　B. 销售额与销售成本同比上升
　　C. 销售额与销售成本同比下降　　　　　　　D. 销售价格发生变动
5. 生产与存货循环和销售与收款循环的直接联系发生于（　　）。
　　A. 借记原材料，贷记应付账款时　　　B. 借记货币资金，贷记应收账款时
　　C. 借记主营业务成本，贷记库存商品时　D. 借记应付账款，贷记货币资金时
6. 生产与存货循环有关交易的实质性程序的重点不包括（　　）。
　　A. 成本会计制度的测试　　　　B. 分析程序的运用
　　C. 存货的监盘　　　　　　　　D. 存货计价的测试
7. 甲公司采用永续盘存制度核算存货，注册会计师在检查甲公司存货时，注意到某些存货项目实际盘点的数量大于永续盘存记录中的数量。假定不考虑其他因素，以下各项中，最可能导致这种情况的是（　　）。
　　A. 供应商向甲公司提供商业折扣　　　B. 甲公司向客户提供销售折扣
　　C. 甲公司已将购买的存货退给供应商　D. 客户已将购买的存货退给甲公司

8. 关于存货的审计，以下表述正确的是（　　）。
   A. 对存货进行监盘是证实存货"完整性"和"权利和义务"认定的重要程序
   B. 对难以盘点的存货，应根据企业存货收发制度确认存货数量
   C. 存货计价审计的样本应着重选择余额较小且价格变动不大的存货项目
   D. 注册会计师进行的监盘是观察、询问和实物检查工作的集合

9. 关于对存货进行抽点，与审查存货盘点记录的完整性不相关的是（　　）。
   A. 从存货实物中选取项目追查至存货盘点记录
   B. 从存货盘点记录中选取项目追查至存货实物
   C. 在存货盘点过程中关注存货的移动情况
   D. 在存货盘点结束前，再次观察盘点现场

10. 下列各项中，属于应付职工薪酬审计实质性程序的是（　　）。
   A. 询问和观察人事、考勤、工薪发放、记录等职责执行情况
   B. 复核人事政策、组织机构图
   C. 对本期工资费用执行分析程序
   D. 检查工资分配表、工资汇总表、工资结算表，并核对员工工资手册等

二、多项选择题

1. 注册会计师测试被审计单位应付职工薪酬要实现的主要目标有（　　）。
   A. 检查应付职工薪酬的计提是否正确
   B. 检查应付职工薪酬是否记录在正确的会计期间
   C. 确保不发生多计或虚构应付职工薪酬
   D. 测试是否发生少报或漏报应付职工薪酬

2. 对被审计单位存货的审计较复杂、费时的原因有（　　）。
   A. 存货占资产的比重大　　　　　　　　B. 存货项目的多样性
   C. 存货估价方法的多样性　　　　　　　D. 存货放置地点不同，实物控制不便

3. 审计组未将甲公司产品成本核算纳入审计范围。下列说法正确的有（　　）。
   A. 这种做法不对，应该将产品成本核算纳入此次审计范围
   B. 这种做法可以节约审计成本，保证审计质量
   C. 这种做法有利于注册会计师规避风险
   D. 这种做法加大了审计的风险

4. 下列支出不得计入产品成本的有（　　）。
   A. 直接材料　　　B. 支付的办公费　　　C. 支付的违约金　　　D. 捐赠支出

5. 存货盘点中的遗漏影响（　　）项目的高估或低估。
   A. 存货　　　　　　B. 应收账款　　　　　C. 营业收入　　　　　D. 营业成本

6. 下列各项中，应作为职工薪酬计入相关资产成本的有（　　）。
   A. 设备采购人员差旅费　　　　　　　　B. 公司总部管理人员的工资
   C. 生产职工的伙食补贴　　　　　　　　D. 材料入库前挑选整理人员工资

7. 在对存货实施监盘程序时，以下做法中，注册会计师可以选择的有（　　）。
   A. 对于已做质押的存货，向债权人函证被质押存货的相关内容
   B. 对于受托代存的存货，实施向存货所有权人函证等审计程序
   C. 对于因性质特殊而无法监盘的存货，实施向顾客或供应商函证等审计程序
   D. 在首次接受委托的情况下，对存货的期末余额不通过执行监盘程序确认，而是根据被审计单位存货收发制度确认

09

8. 注册会计师对存货监盘实施的替代程序主要包括（　　　）。
   A. 检查进货交易凭证或生产记录以及其他相关资料
   B. 检查资产负债表日后发生的销货交易凭证
   C. 向客户或供应商函证
   D. 对存货进行截止测试

9. 注册会计师对被审计单位存货进行审计时，下列费用应该包括在存货成本中的有（　　　）。
   A. 商品入库后发生的仓储费用
   B. 制造企业为生产产品而发生的人工费用
   C. 生产企业为生产产品而发生的生产设备的折旧费用
   D. 商品流通企业进口商品支付的关税

10. 下列各项中，应确认为应付职工薪酬的有（　　　）。
   A. 非货币性福利　　　　　　　　　　B. 社会保险费和辞退福利
   C. 职工工资、福利费　　　　　　　　D. 工会经费和职工教育经费

三、判断题

1. 由于严格的监管环境和内部控制，通常情况下工薪业务重大错报风险评估为低，因此注册会计师可以考虑通过实施分析程序获取大多数实质性审计证据，减少细节测试。（　　）

2. 期末"应付职工薪酬"账户贷方余额表示多付工资。（　　）

3. 存货监盘程序所得到的证据可以保证被审计单位对存货拥有所有权，但不能对存货的价值提供审计证据。（　　）

4. 企业将应由在建工程、无形资产负担的职工薪酬计入了生产成本，会导致当期利润减少。（　　）

5. 注册会计师的监盘责任应当包括现场监督被审计单位盘点并进行适当的抽点两部分。（　　）

6. 对于人力资源与工薪循环的审计，不必进行控制测试，直接对"应付职工薪酬"账户进行细节测试就可以。（　　）

7. 将公司自己生产的笔记本电脑发放给企业职工，不属于销售行为，所以不需要缴纳各种税金。（　　）

8. 如果被审计单位采用永续盘存制，注册会计师可不必对存货的计价进行实地盘点。（　　）

9. 对于企业存放或寄销在外地的存货，也应纳入盘点范围，可以由注册会计师亲自前往监盘，也可以向寄存寄销单位函证。（　　）

10. 存放商品的仓储地相对独立，限制无关人员接近，该控制与商品的"完整性"认定有关。（　　）

四、实训题

1. 以下为注册会计师了解的永晨公司关于原料购入、验收、储存、发出等程序的内部控制制度基本内容。

（1）原料（主要是价值较高的零部件）存放于加锁的仓库内，库房人员包括一位主管和两名保管人员。生产车间以书面或口头通知的形式从仓库领取材料。

（2）公司未建立永续盘存制度，因此仓库保管人员未记录原料的发出，而是在每月通过实地盘点存货来倒算本期的发出存货，存货盘点的程序比较完善。

（3）实地盘点后，仓库主管将盘点数量与预先确定的再订货点进行比较。如果某一原料低于

再订货点，主管就将这种原料编号写在请购单上，然后送交采购部门，由采购部门负责进行材料的选购。

要求：指出永晨公司生产与存货的管理存在哪些问题。

2. 注册会计师审查华兴公司材料采购业务时，发现本年内一笔业务的处理如下：从外地购进原材料一批，共 8 500 千克，计价款 293 250 元，运杂费 1 500 元。财会部门将原材料价款计入原材料成本，运杂费计入管理费用。材料入库后，仓库转来材料入库验收单，发现材料短缺 80 千克，查明 60 千克是运输部门引起的短缺，20 千克是运输途中的合理损耗，材料买价为每千克 34.5 元。

要求：指出会计处理中存在的错误。

3. 注册会计师在对力康公司 2020 年财务报表审计过程中，发现下列业务。

（1）2021 年 1 月 3 日，公司收到了金额为 15 000 元的一张购货发票，这笔购货业务在 1 月 5 日入账。入库单显示该批商品于 2020 年 12 月 29 日收到。

（2）2020 年 12 月 28 日，公司收到价值 3 500 元的商品，相关发票没有入账。该发票由销售部门保管，发票上注明"受托代销"。

（3）2020 年 12 月 31 日营业结束后，发货区域有价值 18 600 元的商品，贴有"即将发货"的标签。当日存货盘点范围中没有包括该批存货。通过调查，该批商品于 2021 年 1 月 2 日发出，销售发票日期为 1 月 3 日。

（4）2021 年 1 月 6 日收到价值为 700 元的商品，并于当天登记入账，该商品于 2020 年 12 月 28 日按供货商离厂交货条件运送，因 2020 年 12 月 31 日只收到发票账单而商品未到，故未计入结账日存货。

要求：判断这些商品是否应包括在被审计单位 2020 年 12 月 31 日的存货中，并说明理由。

4. 注册会计师小李于 2021 年 1 月 20 日在审核"应付职工薪酬"时，发现 2020 年 12 月 56 号凭证摘要为发放福利费，账务处理如下。

借：管理费用　　　　　　　　　　　　　　　　　　6 000 000
　　贷：库存商品　　　　　　　　　　　　　　　　　　　6 000 000

注册会计师小李进一步查实所附原始凭证，证实为甲公司将自产的 500 件产品作为福利发放给公司管理人员。该批产品的单件成本为 1.2 万元，市场销售价格为每件 2 万元（不含增值税）。甲公司为增值税一般纳税人，适用的增值税税率为 13%，不考虑其他相关税费。

要求：请结合案情分析该公司存在的问题，并提出调整建议。

09

项目十
筹资与投资循环的审计

知识目标 ↓

1. 掌握筹资与投资循环业务流程；
2. 掌握筹资与投资循环内部控制的要求；
3. 掌握筹资与投资循环主要账户的审计目标。

能力目标 ↓

1. 能进行筹资与投资循环主要账户的控制测试；
2. 能进行筹资与投资循环主要账户的实质性测试。

项目引入

华兴股份有限公司（以下简称"华兴公司"）2020 年期初所有者权益结构如下。

普通股股本 10 000 万股，每股面值 1 元，共 10 000 万元；资本公积——股本溢价，每股溢价 2 元，共 20 000 万元；盈余公积 2 000 万元；未分配利润 3 000 万元。

本年度实现税后利润 3 000 万元，法定盈余公积提取比例为 10%。经董事会研究决定，每 10 股发放 1 股作为股票股利，该股票现价为每股 3 元，已按规定办妥增资手续。分配后，期末所有者权益结构如下。

普通股股本 11 000 万股，每股面值 1 元，共 11 000 万元；资本公积——股本溢价，每股溢价 2 元，共 20 000 万元；盈余公积 2 301.5 万元；未分配利润 4 698.5 万元。

要求：对该公司期末所有者权益构成情况进行审计，并将审计结果记录于审计工作底稿。

相关知识

一、筹资与投资循环概述

（一）筹资所涉及的主要业务活动

企业所需的资金是企业生存与发展的重要基础。企业拥有的大部分资产源于债权人和股东提供的资金，企业的筹资业务由与取得和偿还资金有关的交易组成，分为负债筹资交易和所有者权益交易两部分。具体来说，筹资活动的业务主要有以下环节。

筹资循环的主要业务活动

1．审批授权

企业通过借款筹集资金需经管理当局的审批，其中债券的发行应由股东大会授权。企业发行股票必须依据国家有关法规或企业章程的规定，报经企业最高权力机构（如股东大会）及国家有关管理部门批准。

2．签订合同或协议

向银行或其他金融机构融资须签订借款合同，发行债券须签订债券契约和债券承销或包销合同。

3．取得资金

企业实际取得银行或金融机构划入的款项或债券、股票的融入资金。

4．计算利息或股利

企业应按有关合同或协议的规定，及时计算利息或股利。

5．偿还本息或发放股利

银行借款或发行债券应按有关合同或协议的规定偿还本息，融入的股本根据股东大会的决定发放股利。

筹资的主要业务流程如图 10-1 所示。

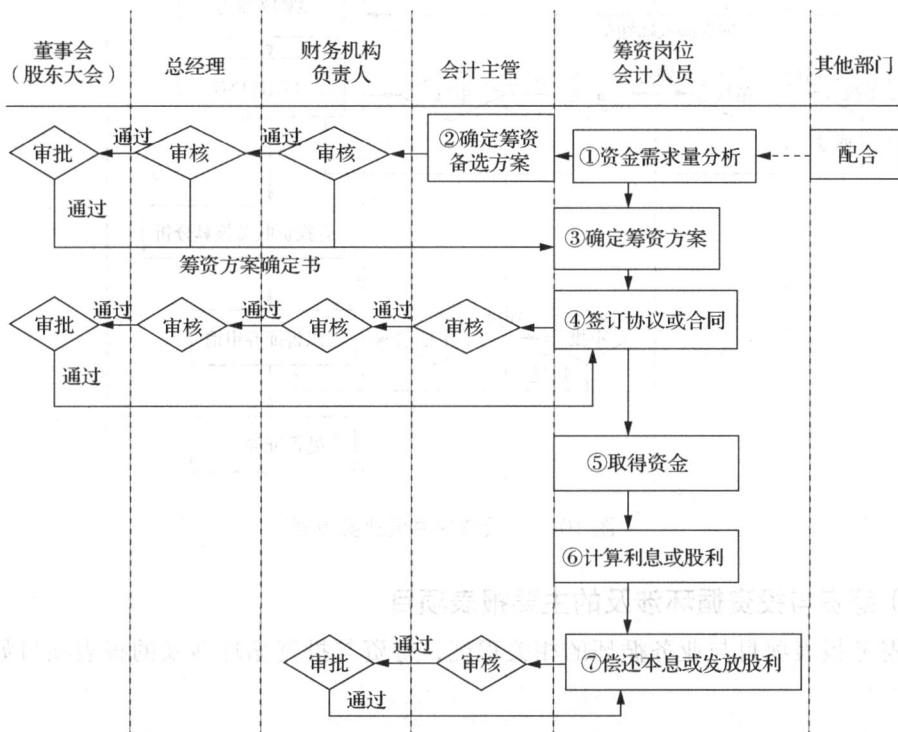

图 10-1　筹资的主要业务流程

（二）投资所涉及的主要业务活动

企业在经营过程中为了保持资产的流动性和营利性，将资产投放于证券市场或其他企业，即形成投资业务。企业投资的形式包括债券、股票、基金等。具体说来，投资业务主要有以下环节。

1．审批授权

投资业务应由企业的高层管理机构进行审批。

投资循环的主要业务活动

2. 取得证券或其他投资

企业可以通过购买证券进行投资，也可以通过与其他单位联合形成投资。

3. 取得投资收益

企业可以取得股权投资的股利收入、债券投资的利息收入和其他投资收益。

4. 转让证券或收回投资

企业可以通过转让证券实现投资的收回；其他投资已经投出，除联营合同期满，或由于其他特殊原因联营企业解散外，否则一般不得抽回投资。

投资的主要业务流程如图 10-2 所示。

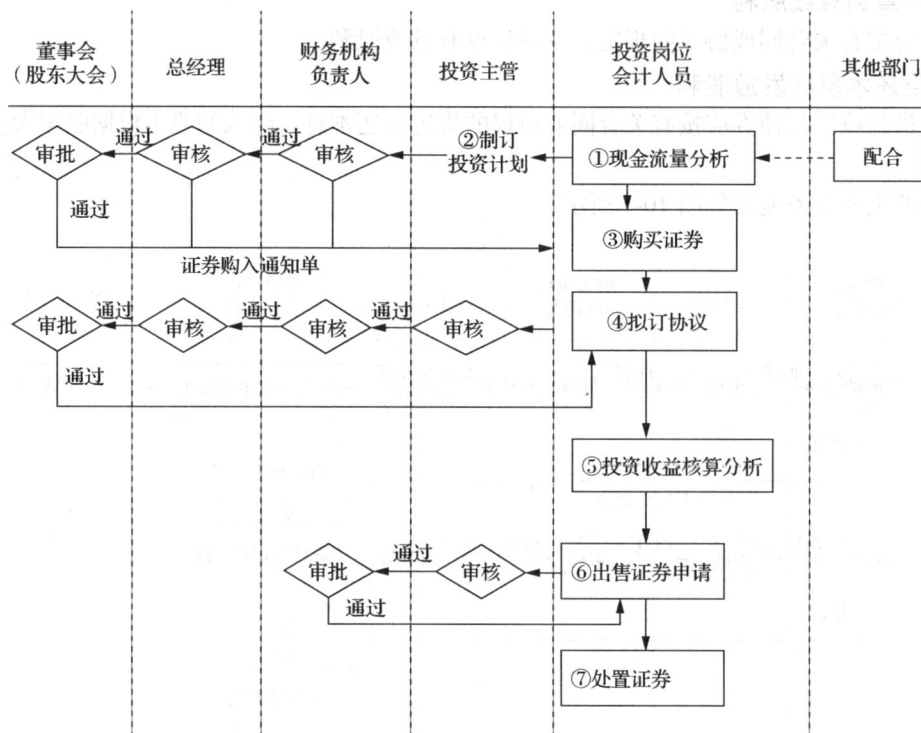

图 10-2　投资的主要业务流程

（三）筹资与投资循环涉及的主要报表项目

根据财务报表项目与业务循环的相关程度，筹资与投资循环涉及的报表项目如表 10-1 所示。

表 10-1　　　　　　　　　　筹资与投资循环和主要财务报表项目对照情况

业务循环	资产负债表项目	利润表项目
投资与筹资循环	交易性金融资产、应收利息、其他应收款、其他流动资产、债权投资、其他债权投资、长期股权投资、投资性房地产、递延所得税资产、短期借款、应付利息、应付股利、其他应付款、长期借款、应付债券、递延所得税负债、实收资本（或股本）、资本公积、盈余公积、未分配利润	财务费用、资产减值损失、公允价值变动收益、投资收益、营业外收入、营业外支出、所得税费用等

试一试

下列不属于筹资与投资循环涉及的财务报表项目是（　　　）。

A．交易性金融资产　B．资本公积　　　　C．应付利息　　　　D．固定资产

二、筹资与投资循环的风险评估程序

（一）评估筹资活动的重大错报风险

注册会计师应当在了解被审计单位的基础上考虑影响筹资交易的重大错报风险，并对被审计单位业务中可能出现的特别风险保持警惕。考虑到严格的监管环境和董事会针对筹资活动设计的严格控制，除非注册会计师对管理层的诚信产生疑虑，否则重大错报风险一般应当评估为低水平。

在实施实质性程序之前，注册会计师应当评估权益、借款、利息、股利交易和余额在报表层次和认定层次的重大错报风险。注册会计师应当通过询问、检查文件记录、观察控制程序等方法获得确切的信息以支持对重大错报风险的评估，识别特定账户余额的影响，并设计适当的审计程序以发现和纠正剩余重大错报风险。

企业会计准则以及监管法规对借款和权益的披露要求，可能引起完整性、计价和分摊、列报认定的潜在重大错报风险。尽管账户余额发生错报的可能性不大，但是仍然存在权利和义务被忽略或发生错报的可能，例如，一个集团公司用资产为另一个集团公司做抵押或担保的情况。

如果被审计单位是国际资本市场上的大型公众公司，其股票在国内和国外同时上市，其他国家的法律法规的复杂性可能影响注册会计师对重大错报风险的评估。在这种情况下，企业可能从国外获得借款，从而应当在利润表中确认汇兑损益。这种情况下的筹资交易和余额重大错报风险可能评估为中到高水平，存在完整性和计价认定风险以及未记录负债或或有负债的风险。

（二）评估投资活动的重大错报风险

注册会计师应当考虑重大错报风险对投资活动的影响，并对被审计单位可能发生的特定风险保持警惕。注册会计师应当通过实施询问、检查文件记录或观察控制程序的执行情况等程序获取确证的信息以支持对重大错报风险的评估。在识别对财务报表特定账户余额的影响的基础上，注册会计师应当设计适当的审计程序以发现并纠正剩余重大错报风险。与投资交易和余额相关的特定固有风险包括以下几点。

（1）管理层错误表述投资业务或衍生金融工具业务的偏见和动机，包括为了满足预算、提高绩效奖金、提高财务报表上的报告收益、确保从银行获得额外资金、吸引潜在投资者或影响股价以误导投资者。

（2）所取得资产的性质和复杂程度可能导致确认和计量的错误。尽管多数被审计单位可能只拥有少量的投资，并且买入和卖出的业务不频繁，交易的复杂性也可能导致会计处理出现错误。如果会计人员没有意识到不同类型投资计量或计价的复杂性，管理层通常不能发现这些错误。

（3）所持有投资的公允价值可能难以计量。

（4）管理层凌驾于控制之上，可能导致投资交易未经授权。

（5）如果对有价证券的控制不充分，权益性有价证券的舞弊和盗窃风险可能很高，从而影响投资的存在性。

（6）关于资产的所有权以及相关权利与义务的审计证据可能难以获得。获取的权益可能很复杂，例如，在公司集团中包含跨国公司的情形以及公司处理大量衍生金融工具交易的情形。

10

（7）如果负责记录投资处置业务的人员没有意识到某项投资已经卖出，则投资的处置业务可能未经记录。这种处置业务只能通过在期末进行实物检查来发现。

三、筹资与投资循环的控制测试

在审计实务中，注册会计师可以考虑以被审计单位的内部控制目标为起点实施控制测试，筹资活动的内部控制目标、关键内部控制程序和内部控制测试如表10-2所示，投资活动的内部控制目标、关键内部控制和内部控制测试如表10-3所示。

表10-2　　　　筹资活动的内部控制目标、关键内部控制程序和内部控制测试

内部控制目标	关键内部控制程序	内部控制测试
借款和所有者权益账面余额在资产负债表日确定存在，借款利息费用和已支付的股利是由被审计期间真实事项引起的（存在或发生）	借款或发行股票经过授权审批；签订借款合同或协议、债券契约、承销或包销协议等相关法律性文件	索取借款或发行股票的授权批准文件，检查权限恰当与否、手续齐全与否；索取借款合同或协议、债券契约、承销或包销协议
借款和所有者权益的增减变动及其利息和股利已登记入账（完整性）	筹资业务的会计记录、授权和执行等方面明确职责分工；借款合同或协议由专人保管；如保存债券持有人的明细资料，应同总分类账核对相符；如由外部机构保存，需定期同外部机构核对	观察并描述其职责分工；了解债券持有人明细资料的保管制度，检查被审计单位是否将其与总账或外部机构核对
借款和所有者权益的期末余额正确（准确性、计价和分摊）	建立严密完善的账簿体系和记录制度；核算方法符合会计准则和会计制度的规定	抽查筹资业务的会计记录，从明细账抽取部分会计记录，按原始凭证到明细账、总账顺序核对有关数据和情况，判断其会计处理过程是否合规完整
借款和所有者权益在资产负债表上披露正确（列报）	筹资业务明细账与总账的登记职务分离；筹资披露符合会计准则和会计制度的要求	观察职务是否分离

表10-3　　　　投资活动的内部控制目标、关键内部控制程序和内部控制测试

内部控制目标	关键内部控制程序	内部控制测试
投资账面余额为资产负债表日确实存在的投资，投资收益（或损失）是由被审期间真实事项引起的（存在或发生）	投资业务经过授权审批；与被投资单位签订合同、协议，并获取被投资单位出具的投资证明	索取投资的授权批文，检查权限恰当与否、手续齐全与否；索取投资合同或协议，检查是否合理有效；索取被投资单位的投资证明，检查其是否合理有效
投资增减变动及其收益损失均已登记入账（完整性）	投资业务的会计记录与授权、执行和保管等方面明确职责分工；健全证券投资资产的保管制度，或者委托专门机构保管，或者在内部建立至少两名人员的联合控制制度，证券的存取均需详细记录和签名	观察并描述业务的职责分工；了解证券资产的保管制度，检查被审计单位自行保管时，存取证券是否进行详细的记录并由所有经手人员签字
投资均为被审计单位所有（权利和义务）	内部审计人员或其他不参与投资业务的人员定期盘点证券投资资产，检查是否为企业实际拥有	了解被审计单位是否定期进行证券投资资产的盘点；审阅盘核报告，检查盘点方法是否恰当、盘点结果与会计记录核对情况以及出现差异的处理是否合规

续表

内部控制目标	关键内部控制程序	内部控制测试
投资的计价方法正确，期末余额正确（准确性、计价和分摊）	建立详尽的会计核算制度，按每一种证券分别设立明细账，详细记录相关资料； 核算方法符合会计准则的规定； 采用期末成本与市价孰低计价，并正确记录投资减值准备	抽查投资业务的会计记录，从明细账抽取部分会计记录，顺查核对有关数据和情况，判断其会计处理过程是否合规、完整
投资在资产负债表上的披露正确（列报）	投资明细账与总账的登记职务分离； 投资披露符合会计准则要求	观察职务是否分离

　　注册会计师在对筹资及投资活动的内部控制实施控制测试的基础上对其进行分析、评价，以确定控制的强弱及其可依赖程度，据以确定实质性程序的性质、时间和范围，并针对控制的薄弱环节提出改进建议。

试一试

　　投资的授权批准是内部控制的关键程序，其内部控制目标是检查（　　）认定。
A. 存在或发生　　　B. 完整性　　　C. 准确性、计价和分摊　　D. 权利和义务

四、借款项目的实质性测试

（一）长期借款的审计目标

　　借款是企业承担的一项经济义务，是企业的负债项目。在一般情况下，被审计单位不会高估负债，因为这样于自身不利，且难以与债权人的会计记录相互印证。因此，注册会计师对于负债项目的审计，主要目标是审查被审计单位是否低估债务。低估债务经常伴随着低估成本费用，从而达到高估利润的目的。所以，注册会计师在执行借款业务审计时，应将被审计单位是否低估借款作为一个关注的要点。以下以长期借款为例介绍借款项目的实质性程序。

　　长期借款审计目标的确定如表 10-4 所示。

表 10-4　　　　　　　　　　长期借款审计目标的确定

被审计单位：　　　　　　　　　　　　　索引号：　　　　　页次：
项目：长期借款　　　　　　　　　　　　编制人：　　　　　日期：
报表期间：　　　　　　　　　　　　　　复核人：　　　　　日期：

审计目标	财务报表认定				
	存在	完整性	权利和义务	准确性、计价和分摊	列报
A. 资产负债表中记录的长期借款是存在的	√				
B. 所有应当记录的长期借款均已记录		√			
C. 记录的长期借款是被审计单位应当履行的现时义务			√		
D. 长期借款以恰当的金额包括在财务报表中，与之相关的计价调整已恰当记录				√	
E. 长期借款已按照企业会计准则的规定在财务报表中做出恰当列报					√

10

（二）长期借款的实质性程序

（1）获取或编制长期借款明细表，复核其加计数是否正确，并与明细账和总账核对是否相符。

（2）了解金融机构对被审计单位的授信情况以及被审计单位的信用等级评估情况，了解被审计单位获得长期借款的抵押和担保情况，评估被审计单位的信誉和融资能力。

（3）对年度内增加的长期借款，应检查借款合同和授权批准，了解借款数额、借款条件、借款日期、还款期限、借款利率，并与相关会计记录进行核对。注册会计师应查明被审计单位借款的目的是否正当、借款的理由是否充分、借款手续是否齐备、入账是否及时等。

（4）对年度内减少的长期借款，注册会计师应检查相关记录和原始凭证，检查还款时间与借款计划和银行规定的还款时间是否相符，核实还款数额及利息计算是否正确。

（5）向银行或其他债权人函证重大的长期借款，以证实借款的存在性和条件，以及有无抵押等情况。函证中如有差异，应进一步调查其原因。

（6）检查长期借款的使用是否符合借款合同的规定，是否为扩大生产经营规模所需，是否真正用于购建固定资产或无形资产等，有无改变借款用途的行为。

（7）注册会计师应检查相关记录和原始凭证，检查被审计单位有无到期未偿还的长期借款，如有，则应查明是否已向银行提出申请并经同意后办理延期手续，分析计算逾期借款的金额、利率和期限，判断被审计单位的资信程度和偿债能力。

（8）检查借款费用的会计处理是否正确。借款费用，指企业因借款而发生的利息及其他相关成本。按企业会计准则规定，企业发生的借款费用，可直接归属于符合资本化条件的资产的购建或生产的，应当予以资本化，计入相关资产成本；其他借款费用，应当在发生时根据其发生额确认，计入当期损益。根据长期借款的利率和期限，复核被审计单位长期借款的利息计算是否正确；如有未计利息和多计利息，应做出记录，必要时进行调整。检查长期借款的利息费用，是否正确记入"财务费用""在建工程""制造费用""研发支出"等相关账户，同时应检查专门借款和一般借款的借款费用资本化的时点和期间、资产范围、目的和用途等是否符合资本化条件。

（9）检查长期借款是否已在资产负债表上充分披露。长期借款在资产负债表上列示于长期负债类下，该项目应根据"长期借款"科目的期末余额扣减将于一年内到期的长期借款后的数额填列，该项扣除数应当填列在流动负债类下的"一年内到期的长期负债"项目单独反映。注册会计师应根据审计结果，确定被审计单位长期借款在资产负债表上的列示是否充分，并注意长期借款的抵押和担保是否已在财务报表附注中做了充分的说明。

【例10-1】注册会计师李张华于2021年3月5日审查某股份有限公司2020年度长期借款时，发现该公司为建造厂房于2020年1月1借入专门借款5 000万元，借款期限为5年，年利率为6%。2020年3月1日有一笔流动资金借款的记账凭证，金额为85万元，所附原始凭证为银行进账单、银行借款合同，期限为9个月，年利率为8%；借款的本金到期时一次归还，利息分月预提，但由于资金紧张至今未偿还。

要求： 指出下一步审计程序并对该公司借款项目提出审计处理意见。

解析： 下一步应向银行函证借款的真实性。经函证2020年3月1日的流动资金借款已重新办理借款手续，建议被审计单位进行重分类处理，如下。

借：短期借款　　　　　　　　　　　　　　　　　　　850 000
　贷：长期借款　　　　　　　　　　　　　　　　　　　850 000

试一试

注册会计师为确定"长期借款"账户余额的真实性，可以进行函证。函证对象应是（　　　）。

　　A. 公司的律师　　　　　　　　　　　B. 金融监管机构
　　C. 银行或其他有关债权人　　　　　　D. 公司的主要股东

五、所有者权益的实质性测试

（一）所有者权益的审计目标

　　所有者权益是企业投资者对企业净资产的所有权，包括投资者对企业的投入资本以及企业存续过程中形成的资本公积、盈余公积和未分配利润。所有者权益在数量上等于企业的全部资产减去全部负债后的余额。根据这一平衡原理，如果注册会计师能够对被审计单位的资产和负债进行充分的审计，证明两者的期初余额、期末余额和本期变动都是正确的，则从侧面为所有者权益的期末余额和本期变动的正确性提供了有力的证据。因此，注册会计师在审计了被审计单位的资产和负债之后，往往只花费相对较少的时间对所有者权益进行审计。根据所有者权益增减变动的业务较少、金额较大的特点，注册会计师一般不需要对其内部控制制度进行控制测试，可以直接执行项目和金额的实质性程序。

　　所有者权益审计目标的确定如表 10-5 所示。

表 10-5　　　　　　　　　　　所有者权益审计目标的确定

| 被审计单位：　　　　　　　　　　　　　　　　索引号：　　　　　　　　　页次： |
| 项目：所有者权益　　　　　　　　　　　　　　编制人：　　　　　　　　　日期： |
| 报表期间：　　　　　　　　　　　　　　　　　复核人：　　　　　　　　　日期： |

审计目标	财务报表认定				
	存在	完整性	权利和义务	准确性、计价和分摊	列报
A. 资产负债表中记录的所有者权益是存在的	√				
B. 所有应当记录的所有者权益均已记录，所有者权益的增减变动符合法律、法规和合同、章程的规定		√			
C. 所有者权益以恰当的金额包括在财务报表中				√	
D. 所有者权益已按照企业会计准则的规定在财务报表中做出恰当列报					√

（二）所有者权益的实质性程序

1. 股本（或实收资本）的实质性程序

　　股本是股份有限公司按照公司章程、合同和投资协议的规定向股东募集的资本，代表股东对公司净资产的所有权。股本通常不发生变化，只有在股份有限公司设立、增资扩股和减资时发生变化。

所有者权益项目的审计

10

　　除股份有限公司的投入资本在"股本"科目中核算外，其他组织形式的企业，其投入资本在"实收资本"科目中核算。实收资本与股本的实质性程序基本相同。

　　（1）获取或编制股本（或实收资本）增减变动情况明细表，复核加计是否正确，与报表数、总账数和明细账合计数核对是否相符。

　　（2）审阅公司章程、实施细则和股东大会、董事会会议记录中有关股本的规定。注册会计师应了解的内容包括：股份和已发行股份的份数、股票面值、股票收回、股票分割及认股权证等。

通过这些资料，注册会计师应进一步确定被审计单位股本的交易是否符合有关法规规定及股东大会或董事会的决议。

（3）检查股东是否按照公司章程、合同、协议规定的出资方式、出资比例、出资期限出资。审计时，应当了解公司章程、合同、协议中的出资方式、出资比例，确定其内容的合法性。然后具体分析公司实际募股时，是否存在与公司章程、合同、协议内容存在差异的情况，了解形成差异的原因，将有关问题与公司有关人员协商，对审计过程及有关问题的处理，以适当的方式记录于工作底稿中。

（4）审查股本（或实收资本）增减变动的合法性。检查股本（或实收资本）增减变动的原因，查阅其是否与董事会纪要、协议及有关法律性文件的规定一致。还要注意审查：企业增资扩股时，新投资者缴纳出资额核算是否正确；资本公积、盈余公积转增资本是否经过批准，并符合有关规定；比原注册资本增加或减少20%时，是否持资金证明或验资证明向原登记机关申请变更登记。还应检查减少资本时是否符合减资的有关条件：通知所有债权人，未有人提出异议；股东大会决定，有关部门批准，修改公司章程，办理变更登记手续；减资后注册资本不能低于注册资本最低限额。

（5）函证发行在外的股票。注册会计师应检查已发行的股票数量是否真实，是否均已收到股款或资产。故在审计时可采取向证券交易所和金融机构函证及查阅的方法来验证发行股份的数量，并与股本账面数额进行核对，确定是否相符。对个别自己发行股票并进行有关股票发行数量、金额及股东情况登记的公司，可在检查股票登记簿和股东名单的基础上，抽查其记录是否真实有据，核对发行的股票存根，看其数额是否与股本账面数额相符。

（6）检查股本（或实收资本）是否已在资产负债表上恰当披露。股本应在资产负债表中单项列示，注册会计师应核对被审计单位资产负债表中股本项目的数字是否与审定数相符，并检查是否在财务报表附注中披露与股本有关的重要事项，如股本的种类、各类股本金额及股票发行的数额、每股股票的面值、本会计期间发行的股票等。

2. 资本公积的实质性程序

资本公积是因非经营性因素形成的不能计入实收资本的所有者权益，主要包括投资者实际缴付的出资额超过其资本份额的差额（如股本溢价、资本溢价）和其他资本公积等。

注册会计师对资本公积执行实质性程序，其测试要点应包括以下方面。

（1）获取或编制资本公积明细表，复核加计是否正确，并与报表数、总账数和明细账合计数核对是否相符。

（2）检查资本公积形成的合法性。注册会计师应首先检查资本公积形成的内容及其依据，并查阅相关的会计记录和原始凭证，确认资本公积形成是否符合相关法规的规定，是否经过相应的授权批准。

（3）审查资本公积运用的合法性。审查资本公积是否挪作他用。对于资本公积转增资本，应审查转增资本是否经董事会决定并报经工商行政管理机关批准，并依法办理增资手续；获得批准后，资本公积运用的账务处理是否及时、正确。

（4）确定资本公积是否在资产负债表上恰当反映。

【例10-2】注册会计师审查某公司股票发行业务时发现：该公司委托某证券公司代理发行普通股100万股，每股面值2元，发行价格为3.5元，双方约定发行手续费及佣金为发行收入的2%。该企业账面记录如下。

借：银行存款　　　　　　　　　　　　　　　　　　3 500 000
　　贷：股本　　　　　　　　　　　　　　　　　　　　　　3 500 000

10

```
借：财务费用                                          70 000
    贷：银行存款                                              70 000
```

要求：根据上述资料，指出该公司账务处理中存在的问题并做出调整。

解析：发行股票的股本应按面值核算，高于面值的溢价应计入资本公积——股本溢价。股票发行费用在溢价发行时应抵减溢价收入。正确处理为：

```
借：银行存款                                        3 430 000
    贷：股本                                              2 000 000
        资本公积——股本溢价                                1 430 000
```

审计调整建议：

```
借：股本                                            1 500 000
    贷：资本公积——股本溢价                              1 430 000
        财务费用                                              70 000
```

3. 盈余公积的实质性程序

盈余公积是企业按照规定从税后利润中提取的积累资金，是具有特定用途的留存收益，主要用于弥补亏损和转增资本，也可以按规定用于分配股利。盈余公积包括法定盈余公积、任意盈余公积。

注册会计师对盈余公积进行实质性程序，其审计要求包括以下几点。

（1）获取或编制盈余公积明细表，复核加计是否正确，并与报表数、总账数和明细账合计数核对是否相符。

（2）检查盈余公积的提取。对盈余公积的提取，应主要检查盈余公积的提取是否符合规定并经过批准，提取手续是否完备，提取的依据是否真实、正确，提取项目是否完整，提取比例是否合法，有无多提或少提。

（3）检查盈余公积的使用。对盈余公积的使用，应主要检查盈余公积的使用是否符合规定用途并经过批准。按规定，盈余公积的使用必须经过一定的授权批准手续，法定盈余公积和任意盈余公积可用于弥补亏损、转增资本，但必须符合国家规定的条件；转增资本还必须经批准，依法办理增资手续，取得合法的增资文件；弥补亏损也必须按批准数额转账。

（4）检查盈余公积是否已在资产负债表上恰当披露。

4. 未分配利润的实质性程序

未分配利润是指没有分配给投资者，也未指定用途的净利润。未分配利润是企业当年税后利润在弥补以前年度亏损、提取盈余公积以后加上上年末未分配利润，再扣除向所有者分配的利润后的结余额，是企业历年积存的利润分配后的余额，也是所有者权益的一个重要组成部分。企业的未分配利润通过"利润分配——未分配利润"明细科目核算，其年末余额反映历年积存的未分配利润（或未弥补亏损）。

未分配利润实质性程序的要点一般包括以下几点。

（1）获取或编制利润分配明细表，复核加计是否正确，与报表数、总账数及明细账合计数核对是否相符。

（2）检查未分配利润期初数与上期审定数是否相符，涉及损益的上期审计调整是否正确入账。

（3）检查与利润分配有关的董事会会议纪要、股东大会决议、政府批文及有关合同、协议、公司章程等文件资料，对照有关规定确定利润分配的合法性。

（4）检查本期未分配利润变动除净利润转入以外的全部相关凭证，结合所获取的文件资料，确定其会计处理是否正确。

10

（5）了解本年利润弥补以前年度亏损的情况，如果已超过弥补期限，且已因为抵扣亏损而确认递延所得税资产的，是否进行调整。

（6）根据审计结果调整本年损益数，确定调整后的未分配利润数。

（7）检查未分配利润是否已在资产负债表上恰当披露。

试一试

注册会计师对资本公积进行实质性测试的内容不包括（　　　　）。

A. 资本溢价或股本溢价　　　　　　　B. 溢价发行股票下发行费用的处理

C. 弥补亏损的处理　　　　　　　　　D. 转增资本的处理

六、投资项目的实质性测试

（一）投资项目的审计目标

投资是指企业为通过分配来增加财富，或为谋求其他利益，而将资产让渡给其他单位所获得的另一项资产。与投资相关的项目包括交易性金融资产、债权投资、其他债权投资、长期股权投资、投资性房地产、应收利息、投资收益、应收股利等。以下以交易性金融资产为例介绍投资项目的审计目标（见表10-6）。

表10-6 交易性金融资产审计目标的确定

被审计单位：					
项目：交易性金融资产		索引号：		页次：	
报表期间：		编制人：		日期：	
		复核人：		日期：	

审计目标	财务报表认定				
	存在	完整性	权利和义务	准确性、计价和分摊	列报
A. 资产负债表中记录的交易性金融资产是存在的	√				
B. 所有应记录的交易性金融资产均已记录		√			
C. 记录的交易性金融资产由被审计单位拥有或控制			√		
D. 交易性金融资产以恰当的金额包括在报表中，相关的计价调整已恰当记录				√	
E. 交易性金融资产已按照企业会计准则的规定在财务报表中做出恰当列报					√

（二）投资项目的实质性程序

以下以交易性金融资产和长期股权投资为例介绍投资项目的实质性程序。

1. 交易性金融资产的实质性程序

（1）获取或编制交易性金融资产明细表，复核加计是否正确，并与报表数、总账数和明细账合计数核对是否相符。

（2）确定交易性金融资产余额是否正确及存在。

① 获取股票、债券、基金等账户对账单，与明细账核对，做出记录或进行适当调整。

② 被审计单位人员盘点交易性金融资产，编制交易性金融资产盘点表，注册会计师实施监盘

并检查交易性金融资产名称、数量、票面价值、票面利率等内容，同时与相关账户余额进行核对；如有差异，查明原因。做出记录或进行适当调整。

③ 如交易性金融资产在审计工作日已售出或兑换，则追查至相关原始凭证，以确认其在资产负债表日是否存在。

④ 在外保管的交易性金融资产等应查阅有关保管的文件，必要时可向保管人函证，复核并记录函证结果。了解在外保管的交易性金融资产实质上是否为委托理财，如是，则应详细记录，分析资金的安全性和可收回性，提请被审计单位重新分类，并充分披露。

（3）确定交易性金融资产入账的合理性。

就被审计单位管理层将投资确定划分为交易性金融资产的意图获取审计证据，并考虑管理层实施该意图的能力。应向管理层询问，并通过下列方式对管理层的答复予以印证。

① 考虑管理层以前所述的对于划分为交易性金融资产的意图的实际实施情况。

② 复核包括预算、会议纪要等在内的书面计划和其他文件记录。

③ 考虑管理层选择划分为交易性金融资产的理由。

④ 考虑管理层在既定经济环境下实施特定措施的能力。

（4）确定交易性金融资产计价的正确性。

复核交易性金融资产计价方法，检查其是否按公允价值计量，前后期是否一致；复核公允价值取得依据是否充分。公允价值与账面价值的差额是否计入公允价值变动损益。

（5）抽取交易性金融资产增减变动的相关凭证，检查其原始凭证是否完整合法，会计处理是否正确；检查成本、交易费用和相关利息或股利的会计处理是否符合规定。

（6）复核与交易性金融资产相关的损益计算是否准确，并与公允价值变动损益及投资收益等有关数据核对。

（7）确定交易性金融资产的披露是否恰当。

【例10-3】注册会计师对大华公司2020年交易性金融资产业务进行审计时发现：该公司于2020年10月购入甲公司股票30 000股，每股面值10元、买价20元，另外包含已宣告发放但未支付的股利15 000元，打算近期抛售获利。大华公司还支付了5 000元手续费，实际支付价款为620 000元。大华公司账务处理如下。

借：交易性金融资产　　　　　　　　　　　　　　　　600 000
　　投资收益　　　　　　　　　　　　　　　　　　　　15 000
　　财务费用　　　　　　　　　　　　　　　　　　　　 5 000
　　贷：银行存款　　　　　　　　　　　　　　　　　　　　620 000

要求：指出该公司账务处理中存在的问题。

解析：交易性金融资产买价中包含的已宣告发放但未支付的股利应计入应收股利，手续费应冲减投资收益。审计调整建议：

借：应收股利　　　　　　　　　　　　　　　　　　　 15 000
　　贷：财务费用　　　　　　　　　　　　　　　　　　　　 5 000
　　　　投资收益　　　　　　　　　　　　　　　　　　　　10 000

2. 长期股权投资的实质性程序

（1）获取或编制长期股权投资明细表，与长期股权投资明细账、总账、财务报表核对。

（2）根据有关合同和文件，确认长期股权投资的股权比例和持有时间，检查长期股权投资核算方法是否正确。

（3）对于重大的投资，向被投资单位函证被审计单位的投资额、持股比例及被投资单位发放

10

股利等情况。

（4）对于应采用权益法核算的长期股权投资，获取被投资单位已经审计的年度财务报表，如果未经审计，则应考虑对被投资单位的财务报表实施适当的审计或审阅程序。

（5）对于采用成本法核算的长期股权投资，检查股利分配的原始凭证及分配决议等资料，确定会计处理是否正确；对被审计单位实施控制而采用成本法核算的长期股权投资，比照权益法编制变动明细表，以备合并报表使用。

（6）对于成本法和权益法相互转换的，检查其投资成本的确定是否正确。

（7）确定长期股权投资的增减变动的记录是否完整。

① 检查本期增加的长期股权投资，追查至原始凭证及相关的文件或决议及被投资单位验资报告或财务资料等，确认长期股权投资是否符合投资合同、协议的规定，并已确实投资，会计处理是否正确。

② 检查本期减少的长期股权投资，追查至原始凭证，确认长期股权投资的收回有合理的理由及授权批准手续，并已确实收回投资，会计处理是否正确。

（8）期末对长期股权投资进行逐项检查，以确定长期股权投资减值准备计提的正确性。

（9）确定长期股权投资在资产负债表上已恰当列报。

试一试

采用成本法核算长期股权投资，被投资企业宣告发放现金股利时，投资企业应进行的会计处理正确的是（　　）。

A. 冲减投资收益　　　　　　　　　B. 增加资本公积
C. 增加投资收益　　　　　　　　　D. 冲减长期股权投资

项目实施

根据华兴公司 2020 年所有者权益期初余额及本期所有者权益变动情况，确定华兴公司期末所有者权益结构。审计结果见股本审定表（见表 10-7）、资本公积审定表（见表 10-8）、盈余公积审定表（见表 10-9）、未分配利润审定表（见表 10-10）。

表 10-7　　　　　　　　　　　　　　股本审定表

被审计单位：华兴股份有限公司　　　　编制：××　　　　日期：2021-3-25　　　　索引号：
截止日期：2020-12-31　　　　　　　复核：××　　　　日期：2021-3-25　　　　单位：万元

股东名称	上期审定数	期末未审数	账项调整		重分类调整		期末审定数
			借方	贷方	借方	贷方	
略	10 000	11 000					11 000
审计说明							
审计结论	余额可以确认						

表 10-8　　　　　　　　　　资本公积审定表

被审计单位：华兴股份有限公司　　　　编制：×× 　　　日期：2021-3-25　　　索引号：
截止日期：2020-12-31 　　　　　　　复核：×× 　　　日期：2021-3-25　　　单位：万元

项目	上期审定数	期末未审数	账项调整		重分类调整		期末审定数
			借方	贷方	借方	贷方	
股本溢价	20 000	20 000		2 000			22 000
审计说明	发放股票股利应按现价确认，现价高于面值部分计入资本公积 借：利润分配——未分配利润　　　　　　　　　　2 000 　贷：资本公积——股本溢价　　　　　　　　　　　　　2 000						
审计结论	调整后余额可以确认						

表 10-9　　　　　　　　　　盈余公积审定表

被审计单位：华兴股份有限公司　　　　编制：×× 　　　日期：2021-3-25　　　索引号：
截止日期：2020-12-31 　　　　　　　复核：×× 　　　日期：2021-3-25　　　单位：万元

项目	上期审定数	期末未审数	账项调整		重分类调整		期末审定数
			借方	贷方	借方	贷方	
法定盈余公积	2 000	2 301.5	1.5				2 300
任意盈余公积							
审计说明	税后利润 3 000 万元，法定盈余公积提取比例 10%，期末法定盈余公积增加 300 万元，应为 2 300 万元 借：盈余公积——法定盈余公积　　　　　　　　　1.5 　贷：利润分配——未分配利润　　　　　　　　　　　　1.5						
审计结论	调整后余额可以确认						

表 10-10　　　　　　　　　　未分配利润审定表

被审计单位：华兴股份有限公司　　　　编制：×× 　　　日期：2021-3-25　　　索引号：
截止日期：2020-12-31 　　　　　　　复核：×× 　　　日期：2021-3-25　　　单位：万元

项目	上期审定数	期末未审数	账项调整		重分类调整		期末审定数
			借方	贷方	借方	贷方	
未分配利润	3 000	4 698.5	2 000	1.5			2 700
审计说明	本期实现税后利润 3 000 万元，发放股票股利影响未分配利润 2 000 万元，计提法定盈余公积调整未分配利润-1.5 万元。 借：利润分配——未分配利润　　　　　　　　　2 000 　贷：资本公积——股本溢价　　　　　　　　　　　　2 000 借：盈余公积——法定盈余公积　　　　　　　　1.5 　贷：利润分配——未分配利润　　　　　　　　　　　1.5						
审计结论	调整后余额可以确认						

10

视野拓展

渝钛白事件

1998 年 4 月 29 日，重庆渝港钛白粉有限公司（以下简称"渝钛白"）公布了 1997 年年度报告，其中在财务报告部分，刊登了重庆会计师事务所于 1998 年 3 月 8 日出具的否定意见审计报告。这是我国证券市场中有关上市公司的首份否定意见审计报告。该份审计报告一经宣布，就在我国证券市场上掀起了一场风暴，重庆会计师事务所为什么会对渝钛白签发否定意见审计报告呢？

审计报告指出：1997 年度应计入财务费用的借款利息，即应付债券利息 8 064 万元，渝钛白将其资本化计入了钛白粉工程成本；欠付中国银行重庆市分行的美元借款利息 89.8 万美元（折合人民币 743 万元），渝钛白未计提入账，两项共影响利润 8 807 万元。导致注册会计师出具否定意见审计报告的只有两个会计事项。那么，这两个会计事项是否足以导致注册会计师出具这样的审计报告呢？

1993 年 7 月 12 日，"渝钛白 A"在深圳证券交易所上市交易。公司上市之后，起初经营业绩还算可以，但从 1996 年开始，公司在经营上开始出现亏损。渝钛白 1997 年的亏损总额为 3 136 万元，而引起争议的借款利息总额为 8 064 万元，从重要性角度来说，这笔利息费用不管是否调整，渝钛白当年都亏损，只不过是亏多亏少的问题。这一笔利息费用的处理，表面上看似乎并不重要；实际上，如果这笔 8 064 万元的会计事项按公司会计处理方法，最多只是一笔一般性的亏损，但如按照会计师事务所的方法来处理，则整个公司就将资不抵债，这一笔业务处理就是非常重要的。另外，截至 1997 年年底，渝钛白欠付银行利息 89.8 万美元，未予转账。注册会计师认为：按照权责发生制原则，凡应属于本期的收入和费用，不论其款项是否已收到或支付，均作为本期的收入和费用处理。对于以上两个问题，渝钛白坚持己见，不接受会计师事务所的调整建议。重庆会计师事务所不得不运用独立审计准则中否定意见的格式，将上述问题告知所有报表信息使用者，以明确各自的责任。

筹资与投资的业务具有以下特征：审计年度内筹资与投资循环的交易数量较少，而每笔交易的金额通常较大；漏记或不恰当地对一笔业务进行会计处理，将会导致重大错报，从而对企业财务报表的公允反映产生较大的影响；筹资与投资循环交易必须遵守国家法律、法规和相关契约的规定。从这些特征来看，筹资与投资的业务虽然业务量很少，但由于其发生额较大，所以一旦出现问题，对报表公允性往往会产生重大影响。在审计时应结合这类业务的特点开展相应的审计工作，注意防范筹资与投资业务审计中的风险。

10 练习与实训

一、单项选择题

1. 下列关于筹资与投资循环的观点中，不正确的是（　　　　）。
   A. 该循环的总目标是评价该循环各项目余额是否公允表达
   B. 该循环的交易数量较多，而每笔交易的金额通常较小
   C. 该循环中，漏记或不恰当地对一笔业务进行会计处理，将会导致重大错误，从而对企业会计报表的公允反映产生较大的影响
   D. 该循环的交易必须遵守国家法律、法规和相关契约的规定

2. 筹资活动的凭证和会计记录不包括（　　　）。

    A. 股票　　　　　　　　B. 债券　　　　　　C. 债券契约　　　　D. 经纪人通知书

3. 投资的内部控制制度一般不包括（　　　）。

    A. 内部核查程序　　　　　　　　　　B. 健全的资产保管制度

    C. 详尽的会计核算制度　　　　　　　D. 完善的定期盘点制度

4. 注册会计师审查股票发行费用的会计处理时，应查实被审计单位是否按规定将股票溢价（　　　）。

    A. 作为当期费用　　　　　　　　　　B. 冲减股本

    C. 作为长期待摊费用　　　　　　　　D. 从溢价中抵销

5. 对所有者权益审计时，采用的审计方法主要是（　　　）。

    A. 详查法　　　　　　　B. 抽查法　　　　　C. 分析法　　　　　D. 顺查法

6. 当发现记录的债券利息费用大大超过相应的应付债券账户余额与票面利率乘积时，注册会计师应当怀疑（　　　）。

    A. 应付债券的折价被低估　　　　　　B. 应付债券被高估

    C. 应付债券被低估　　　　　　　　　D. 应付债券的溢价被高估

7. 计算投资收益占利润总额的比例，并将其与各年比较，可以看出被审计单位（　　　）。

    A. 投资的真实性　　　　　　　　　　B. 投资的完整性

    C. 盈利能力的稳定性　　　　　　　　D. 投资收益正确性

8. 检查"筹资业务明细账与总账的登记职务分离"是为检查筹资活动的（　　　）认定。

    A. 存在或发生　　　B. 完整性　　　　C. 权利和义务　　　D. 列报

9. 如果被审计单位的投资证券是委托某些专门机构代为保管的，为证实这些投资证券是否真实存在，注册会计师应（　　　）。

    A. 实地盘点投资证券　　　　　　　　B. 向代保管机构发函询证

    C. 获取被审计单位管理当局声明　　　D. 逐笔检查被审计单位相关会计记录

10. 在筹资与投资循环的财务报表项目中，下列项目审计目标侧重点与其他项不同的是（　　　）。

    A. 银行借款　　　　　　B. 应付债券　　　　C. 应付利息　　　　D. 长期股权投资

二、多项选择题

1. 为检查被审计单位长期借款是否已在报表上充分披露，注册会计师应当检查（　　　）。

    A. 长期借款已计利息是否正确，会计处理是否正确

    B. "长期借款"的期末余额是否已扣除一年内到期的长期借款数额

    C. 一年内到期的长期借款是否已作为流动负债单独反映

    D. 长期借款的抵押和担保是否已在财务报表附注中做了充分说明

2. 投入资本审计具有的特征有（　　　）。

    A. 测试内部控制并据此确定实质性程序

    B. 以详细审计程序作为实质性程序

    C. 审查出资方式和期限是否合法

    D. 通常在资产负债表审计的基础上花费较少的时间

3. 在对长期借款进行实质性测试时，注册会计师一般应获取的证据包括（　　　）。

    A. 长期借款明细表　　　　　　　　　B. 长期借款合同和授权批准文件

    C. 相关抵押资产的所有权证明文件　　D. 函证回函

10

4. 属于筹资活动所涉及的主要凭证和会计记录有（　　）。

A. 股东名册　　　　　B. 经纪人通知书　　　　C. 承销或包销协议　　D. 投资协议

5. 下列对交易性金融资产实施的实质性程序恰当的有（　　）。

A. 对期末结存的相关交易性金融资产，向被审计单位核实其持有目的，检查"交易性金融资产"科目核算范围是否恰当

B. 监盘账存交易性金融资产，并与相关账户余额进行核对，如有差异，应查明原因，并做出记录或进行适当调整

C. 向相关金融机构发函询证交易性金融资产期末数量以及是否存在变现限制，并记录函证过程

D. 复核与交易性金融资产相关的损益计算是否准确，并与公允价值变动损益及投资收益等有关数据核对

6. 对于实收资本的减少，注册会计师应查明被审计单位是否（　　）。

A. 事先通知债权人，债权人无异议

B. 事先通知债务人，债务人无异议

C. 经股东大会决议同意，并修改公司章程

D. 减资后的注册资本不低于法定注册资本的最低限额

7. 管理层认定在资产负债表列示的内容不存在一年内到期的长期借款，这不属于管理层的（　　）认定。

A. 准确性和计价　　　　　　　　　　　B. 分类和可理解性

C. 完整性　　　　　　　　　　　　　　D. 发生及权利和义务

8. 盈余公积可用于（　　）。

A. 弥补亏损　　　　　　　　　　　　　B. 转增资本

C. 职工集体福利　　　　　　　　　　　D. 特别批准后支付股利

9. 下列关于所有者权益项目审计的表述中，正确的有（　　）。

A. 花费时间较多　　　　　　　　　　　B. 花费时间相对较少

C. 必须进行内部控制测试　　　　　　　D. 一般不需要内部控制测试

10. 下列各项中，会引起企业实收资本金额发生增减变动的有（　　）。

A. 资本公积转增资本　　　　　　　　　B. 对外债券投资

C. 盈余公积转增资本　　　　　　　　　D. 处置长期股权投资

三、判断题

1. 如果能够对被审计单位的资产和负债进行充分审计，且能证实两者的期初余额、期末余额和本期发生额，注册会计师可不必对所有者权益进行单独审计。（　　）

2. 注册会计师在审查公开发行股票的公司已发行的股票是否真实、是否已收到股款时，应向主要股东函证。（　　）

3. 无论是投资业务还是筹资业务，注册会计师均应通过控制测试，对相关业务的内部控制进行评价。（　　）

4. 如果企业的长期投资证券是委托某些专门机构代为保管的，注册会计师应向这些保管机构进行函证，以证实投资证券的存在性和金额的准确性。（　　）

5. 在审查实收资本时，如果投资单位以无形资产出资，注册会计师认为适当的计价标准可以是市场价。（　　）

6. 借款经办人员与记录人员相互独立是确保借款业务控制有效的重要措施。（　　）

10

7. 注册会计师对负债项目的审计，主要是防止企业高估债务。　　　　　　（　　）

8. 企业在计算确定提取法定盈余公积的基数时，不应包括年初未分配利润的贷方余额。

（　　）

9. 筹资与投资循环的特征之一就是审计年内筹资与投资循环的交易数量较少，而每笔交易的金额通常较大，注册会计师在对这一环节进行审计时，可以采用抽样审计。　　（　　）

10. 发生的长期借款的利息支出和有关费用，应计入当期损益。　　　　　（　　）

四、实训题

1. 某公司为建造新厂房，于 2020 年 6 月 30 日向银行借款 600 万元，年利率为 10%，借款期为 3 年。该厂房于 2020 年 7 月 1 日动工，于 2021 年 12 月 31 日达到预定可使用状态。该公司将该项借款产生的所有利息费用分别计入了 2020 年和 2021 年的财务费用。

要求：根据上述资料，指出被审计单位会计处理中存在的问题并提出调整建议。

2. 注册会计师审计万方公司投入资本时发现，股东甲以非专利技术增资入股，该非专利技术协议作价 150 万元。增资后万方公司注册资本变更为 500 万元，股东甲的股份占总股本的 25%。该笔增资业务的处理为（分录单位为万元）：

借：无形资产——非专利技术　　　　　　　　　　　　　150

　　贷：股本——甲股东　　　　　　　　　　　　　　　　　　　150

要求：指出万方公司该笔业务处理中存在的问题并加以改正。

3. 注册会计师在对宏大公司的长期股权投资审计时发现以下会计分录。

（1）借：长期股权投资——甲公司　　　　　　　　　　　110 000

　　　　贷：银行存款　　　　　　　　　　　　　　　　　　　　110 000

（2）借：银行存款　　　　　　　　　　　　　　　　　200 000

　　　　贷：投资收益　　　　　　　　　　　　　　　　　　　　200 000

注册会计师通过向企业有关人员调查询问及查阅有关资料，了解到如下情况。

（1）宏大公司是甲公司的重要股东之一，当年宏大公司又购入甲公司面值为 10 万元的股票，新购入的股票含有已宣布但未发放的股利 1 万元，至此，宏大公司对甲公司的控股比例达 40%，能对甲公司实施重大影响。

（2）甲公司当年实现净利润 80 万元，拿出 50 万元分配利润，宏大公司应得 20 万元。

要求：指出宏大公司账务处理中存在的问题并进行改正。

10

项目十一

货币资金的审计

知识目标 ↓

1. 掌握货币资金项目内部控制的要求；
2. 掌握货币资金项目的审计目标。

能力目标 ↓

1. 能进行货币资金项目的控制测试；
2. 能进行货币资金项目的实质性测试。

项目引入

2021 年 1 月 21 日，注册会计师对华兴股份有限公司进行会计报表审计，查得资产负债表中"货币资金"项目中库存现金余额为 859.8 元。1 月 21 日下午下班前，对出纳经管的现金进行了清点，该公司 1 月 21 日现金账面余额为 759.8 元，清点结果如下。

1. 现金实存数 478.3 元。
2. 保险柜中有下列单据已收、付款，但未入账。
（1）某职工报销医药费单据，金额为 110 元，现金已付，日期为 2020 年 12 月 29 日。
（2）某部门经理借条，金额为 200 元，日期是 2020 年 12 月 20 日，未经批准。
（3）出售废旧物资收款凭证，金额为 263 元，尚未入账。
（4）购买办公用品单据，金额为 234.5 元，尚未入账。
3. 核对 2021 年 1 月 1 日—21 日的收付款凭证和现金日记账，核实 1—21 日的现金收入 2 350 元，现金支出 2 470 元，正确无误。
4. 银行核定该公司库存现金限额为 600 元。

要求：根据以上资料，编制库存现金监盘表，核实库存现金实有数；并核实 2020 年 12 月 31 日资产负债表所列的数字是否公允，对现金收支、库存管理的合法性提出审计意见。

相关知识

一、货币资金业务概述

货币资金主要包括现金、银行存款及其他货币资金，是流动性最强、控制风险最高的资产；货币资金业务的特点决定了其审计的风险较高，注册会计师必须重视货币资金的审计。

货币资金与各业务循环中的业务活动存在着密切的关系。一方面，现销收入与应收款项的收回会使企业货币资金增加，发行股票、取得借款的筹资行为也会使货币资金增加；另一方面，采购、支付工资及对外投资会导致货币资金的减少。货币资金是各循环的枢纽，必须联系其他业务循环对货币资金进行审计。货币资金与各业务循环的关系如图 11-1 所示。

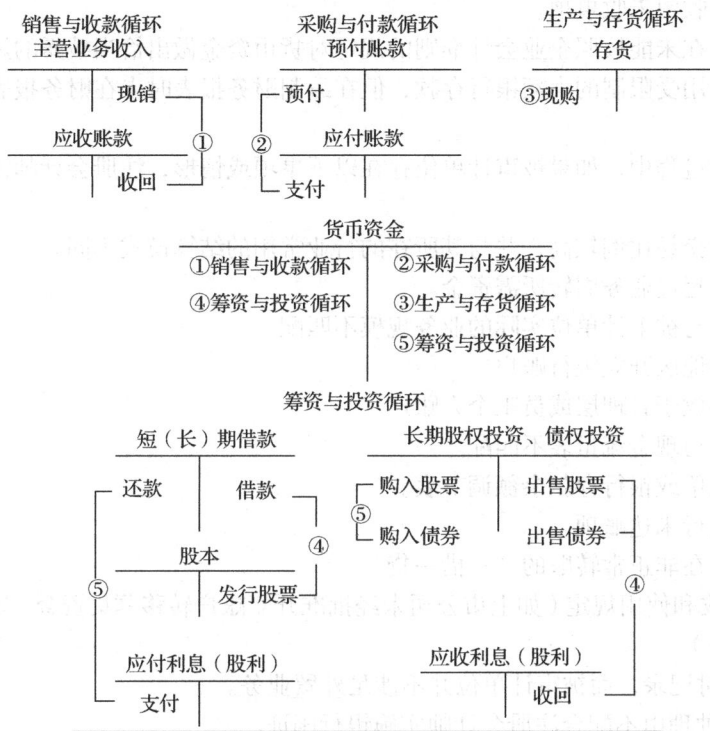

图 11-1　货币资金与各业务循环的关系

货币资金的增减变动与企业的日常经营活动密切相关，且涉及多个业务循环。之前已对销售与收款循环、采购与付款循环、生产与存货循环、筹资与投资循环等业务环节的业务活动进行了介绍，可在此基础上实施货币资金的进一步审计程序。

试一试

相关业务发生后，只借记货币资金，不贷记货币资金项目的循环是（　　）。
A. 筹资与投资循环　B. 采购与付款循环　C. 生产与存货循环　D. 销售与收款循环

二、货币资金的风险评估程序

在评价货币资金业务交易、账户余额和披露的认定层次重大错报风险时，注册会计师通常运用职业判断，依据因货币资金业务的交易、账户余额和披露的具体特征而导致重大错报风险的可能性（即固有风险），以及风险评估是否考虑了相关控制（即控制风险），形成对与货币资金相关的重大错报风险的评估，进而影响进一步审计程序。

货币资金业务交易、账户余额和披露的认定层次的重大错报风险可能包括以下几点。

（1）被审计单位存在虚假的货币资金余额或交易，导致银行存款余额的存在或交易的发生存在重大错报风险。

（2）被审计单位存在大额的外币交易和余额，可能存在外币交易或余额未被准确记录的风险。例如，对于有外币现金或外币银行存款的被审计单位，其有关外币交易的增减变动或年底余额可能因未采用正确的折算汇率而导致计价错误（准确性、计价和分摊）。

（3）银行存款的期末收支存在大额的截止性错误（截止）。例如，被审计单位期末存在金额重大且异常的银付企未付、企收银未收事项。

（4）被审计单位可能存在未能按照企业会计准则的规定对货币资金做出恰当披露的风险。例如，被审计单位期末持有使用受限制的大额银行存款，但在编制财务报表时未在财务报表附注中对其进行披露。

在实施货币资金审计的过程中，如果被审计单位存在以下事项或情形，注册会计师需要保持警觉。

（1）被审计单位的现金交易比例较高，并与其所在的行业常用的结算模式不同。

（2）库存现金规模明显超过业务周转所需资金。

（3）银行账户开立数量与被审计单位实际的业务规模不匹配。

（4）在没有经营业务的地区开立银行账户。

（5）被审计单位资金存放于管理层或员工个人账户。

（6）货币资金收支金额与现金流量表不匹配。

（7）不能提供银行对账单或银行存款余额调节表。

（8）存在长期或大量银行未达账项。

（9）银行存款明细账存在非正常转账的"一借一贷"。

（10）违反货币资金存放和使用规定（如上市公司未经批准开立账户转移募集资金、未经许可将募集资金转作其他用途等）。

（11）存在大额外币收付记录，而被审计单位并不涉足外贸业务。

（12）被审计单位以各种理由不配合注册会计师实施银行函证。

注册会计师基于以上识别的重大错报风险评估结果，制定进一步审计程序的总体方案（包括综合性方案和实质性方案），继而实施控制测试和实质性审计程序，以应对识别出的重大错报风险。注册会计师通过综合性方案或实质性方案获取的审计证据应足以应对识别出的认定层次的重大错报风险。

三、货币资金的控制测试

（一）货币资金的内部控制

由于货币资金是企业流动性最强的资产，又容易出现挪用、贪污、偷盗等不法行为，所以货币资金的内部控制尤为重要。尽管每个企业的性质、所处行业、规模以及内部控制健全程度等不同，使得各企业与货币资金相关的内部控制的内容有所不同，但以下要求是应当共同遵循的。

1. 岗位分工及授权批准

（1）企业应当建立货币资金业务的岗位责任制，明确相关部门和岗位的职责权限，确保办理货币资金业务的不相容岗位相互分离、相互制约和监督。出纳人员不得兼任稽核、会计档案保管和收入、支出、费用、债权债务账目的登记工作。企业不得由一人办理货币资金业务的全过程。

（2）企业应当对货币资金业务建立严格的授权批准制度，明确审批人对货币资金业务的授权批准方式、权限、程序、责任和相关控制措施，规定经办人办理货币资金业务的职责范围和工作要求。审批人应当根据货币资金授权批准制度的规定，在授权范围内进行审批，不得超越审批权限。经办人应当在职责范围内，按照审批人的批准意见办理货币资金业务。对于审批人超越授权范围审批的货币资金业务，经办人有权拒绝办理，并及时向审批人的上级授权部门报告。

（3）企业应当按照规定的程序（如支付申请、支付审批、支付复核、办理支付）办理货币资金支付业务。

（4）企业对于重要货币资金支付业务，应当实行集体决策和审批，并建立责任追究制度，防范贪污、侵占、挪用货币资金等行为。

（5）严禁未经授权的机构或人员办理货币资金业务或直接接触货币资金。

2．现金和银行存款的管理

（1）企业应当加强现金库存限额的管理，超过库存限额的现金应及时存入银行。

（2）企业必须根据《现金管理暂行条例》的规定，结合本企业的实际情况，确定本企业现金的开支范围。不属于现金开支范围的业务应当通过银行办理转账结算。

（3）企业现金收入应当及时存入银行，不得用于直接支付企业自身的支出。因特殊情况需坐支现金的，应事先报经开户银行审查批准。

（4）企业取得的货币资金收入必须及时入账，不得私设"小金库"，不得账外设账，严禁收款不入账。

（5）企业应当严格按照《支付结算办法》等国家有关规定，加强银行账户的管理，严格按照规定开立账户，办理存款、取款和结算。

（6）企业应当严格遵守银行结算纪律，不准签发没有资金保证的票据和远期支票，套取银行信用；不准签发、取得和转让没有真实交易和债权债务的票据，套取银行和他人资金；不准无理拒绝付款，任意占用他人资金；不准违反规定开立和使用银行账户。

（7）企业应当指定专人定期核对银行账户（每月至少核对一次），编制银行存款余额调节表，使银行存款账面余额与银行对账单调节相符。如调节不符，应查明原因，及时处理。

（8）企业应当定期和不定期地进行现金盘点，确保现金账面余额与实际库存相符。发现不符，应及时查明原因，进行处理。

3．票据及有关印章的管理

（1）企业应当加强与货币资金相关的票据的管理，明确各种票据的购买、保管、领用、背书转让、注销等环节的职责权限和程序，并专设登记簿进行记录，防止空白票据的遗失和被盗用。

（2）企业应当加强银行预留印鉴的管理。财务专用章应由专人保管，个人名章必须由本人或其授权人员保管。严禁一人保管支付款项所需的全部印章。

4．监督检查

企业应当建立对货币资金业务的监督检查制度，明确监督检查机构或人员的职责权限，定期和不定期地进行检查。检查内容包括：货币资金业务相关岗位及人员的设置情况、授权批准制度的执行情况、支付款项印章的保管情况、票据的保管情况。对监督检查过程中发现的货币资金内部控制中的薄弱环节，应当及时采取措施加以纠正和完善。

（二）实施货币资金的控制测试

货币资金的控制测试可以从以下方面进行。

1．检查货币资金内部控制是否建立并严格执行

（1）货币资金收支是否按规定的程序和权限办理。

（2）是否存在与本企业无关的货币资金收支。

（3）出纳与会计的职责是否严格分离。

（4）现金是否得到妥善保管，是否定期盘点、核对。

（5）支票是否得到妥善保管，是否定期与银行对账单核对相符。

2. 抽取并检查收款凭证

如果货币资金收款的内部控制不强，很可能发生贪污、舞弊或挪用等情况。注册会计师应选取一定数量的收款凭证，做以下检查。

（1）核对收款凭证与存入银行账户的日期和金额是否相符。

（2）核对货币资金、银行存款日记账的收入金额是否正确。

（3）核对收款凭证与银行对账单是否相符。

（4）核对收款凭证与应收账款等相关明细账的有关记录是否相符。

（5）核对实收金额与销货发票等相关凭据是否一致。

3. 抽取并检查付款凭证

为测试货币资金付款的内部控制，注册会计师应选取一定数量的货币资金付款凭证，做以下检查。

（1）检查付款的授权批准手续是否符合规定。

（2）核对货币资金、银行存款日记账的付出金额是否正确。

（3）核对付款凭证与银行对账单是否相符。

（4）核对付款凭证与应付账款等相关明细账的记录是否一致。

（5）核对实付金额与购货发票等相关凭据是否相符。

4. 抽取一定期间的现金、银行存款日记账与总账核对

首先，注册会计师应抽取一定期间的现金、银行存款日记账，检查其有无计算错误，加总是否正确无误。如果检查中发现问题较多，说明被审计单位货币资金的会计记录不够可靠。其次，注册会计师应根据日记账提供的线索，核对总账中的现金、银行存款、往来款项等有关账户的记录。

5. 抽取一定期间银行存款余额调节表，查验其是否按月正确编制并经复核

为证实银行存款记录的正确性，注册会计师必须抽取一定期间的银行存款余额调节表，将其与银行对账单、银行存款日记账及总账进行核对，确定被审计单位是否按月正确编制并复核银行存款余额调节表。

6. 检查其他货币资金的内部控制

检查其他货币资金设立的适当性和必要性，是否经过适当审批；抽取部分其他货币资金业务，检查其他货币资金是否按规定用途使用；是否及时收回结余款项，是否及时入账。

注册会计师在完成了上述程序之后，即可对货币资金的内部控制进行评价。评价时，应首先确定货币资金的内部控制可依赖的程度以及存在的薄弱环节和缺点，然后据以确定在货币资金实质性程序中对哪些环节可以适当减少审计程序、哪些环节应增加审计程序，以减少审计风险。

试一试

以下货币资金内部控制的环节中，存在重大缺陷的是（　　）。

A. 财务专用章由专人保管，个人名章由本人或其授权人员保管

B. 对重要货币资金支付业务，实行集体决策

C. 现金收入及时存入银行，特殊情况下，经主管领导审查批准方可坐支现金

D. 指定专人定期核对银行账户，每月核对一次，编制银行存款余额调节表，使银行存款账面余额与银行对账单调节相符

11

四、库存现金的实质性测试

（一）库存现金的审计目标

库存现金是企业根据现金管理制度规定留用的现款。库存现金虽然在资产总额中所占比重不大，却是企业流动性最强的资产，且容易被不法分子侵吞，因此注册会计师必须把库存现金作为审计的重点。

库存现金审计目标的确定如表 11-1 所示。

表 11-1　　　　　　　　　　　库存现金审计目标的确定

被审计单位：　　　　　　　　　　　　　　　　　　　索引号：　　　　　　页次：

项目：库存现金　　　　　　　　　　　　　　　　　　编制人：　　　　　　日期：

报表期间：　　　　　　　　　　　　　　　　　　　　复核人：　　　　　　日期：

审计目标	财务报表认定				
	存在	完整性	权利和义务	准确性、计价和分摊	列报
A. 资产负债表记录的货币资金中库存现金是存在的	√				
B. 所有应当记录的库存现金均已记录		√			
C. 记录的库存现金由被审计单位拥有或控制			√		
D. 库存现金以恰当的金额包括在财务报表中，与之相关的计价调整已恰当记录				√	
E. 库存现金已按照企业会计准则的规定在财务报表中做出恰当列报					√

（二）库存现金的实质性程序

1. 核对账目

核对库存现金日记账与总账的金额是否相符，检查非记账本位币库存现金的折算汇率及折算金额是否正确。

现金的盘点

2. 监盘库存现金

监盘库存现金是证实资产负债表所列库存现金是否存在的一项重要程序。注册会计师通过对库存现金进行监督盘点，可以确定库存现金余额的真实存在性和现金管理的有效性。库存现金监盘程序是用作控制测试还是实质性程序，取决于注册会计师对风险评估结果、审计方案和实施的特定程序的判断。如果注册会计师可能基于风险评估的结果判断无须对库存现金盘点实施控制测试，则仅实施实质性程序即可。

监盘库存现金的步骤和方法如下。

（1）查看被审计单位制定的盘点计划，以确定监盘时间。对库存现金的监盘最好实施突击性检查。盘点最好选择在上午上班前或下午下班时进行，盘点的范围一般包括企业各部门存放的现金，包括已收到但未存入银行的现金、零用金、找换金等。盘点时，必须有出纳员和被审计单位会计主管人员参加。在进行现金盘点前，应由出纳员将现金集中起来存入保险柜。必要时可加以封存，然后由出纳员把已办妥现金收付手续的收付款凭证登入库存现金日记账。如被审计单位现金存放部门有两处或两处以上，应同时盘点。

（2）审阅库存现金日记账并同时与现金收付凭证相核对：一方面检查库存现金日记账的记录

11

与凭证的内容和金额是否相符，另一方面了解凭证日期与库存现金日记账日期是否相符或接近。

（3）检查被审计单位库存现金实存数，并将该监盘金额与库存现金日记账余额进行核对，如有差异，应要求被审计单位查明原因，必要时应提请被审计单位做出调整；如无法查明原因，应要求被审计单位按管理权限批准后做出调整。若有冲抵库存现金的借条、未提现支票、未报销的原始凭证，应在库存现金监盘表（见表 11-5）中注明，必要时应提请被审计单位做出调整。

（4）在非资产负债表日进行监盘时，应将监盘金额调整至资产负债表日的金额，并对变动情况实施审计程序。

3. 抽查大额现金收支

注册会计师应抽查大额现金收支的原始凭证，审查内容是否完整、有无授权批准，并核对相关账户的进账情况，如有与被审计单位生产经营业务无关的收支事项，应查明原因，并做相应的记录。

4. 检查现金是否在资产负债表上恰当披露

根据规定，现金在资产负债表"货币资金"项下反映，注册会计师应在实施上述审计程序后，确定"库存现金"账户的期末余额是否恰当，据以确定库存现金是否在资产负债表上恰当披露。

【例 11-1】注册会计师王宇对库存现金监盘进行了事先计划：康力公司在公司总部和营业部各有一出纳部门，为顺利实施监盘程序，王宇准备在监盘日的前一天通知财务负责人，要求其告知出纳做好相应准备。考虑到出纳每天上午上班后要去银行办理业务，两部门的监盘分别安排在上午 10 点和 11 点进行。盘点时，王宇准备先到公司总部大楼出纳部，由出纳将现金全部放入保险柜，然后将全部凭证入账，结出当时现金日记账余额，然后王宇在出纳在场的情况下清点现金，并做出记录。清点后，由出纳编写库存现金监盘表，该表经出纳员和王宇共同签字后，作为审计工作底稿，将其与现金日记账核对。之后，王宇再到营业部出纳部门实施监盘，程序同上。

要求： 指出王宇库存现金监盘计划中的不当之处。

解析： 以上监盘计划的不合理之处如下。

（1）库存现金监盘应实施突击性的检查。

（2）各部门保管的所有现金均应同时监盘。若不能同时监盘，则应先封存再监盘。

（3）盘点时间一般选择在上午上班前或下午下班时进行。

（4）参加盘点的人员应有出纳员、被审计单位会计主管人员、注册会计师。

（5）库存现金监盘表应由注册会计师编制。

（6）库存现金监盘表应由参加盘点的三方人员签字确认。

试一试

被审计单位资产负债表上的库存现金数额，应以（　　　）为准。

A. 结账日账面数额　B. 盘点日账面数额　C. 结账日实有数额　D. 盘点日实有数额

五、银行存款的实质性测试

（一）银行存款的审计目标

银行存款是企业存入银行或其他金融机构的各种款项。按照国家有关规定，凡是独立核算的企业都必须在当地银行开设账户。企业在银行开设账户后，除按核定的限额保留库存现金外，超过限额的现金必须存入银行；除了在规定的范围内可以用现金直接支付的款项外，在经营过程中发生的一切货币收支业务，都必须通过银行存款账户进行结算。相较于现金，银行存款的业务涉及面广、内容复杂、金额较大、收付款凭证数量较多，因而是货币资金审计的重点部分。

银行存款审计目标的确定如表 11-2 所示。

表 11-2　　　　　　　　　　　银行存款审计目标的确定

被审计单位：　　　　　　　　　　　　　　　　索引号：　　　　页次：
项目：银行存款　　　　　　　　　　　　　　　编制人：　　　　日期：
报表期间：　　　　　　　　　　　　　　　　　复核人：　　　　日期：

审计目标	财务报表认定				
	存在	完整性	权利和义务	准确性、计价和分摊	列报
A. 资产负债表记录的货币资金中银行存款是存在的	√				
B. 所有应当记录的银行存款均已记录		√			
C. 记录的银行存款由被审计单位拥有或控制			√		
D. 银行存款以恰当的金额包括在财务报表中，与之相关的计价调整已恰当记录				√	
E. 银行存款已按照企业会计准则的规定在财务报表中做出恰当列报					√

（二）银行存款的实质性程序

（1）编制银行存款余额明细表，与银行存款日记账和总账核对是否相符，检查非记账本位币银行存款的折算汇率及折算金额是否正确。

（2）实施实质性分析程序。计算银行存款累计余额应收利息收入，分析比较被审计单位银行存款应收利息收入与实际利息收入的差异是否恰当，评估利息收入的合理性，检查是否存在高息资金拆借，确认银行存款余额是否存在，检查利息收入是否已经完整记录。

银行存款的审计

（3）检查银行存款账户发生额。注册会计师还可以考虑对银行存款账户的发生额实施以下程序。

① 分析不同账户发生银行存款日记账漏记银行交易的可能性，获取相关账户相关期间的全部银行对账单。

② 如果对被审计单位银行对账单的真实性存有疑虑，注册会计师可以在被审计单位的协助下亲自到银行获取银行对账单。在获取银行对账单时，注册会计师要全程关注银行对账单的打印过程。

③ 从银行对账单中选取交易的样本与被审计单位银行存款日记账记录进行核对；从被审计单位银行存款日记账上选取样本，核对至银行对账单。

④ 浏览银行对账单，选取大额异常交易，如银行对账单上有一收一付相同金额，或分次转出相同金额等，检查被审计单位银行存款日记账有无该项收付金额记录。

（4）取得并审查银行对账单和银行存款余额调节表。审查结算日银行存款余额调节表是证实资产负债表所列货币资金中银行存款是否存在的一个重要方法。一般而言，银行存款余额调节表应由被审计单位根据不同的银行账户及货币种类分别编制，并向注册会计师提供，但在某些情况下（如被审计单位内部控制比较薄弱），注册会计师也可亲自编制银行存款余额调节表。常见的银行存款余额调节表格式如表 11-3 所示。

注册会计师对银行存款余额调节表的审计主要包括以下步骤。

① 取得并检查银行对账单。

11

　　A. 取得被审计单位加盖银行印章的银行对账单，注册会计师应对银行对账单的真实性保持警觉，必要时，亲自到银行获取银行对账单，并对获取过程保持控制。

　　B. 将获取的银行对账单余额与银行存款日记账余额进行核对，如存在差异，获取银行存款余额调节表。

　　C. 将被审计单位资产负债表日的银行对账单与银行询证函回函核对，确认是否一致。

　　② 取得并检查银行存款余额调节表。

　　A. 检查银行存款余额调节表中加计数是否正确，调节后银行存款日记账余额与银行对账单余额是否一致。

　　B. 检查调节事项。对于企业已收付、银行尚未入账的事项，检查相关收付款凭证，并取得期后银行对账单，确认未达账项是否存在，银行是否已于期后入账；对于银行已收付、企业尚未入账的事项，检查期后企业入账的收付款凭证，确认未达账项是否存在。如果企业的银行存款余额调节表存在大额或较长时间的未达账项，注册会计师应查明原因并确定是否需要提请被审计单位进行调整。

　　C. 关注长期未达账项，查看是否存在挪用资金等事项。

　　D. 特别关注银付企未付、企付银未付中支付异常的领款事项，包括没有载明收款人、签字不全等支付事项，确认是否存在舞弊。

表 11-3　　　　　　　　　　　　　　银行存款余额调节表

　　　　　　　　　　　　　　年　　月　　日

编制人：　　　　　　　　日期：　　　　　　　　索引号：
复核人：　　　　　　　　日期：　　　　　　　　页次：
户别：　　　　　　　　　币别：人民币

项目
银行对账单余额（　　年　　月　　日）　　　　　元
加：企业已收，银行尚未入账金额
其中：1. _____元
2. _____元
减：企业已付，银行尚未入账金额
其中：1. _____元
2. _____元
调整后银行对账单金额　　　　　元
企业银行存款日记账金额（　　年　　月　　日）　　　元
加：银行已收，企业尚未入账金额
其中：1. _____元
2. _____元
减：银行已付，企业尚未入账金额
其中：1. _____元
2. _____元
记账错误：
调整后企业银行存款日记账金额　　　　元
经办会计人员：（签字）　　　　　　　　　　会计主管：（签字）

（5）函证银行存款余额。函证银行存款余额是指注册会计师在执行审计业务过程中，以被审计单位名义向有关单位发函询证，以验证被审计单位的银行存款是否真实、合法、完整。函证银行存款余额是证实资产负债表所列银行存款是否存在的重要程序。通过向往来银行函证，注册会计师不仅可以了解被审计单位资产的存在，同时还可以了解欠银行的债务。函证还可用于发现被审计单位未登记的银行借款和未披露的或有负债。

注册会计师应对银行存款（包括零余额账户和在本期内注销的账户）、借款及与金融机构往来的其他重要信息实施函证程序，除非有充分证据表明某一银行存款、借款及与金融机构往来的其他重要信息对财务报表不重要且与之相关的重大错报风险很低。如果不对这些项目实施函证程序，注册会计师应当在审计工作底稿中说明理由。在实施函证时，注册会计师需要以被审计单位名义向银行发函询证，以验证被审计单位的银行存款是否真实、合法、完整。各银行应对询证函列示的全部项目做出回应，并在自收到询证函之日起10个工作日内，将回函直接寄往会计师事务所。

表11-4列示了银行询证函格式，供参考。

表11-4　　　　　　　　　　　　银行询证函（部分）

编号：_____

_____（银行）：

本公司聘请的××会计师事务所正在对本公司20××年度财务报表进行审计，按照《中国注册会计师审计准则》的要求，应当询证本公司与贵行相关的信息。下列信息出自本公司记录，如与贵行记录相符，请在本函下端"信息证明无误"处签章证明；如有不符，请在"信息不符"处列明不符项目及具体内容；如存在与本公司有关的未列入本函的其他重要信息，也请在"信息不符"处列出其详细资料。回函请直接寄至××会计师事务所。

回函地址：

邮编：　　　　　联系人：

电话：　　　　　传真：

截至20××年12月31日，本公司与贵行相关的信息列示如下：

1. 银行存款

账户名称	银行账号	币种	利率	余额	起止日期	是否被抵押、用于担保或其他限制	备注

除上述列示的银行存款外，本公司并无在贵行的其他存款。

注："起止日期"一栏仅适用于定期存款，如为活期或保证金存款，可只填写"活期"或"保证金"字样。

2. 银行借款

借款人名称	币种	本金余额	欠付利息	借款日期	到期日期	利率	借款条件	抵（质）押品/担保人	备注

除上述列示的银行借款外，本公司并无在贵行的其他借款。

注：此项仅函证截至资产负债表日本公司尚未归还的借款及利息。

续表

3. 截至函证日之前 12 个月内注销的账户

账户名称	银行账号	币种	注销账户日

除上述列示的账户外，本公司并无截至函证日之前 12 个月内在贵行注销的其他账户。

4. 担保

（1）本公司为其他单位提供的、以贵行为担保受益人的担保

被担保人	担保方式	担保金额	担保期限	担保事由	担保合同编号	被担保人与贵行就担保事项往来的内容（贷款等）	备注

除上述列示的担保外，本公司并无其他以贵行为担保受益人的担保。

注：如采用抵押或质押方式提供担保的，应在备注中说明抵押或质押特情况。

……

13. 其他重大事项

_____

_____

注：此项应填列注册会计师认为重大且应予函证的其他事项，如信托存款等；如无，则应填写"不适用"。

（被审计单位盖章）

20××年　　月　　日

以下仅供被函证银行使用

结论：

1. 信息证明无误。	2. 信息不符，请列明不符项目及具体内容（对于在本函证前述第 1 项至第 13 项中漏列的其他重要信息，请列出详细资料）。
（银行盖章） 　　年　　月　　日 经办人：	（银行盖章） 　　年　　月　　日 经办人：

【例 11-2】注册会计师王宇在对康力公司 2020 年度财务报表进行审计时，对银行存款实施的部分审计程序如下。

（1）取得 2020 年 12 月 31 日银行存款余额调节表。

（2）向开户银行寄发银行询证函，并直接收取寄回的询证函回函。

（3）取得开户银行 2021 年 1 月 31 日的银行对账单。

要求：说明注册会计师应该向哪些开户银行进行函证；取得开户银行 2021 年 1 月 31 日的银行对账单，能证实 2020 年 12 月 31 日银行存款余额调节表的哪些内容。

解析：（1）函证时，注册会计师应向被审计单位在本年存过款（含外埠存款、银行汇票存款、

银行本票存款、信用证存款）的所有银行发函，其中包括企业存款账户已结清的银行。

（2）注册会计师取得开户银行2021年1月31日的银行对账单，能证实2020年12月31日银行存款余额调节表中未达账项的真实性以及未达账项是否已调整。

（6）检查银行存款账户存款人是否为被审计单位，若存款人非被审计单位，应获取该账户户主和被审计单位的书面声明，确认资产负债表日是否需要提请被审计单位进行调整。

（7）关注是否存在质押、冻结等对变现有限制或存在境外的款项。如果存在，是否已提请被审计单位做必要的调整和披露。

（8）对不符合现金及现金等价物条件的银行存款，在审计工作底稿中予以列明，以考虑对现金流量表的影响。

（9）抽查大额银行存款收支的原始凭证，检查原始凭证是否齐全、记账凭证与原始凭证是否相符、账务处理是否正确、是否记录于恰当的会计期间等内容。检查是否存在非营业目的的大额货币资金转移，并核对相关账户的进账情况；如有与被审计单位生产经营无关的收支事项，应查明原因并做相应的记录。

（10）检查银行存款收支的截止是否正确。选取资产负债表日前后若干张、一定金额以上的凭证实施截止测试，关注业务内容及对应项目，如有跨期收支事项，应考虑是否提请被审计单位进行调整。

（11）检查银行存款是否在财务报表中做出恰当列报。根据有关规定，被审计单位的银行存款在资产负债表的"货币资金"项目中反映；所以，注册会计师应在实施上述审计程序后，确定银行存款账户的期末余额是否恰当，进而确定银行存款是否在资产负债表中恰当披露。此外，如果被审计单位的银行存款存在抵押、冻结等使用限制情况或者潜在回收风险，注册会计师应关注被审计单位是否已经恰当披露有关情况。

试一试

注册会计师要证实被审计单位在临近12月31日签发的支票未予入账，最有效的审计程序是（　　）。

A. 审查12月的支票存根及银行存款日记账

B. 审查12月31日的银行存款余额调节表

C. 函证12月31日的银行存款余额

D. 审查12月31日的银行对账单

六、其他货币资金的实质性测试

其他货币资金包括企业到外地进行临时或零星采购而汇往采购地银行开立采购专户的款项所形成的外埠存款、企业为取得银行汇票按照规定存入银行的款项所形成的银行汇票存款、企业为取得银行本票按照规定存入银行的款项而形成的银行本票存款、信用卡存款和信用证保证金存款、存出投资款等。

其他货币资金的审计目标与银行存款类似，在此不做赘述，以下简要介绍其他货币资金的实质性审计程序。

（1）核对外埠存款、银行汇票存款、银行本票存款、信用卡存款、信用证保证金存款和存出投资款等各明细账期末合计数与总账数是否相符。

（2）获取所有其他货币资金明细的对账单，与账面记录核对，如果存在差异应查明原因，必要时应提出调整建议。

11

（3）保证金存款的检查，检查开立银行承兑汇票的协议或银行授信审批文件。可以将保证金账户对账单与相应的交易进行核对，根据被审计单位应付票据的规模合理推断保证金数额，检查保证金与相关债务的比例和合同约定是否一致，特别关注是否存在有保证金发生而被审计单位无对应保证事项的情形。

（4）对于存出投资款，跟踪资金流向，并获取董事会决议等批准文件、开户资料、授权操作资料等。如果投资于证券交易业务，通常结合相应金融资产项目审计，核对证券账户名称是否与被审计单位相符，获取被审计单位证券交易结算资金账户的交易流水，抽查大额的资金收支，关注资金收支的财务账面记录与资金流水是否相符。

（5）函证其他货币资金期末余额，并记录函证过程。

（6）对于非记账本位币的其他货币资金，检查其折算汇率是否正确。

（7）检查期末余额中有无较长时间未结清的款项。

（8）抽查若干大额的或有疑问的原始凭证进行测试，检查其经济内容是否完整，有无适当的审批授权，并核对相关账户的进账情况。

（9）抽取资产负债表日后大额收支凭证进行截止测试，如有跨期收支事项，应做适当调整。

（10）检查其他货币资金的披露是否恰当。

项目实施

首先，根据华兴股份有限公司库存现金监盘情况编制库存现金监盘表（见表11-5）。

表11-5　　　　　　　　　　　库存现金监盘表

被审计单位名称：华兴股份有限公司　　　编制：××　　　　　　　日期：2021-1-21
币别：人民币　　　　　　　　　　　　　复核：××　　　　　　　日期：2021-1-22

检查盘点记录			实有现金盘点记录		
项目	项次	金额/元	面额	张	金额/元
库存现金账面余额	1	759.80	100 元	2	200
盘点日未记账传票收入金额	2	263.00	50 元	4	200
盘点日未记账传票支出金额	3	344.50	20 元	0	
盘点日账面应有金额	4=1+2-3	678.30	10 元	7	70
盘点实有现金数额	5	478.30	5 元	1	5
盘点日应有与实有差异	6=4-5	200.00	1 元	3	3
差异原因分析 白条抵库（张）		200.00	5 角	0	
			1 角	3	0.3
			5 分	0	
			1 分	0	
			合计		478.30
追溯调整 报表日至审计日现金付出总额		2 470.00	情况说明及审计结论：		
报表日至审计日现金收入总额		2 350.00	该企业库存现金未发生短缺。		
报表日库存现金应有金额		798.30	2020 年 12 月 31 日库存现金应有数为 798.30 元		
本位币合计					

其次，应进一步确定资产负债表日库存现金应有数差异的原因，并将审计中发现问题记录于库存现金审定表（见表11-6）。

表 11-6　　　　　　　　　　　　库存现金审定表

被审计单位：华兴股份有限公司　　　编制：××　　　　日期：2021-1-21　　索引号：
截止日期：2020-12-31　　　　　　　复核：××　　　　日期：2021-1-22　　单位：元

项目	上期审定数	期末未审数	账项调整		重分类调整		期末审定数
			借方	贷方	借方	贷方	
库存现金——人民币		859.80		61.50			798.30
审计说明	1. 2020 年 12 月 31 日库存现金应有数为 798.30 元 2. 该企业库存现金收支、留存中存在不合法现象：有白条抵库数 200 元，违反现金管理制度；存在超现金限额留存现金的情况						
审计结论	调整后余额可以确认						

视野拓展

会计挪用数百万公款的背后

2019 年 1 月 11 日，东阳市佐村镇中心卫生院原院长杜××、出纳金××涉嫌国有事业单位人员失职案件在东阳市人民法院开庭。这是一起东阳市纪委监委加大问责力度，实行"一案双查"的典型案例，在当地引起了很大震动。

该案例缘于一名乡镇卫生院会计贪污挪用公款案。2007 年 10 月，张××到佐村镇中心卫生院担任会计。她平时热衷于购物，但每月的工资难以满足其日常消费，于是从 2007 年 12 月至 2016 年 6 月期间，利用职务之便，贪污 5 万余元，挪用公款 400 余万元，至开庭前尚有 260 余万元公款未归还。2017 年 8 月，张××被判处有期徒刑 8 年 3 个月，并处罚金 10 万元。但除张××被判刑外，其他无一人被追责。时任佐村镇中心卫生院院长杜××、现任院长马××、出纳金××是否应该承当巨额公款损失的责任？

2018 年 7 月，东阳市委第四巡察组在对市卫计局进行巡察时，第一时间将该问题线索移交至东阳市纪委监委处理。"张××重大贪污挪用案件的背后，是制度的疏漏，监管的缺失，更是纪法意识的淡漠。深究其原因，佐村镇中心卫生院原院长杜××，现任院长马××，出纳金××都负有不可推卸的责任。"杜××在担任佐村镇中心卫生院院长期间，对单位财务疏于管理，未形成完善的财务管理内控制度，造成出纳、会计并未相互牵制。本该由会计、出纳分开保管的银行印鉴、转账支票却由张××一人保管，甚至在医药公司数次向其催要药款时仍未采取有效措施追查原因，应负主要领导责任。金××未全面履行出纳职责，将本该由自己保管的 U 盾推给张××保管，并且对银行存款日记账未做全面登记，也不将会计账和银行对账单进行核对，甚至在发现卫生院资金可能出现问题后，也未及时跟院领导反映，应负直接责任。马××虽然案发时仅仅就任佐村镇中心卫生院院长 3 个月，但对单位财务监管不力，未能及时发现财务管理漏洞，导致张××继续作案，也应担负一定领导责任。

根据相关问题线索和前期初核情况，东阳市纪委监委于 2018 年 10 月 19 日对杜××、马××、

11

金××涉嫌严重违纪违法问题予以立案审查调查。2018 年 10 月 30 日，杜××、金××受到开除党籍和开除公职处分，其涉嫌犯罪问题移送检察机关依法审查提起公诉。2018 年 12 月 14 日，马××受到党内严重警告处分和政务记过处分。

　　货币资金是流动性最强、控制风险最高的资产，企事业单位的货币资金遭挪用、贪污等案例屡见于报端，而这些案例的发生与单位的货币资金内部控制制度不健全或未能有效执行有密切关系。以上案例可以说非常典型，其作案手段并不复杂，就是利用单位内控漏洞挪用资金，而单位监督、检查机制的不健全，使得舞弊行为长期未能被发现。企业货币资金的控制，应通过完善制度和流程，并树立正确内部控制理念，做好风险评估，注重关键控制点的控制等方式实现。企业的控制要抓住关键控制点，这就需要企业对风险进行有效而全面的评估，在此基础上制定相应控制措施，防止重大舞弊行为的发生，将风险降低到合理水平。

练习与实训

一、单项选择题

1. 库存现金监盘是注册会计师证实被审计单位资产负债表所列现金是否存在的一项重要程序，被审计单位必须参加盘点的人员是（　　）。
    A. 会计主管人员和内部审计人员　　　　B. 出纳员和会计主管人员
    C. 现金出纳员和银行出纳员　　　　　　D. 出纳员和内部审计人员

2. 注册会计师对现金进行监盘后填制的库存现金监盘表属于（　　）：
    A. 外部证据　　　B. 环境证据　　　C. 内部证据　　　D. 亲历证据

3. 对货币资金监盘属于（　　）。
    A. 突击审计　　　B. 预告审计　　　C. 监督审计　　　D. 报送审计

4. 银行存款截止测试的关键在于（　　）。
    A. 确定被审计单位各银行账户最后一张支票的号码
    B. 检查大额银行存款的收支
    C. 确定被审计单位当年记录的最后一笔银行存款业务
    D. 取得并检查银行存款余额调节表

5. 审查银行对账单和银行存款余额调节表，可以查明银行存款（　　）。
    A. 是否真实存在、账单是否一致　　　B. 内部控制是否健全、有效且一贯遵守
    C. 收支业务是否合法　　　　　　　　D. 在财务报表上的披露是否恰当

6. 注册会计师审计现金余额的起点是（　　）。
    A. 检查所有现金支出凭证和已开出支票
    B. 核对现金、银行存款日记账的余额是否与总账相符
    C. 检查所有的收款凭证，包括现金收款凭证及银行存款收款通知
    D. 核对现金、银行存款账户的有关凭证与现金、银行存款日记账是否相符

7. 下列工作中，出纳可以从事的工作是（　　）。
    A. 会计档案保管　　　　　　　　　　B. 编制银行存款余额调节表
    C. 记录收入、支出、费用明细账　　　D. 记录银行存款、现金日记账

8. 注册会计师对库存现金进行盘点，主要证实的认定是（　　）。
    A. 存在　　　B. 完整性　　　C. 权利和义务　　　D. 截止

9. 如果甲公司某银行账户的银行对账单余额与银行存款日记账余额不符，最有效的审计程序

是（　　　）。

  A. 重新测试相关的内部控制

  B. 检查银行对账单中记录的资产负债表日前后的收付情况

  C. 检查该银行账户的银行存款余额调节表

  D. 检查银行存款日记账中记录的资产负债表日前后的收付情况

10. 企业支付的下列款项中，可以使用库存现金进行支付的是（　　　）。

  A. 财务部门购买账簿 2 200 元　　　　　B. 销售部门宣传费 1 200 元

  C. 管理部门人员出差预借差旅费 12 000 元　　D. 生产车间办公费 1 500 元

二、多项选择题

1. 良好的货币资金内部控制要求有（　　　）。

  A. 控制现金坐支，当日收入现金应及时送存银行

  B. 货币资金收支与记账的岗位分离

  C. 全部收支及时准确入账，并且支出要有核准手续

  D. 按月盘点现金，编制银行存款余额调节表，以做到账实相符

2. 其他货币资金审计包括对（　　　）的审计。

  A. 外埠存款　　　　B. 银行汇票存款　　　　C. 银行本票存款　　　　D. 信用证存款

3. 在对库存现金进行盘点时，参与盘点的人员必须包括（　　　）。

  A. 注册会计师　　　　　　　　　　　B. 被审计单位出纳员

  C. 被审计单位会计主管人员　　　　　D. 被审计单位管理当局

4. 下列符合现金盘点要求的有（　　　）。

  A. 盘点对象通常包括已收到但未存入银行的现金

  B. 盘点之前必须将已办理现金收付手续的收付凭证登入现金日记账

  C. 对不同存放地点的现金同时进行盘点

  D. 盘点时间应安排在现金收付业务进行时，采取突击盘点

5. 函证银行存款余额，可以证实（　　　）。

  A. 银行存款是否存在　　　　　　　　B. 银行贷款金额

  C. 是否存在未入账的负债　　　　　　D. 是否存在或有负债项目

6. 被审计单位银行存款通常应列示于资产负债表的流动资产项目内，除非其为（　　　）。

  A. 一年以上的定期存款　　　　　　　B. 外埠存款

  C. 限定用途的存款　　　　　　　　　D. 投资者交入的投资款

7. A 公司编制的 2020 年 12 月末银行存款余额调节表显示存在 12 万元的未达账项，其中包括 A 公司已支付而银行未付的材料采购款 10 万元。以下审计程序中，可能为未达账项真实性提供证据的有（　　　）。

  A. 检查 2021 年 1 月的银行对账单

  B. 检查相关的采购合同、供应商销售发票和付款审批手续

  C. 就 2020 年 12 月末银行存款余额向银行寄发银行询证函

  D. 向相关的原材料供应商寄发询证函

8. F 注册会计师对银行存款余额实施函证程序，以下做法正确的有（　　　）。

  A. 以公司名义寄发银行询证函

  B. 除余额为 0 的银行账户外，对公司所有银行存款账户实施函证

  C. 银行询证函由注册会计师直接发出并收回

11

D. 如果银行询证函回函表明没有差异，则可以认定银行存款余额是正确的

9. 下列说法中错误的有（   ）。

A. 出纳人员可以同时从事银行对账单的获取、银行存款余额调节表的编制等工作

B. 在对银行存款实施函证程序时，要对所有存款的银行都寄发询证函

C. 被审计单位资产负债表上的银行存款余额，应以银行对账单上的金额为准

D. 检查银行存款收支的正确截止是为了证实银行存款的"计价和分摊"认定

10. 下列与银行存款存在认定有关的有（   ）。

A. 分析定期存款占银行存款的比例   B. 检查银行存款余额调节表

C. 函证银行存款余额   D. 检查银行存款收支的正确截止

三、判断题

1. 通过向往来银行的函证，注册会计师不仅可了解企业银行存款的存在，同时还可以了解企业欠银行的债务。   （   ）

2. 注册会计师在函证银行存款余额时，不必向企业存款账户已结清的银行发函。   （   ）

3. 企业银行存款账面余额与银行对账单余额因未达账项存在差额时，应按照银行存款余额调节表调整银行存款日记账。   （   ）

4. 注册会计师对银行存款的函证，可以采用积极式，也可以采用消极式。   （   ）

5. 存出保证金不属于企业货币资金构成项目。   （   ）

6. 如果库存现金金额较小，小于审计风险指数，注册会计师可不进行实质性程序。 （   ）

7. 企业采购商品或接受劳务采用银行汇票结算时，应通过"应付票据"科目核算。 （   ）

8. 资产负债表中的"货币资金"项目，应当根据"库存现金""银行存款""其他货币资金"三个总账科目余额合计填列。   （   ）

9. 如果现金盘点不是在资产负债表日进行的，注册会计师应将资产负债表日至盘点日的收付金额调整至盘点日金额。   （   ）

10. 注册会计师在对银行存款进行实质性测试时，可能通过审查银行存款余额调节表代替对银行存款余额的函证。   （   ）

四、实训题

1. 注册会计师审查康力公司货币资金业务时，了解到以下情况。

（1）对于印鉴的管理：法定代表人王明的个人名章由本人管理，王明不在期间，由财务主管张强代为保管；财务主管张强负责银行预留印鉴卡的保管和财务专用章的管理，外出时其职责由出纳李娜代为履行；李娜负责空白支票的管理，空白支票仅在李娜出差期间交由张强管理。

（2）公司领导规定当出纳因事不在班时，为了不影响工作，出纳业务由分管往来的会计人员代理。

（3）为了保证库存现金账面余额与实际库存相符，每月末定期进行现金盘点，发现不符，及时查明原因，做出处理。

要求：指出康力公司货币资金内部管理存在的问题。

2. 2021年1月20日，注册会计师在对康力公司2020年12月31日资产负债表审计中查得"货币资金"项目中的库存现金为1 062.10元。1月21日上午8时，对该公司出纳员张华所经管的现金进行了清点。该公司1月20日现金日记账余额是832.10元，清点结果如下。

（1）现金实有数627.3元。

（2）在保险柜中有下列单据已收、付款但未入账。

① 职工刘阳6月4日预借差旅费200元，已经领导批准。

② 职工刘钢借款140元，未经批准，也没有说明用途。

③ 已收款但未记账的凭证共4张，金额135.2元。

（3）银行核定该公司现金限额为800元。

（4）经核对1月1日至20日的收付款凭证和现金日记账，核实1月1日至20日收入现金数为2 350元、支出现金数为2 580元，正确无误。

要求：根据以上资料，编制库存现金监盘表，核实资产负债表"货币资金"项目中库存现金金额的正确性。

3. 注册会计师对华达纺织股份有限公司2020年12月31日的资产负债表进行审计。在审查资产负债表"货币资金"项目时，发现该公司2020年12月31日的银行存款账面余额为49 800元，向开户银行取得对账单一张，2020年12月31日的银行存款余额为65 000元。另外，查有下列未达账款和记账差错。

（1）12月23日，银行将一笔委托收款5 800元收到入账，但公司尚未收到收款通知，尚未记账。

（2）12月24日，银行代公司支付电话费1 800元，银行已登记公司银行存款减少，但公司尚未收到付款通知，尚未记账。

（3）12月25日，公司送存转账支票一张，金额3 000元，并已登记入账，但银行尚未记账。

（4）12月30日，开出一张转账支票，支付购货款14 000元，但持票单位尚未到银行办理转账，银行尚未记账。

（5）12月15日，收到银行收款通知单，金额12 200元，公司入账时将银行存款增加数错记成12 000元。

要求：根据上述资料，编制银行存款余额调节表，核实2020年12月31日资产负债表"货币资金"项目中银行存款数额的正确性。

项目十二

编写审计报告

知识目标 ↓

1. 掌握审计终完成段的工作内容；
2. 掌握审计报告的基本意见类型；
3. 掌握审计报告的内容及编写要求。

能力目标 ↓

1. 能根据被审计单位情况正确出具审计报告；
2. 会编写不同意见类型的审计报告；
3. 能进行审计档案的归档和整理。

📖 项目引入

信永会计师事务所注册会计师张伟和赵磊负责立华股份有限公司（非上市实体）2020 年年度财务报表审计，于 2021 年 2 月 18 日完成外勤审计工作，审计过程中实施了所有认为必要的审计程序，审计范围没有受到任何限制。立华股份有限公司 2020 年度未经审计的财务报表中的部分会计资料如表 12-1 所示。

表 12-1　　　　　　　　　　会计资料

项目	金额/万元
2020 年度利润总额	885
2020 年度净利润	664
2020 年 12 月 31 日资产总额	8 113
2020 年 12 月 31 日股东权益	2 606

张伟和赵磊确定立华股份有限公司 2020 年度财务报表层次的重要性水平为 26 万元，根据被审计单位的特定情况及信息使用者的需要，针对特定类别交易、账户余额或披露的重要性水平如表 12-2 所示。

表 12-2　　　　　　　　　　重要性水平

报表项目	重要性水平/万元
应收账款	4
预付账款	2.5

续表

报表项目	重要性水平/万元
存货	7
固定资产原价	8
累计折旧	1
应付账款	2
资本公积	1.5

注册会计师经审计发现立华股份有限公司存在以下4个事项。

（1）按照该公司采用的账龄分析法核算坏账，2020年应计提坏账准备186万元，但实际只计提了坏账准备172万元，少计提14万元。

（2）2020年12月31日，该公司有确实无法支付的应付账款10万元。该公司做了借记"应付账款"科目10万元，贷记"资本公积"科目10万元的会计处理。

（3）该公司2020年年末未经审计的资产负债表反映的预付账款项目为借方余额600万元，其明细组成如下。

预付账款——A公司：400万元；预付账款——B公司：187万元；预付账款——C公司：1万元；预付账款——D公司：-2万元；预付账款——E公司：14万元；合计600万元。

其中C公司的1万元系2020年2月为采购C公司产品所预付，事后获悉C公司因转产已不能再提供该产品。

（4）按该公司固定资产折旧会计政策，经审计确认，2020年度少提折旧费用48万元。

要求：分别根据上述4项资料提出审计处理意见，填写相应的审计差异汇总表；假设立华股份有限公司接受了注册会计师所有的调整意见，为其起草应出具的审计报告。

相关知识

一、特殊项目的审计

（一）期初余额的审计

期初余额的审计既包括注册会计师首次接受委托对被审计单位的财务报表进行审计时所涉及的如何审计财务报表期初余额问题，也包括注册会计师执行连续审计业务时所涉及的如何审计财务报表期初余额问题。

1. 期初余额的审计目标

注册会计师在首次接受委托业务时，应当获取充分、适当的审计证据以确定以下审计目标。

（1）期初余额不存在对本期财务报表产生重大影响的错报。

（2）上期期末余额已正确结转至本期，或在适当的情况下已做出重新表述。

（3）被审计单位一贯运用恰当的会计政策，或对会计政策的变更做出正确的会计处理和恰当的列报。

2. 期初余额的审计程序

为了完成期初余额的审计目标，注册会计师对期初余额的审计程序通常包括以下几个。

（1）审查被审计单位财务报表期初余额是否反映上期运用恰当会计政策的结果。

（2）审查上期会计政策是否在本期财务报表中得到一贯运用，如果会计政策发生变更，考虑

12

这些变更是否恰当、会计处理是否正确、列报是否恰当。

（3）如果上期财务报表由前任注册会计师审计，征得被审计单位书面同意，经前任注册会计师许可后，查阅前任注册会计师的工作底稿。

① 考虑前任注册会计师是否具备独立性和专业胜任能力。

② 查阅前任注册会计师工作底稿中的所有重要审计领域。

③ 考虑前任注册会计师是否已实施了必要的审计程序，评价资产负债表重要账户期初余额的合理性。

④ 复核前任注册会计师建议调整分录和未更正错报汇总，并评价其对当期审计的影响。

（4）如果上期财务报表未经审计，或在实施上述第（3）项所述的审计程序后对期初余额不能得出满意结论，可以实施进一步审计程序。

① 对流动资产和流动负债，通过本期实施的审计程序获取部分审计证据。

② 对于存货，通过复核上期存货盘点记录及文件、检查上期存货交易记录或运用毛利百分比法等进行分析，获取有关本期期初存货余额的充分、适当的审计证据。

③ 对非流动资产和非流动负债，检查形成期初余额的会计记录和其他信息，还可考虑向第三方函证期初余额，或实施追加的审计程序。

3. 期初余额审计对审计意见的影响

注册会计师应当根据已经获得审计证据形成对期初余额的审计结论，在此基础上确定其对本期财务报表审计意见的影响。

（1）如果实施相关审计程序后无法获取有关期初余额的充分、适当的审计证据，注册会计师应当出具保留意见或无法表示意见的审计报告。

（2）如果期初余额存在对本期财务报表产生重大影响的错报，注册会计师应当告知管理层，提请被审计单位进行调整。如果被审计单位不接受注册会计师的建议，错报的影响未能得到正确的会计处理和恰当的列报，注册会计师应当出具保留意见或否定意见的审计报告。

（3）如果与期初余额相关的会计政策未能在本期得到一贯运用，并且会计政策的变更未能得到正确的会计处理和恰当的列报，注册会计师应当出具保留意见或否定意见的审计报告。

（4）如果前任注册会计师对上期财务报表出具了非标准审计报告，注册会计师应当考虑该审计报告对本期财务报表的影响。如果导致出具非标准审计报告的事项对本期财务报表仍然相关且影响重大，注册会计师应当对本期财务报表出具非标准审计报告，即保留意见、否定意见或无法表示意见的审计报告。

试一试

下列情况，注册会计师需要严格进行期初余额审计的是（　　　　）。

A. 首次接受委托　　　　　　　　　B. 上期审计的延续

C. 所有审计活动　　　　　　　　　D. 根据审计委托人的要求

（二）期后事项的审计

1. 期后事项的含义和种类

期后事项指资产负债表日至审计报告日之间发生的事项及审计报告日后发现的事实。根据期后事项对财务报表和审计报告产生的影响，可将期后事项分为下列两类。

（1）资产负债表日后调整事项。资产负债表日后调整事项是指对资产负债

期后事项的审计

表日已经存在的情况提供了新的或进一步证据的事项。被审计单位发生的资产负债表日后调整事项，通常包括下列各项。

① 资产负债表日后诉讼案件结案，法院判决证实了被审计单位在资产负债表日已经存在现时义务，需要调整原先确认的与该诉讼案件相关的预计负债，或确认一项新负债。

② 资产负债表日后取得确凿证据，表明某项资产在资产负债表日发生了减值或者需要调整该项资产原先确认的减值金额。

③ 资产负债表日后进一步确定了资产负债表日前购入资产成本或售出资产收入。

④ 资产负债表日后发现了财务报表舞弊或差错。

（2）资产负债表日后非调整事项。资产负债表日后非调整事项是指表明资产负债表日后发生的情况的事项。被审计单位资产负债表日后发生的某些事项，虽然对被审计年度资产负债表日的会计数据没有直接的影响，但可能会影响被审计单位未来期间的财务状况和经营成果，为了保证财务报表使用者能够全面、正确地理解财务报表信息，应以附注的形式披露这类信息。

资产负债表日后非调整事项，通常包括下列各项。

① 资产负债表日后发生重大诉讼、仲裁、承诺。

② 资产负债表日后资产价格、税收政策、外汇汇率发生重大变化。

③ 资产负债表日后因自然灾害导致资产发生重大损失。

④ 资产负债表日后发行股票和债券以及其他巨额举债。

⑤ 资产负债表日后资本公积转增资本。

⑥ 资产负债表日后发生巨额亏损。

⑦ 资产负债表日后发生企业合并或处置子公司。

⑧ 财务报表日后企业利润分配方案中拟分配的以及经批准宣告发放的股利或利润。

区分两类期后事项主要是根据事项发生的时间。如果某一事项在资产负债表日之前已经存在，资产负债表日后发生的事项仅是补充说明该事项，那么这类期后事项属于第一类；如果某一事项是在资产负债表日之后才发生的，那么这类期后事项属于第二类。

2. 期后事项的审计目标

（1）确定期后事项是否存在和完整及其对财务报表和审计报告的影响。

（2）确定期后事项的会计处理是否符合企业会计准则的规定。

（3）确定期后事项的列报是否恰当。

3. 期后事项的审计程序

根据期后事项的定义，期后事项可以划分为三个阶段，如图 12-1 所示。第一时段是资产负债表日后至审计报告日；第二时段是审计报告日后至财务报表报出日；第三时段是财务报表报出日后。资产负债表日一般是指被审计年度的 12 月 31 日；财务报表批准日是指构成整套财务报表的所有报表（包括相关附注）已编制完成，并且被审计单位的董事会、管理层或类似机构已认可其对财务报表负责的日期；财务报表报出日是指审计报告和已审计财务报表提供给第三方的日期。实务中审计报告日与财务报表批准日通常是相同的日期。

期后事项分为三个时段，注册会计师对这三个时段的期后事项负有不同的责任。

（1）主动识别第一时段期后事项。

资产负债表日后至审计报告日之间发生的期后事项属于第一时段期后事项。注册会计师应当尽量在接近审计报告日时，实施旨在识别需要在财务报表中调整或披露事项的审计程序。这些程序如下。

① 复核被审计单位管理层建立的用于确保识别期后事项的程序。

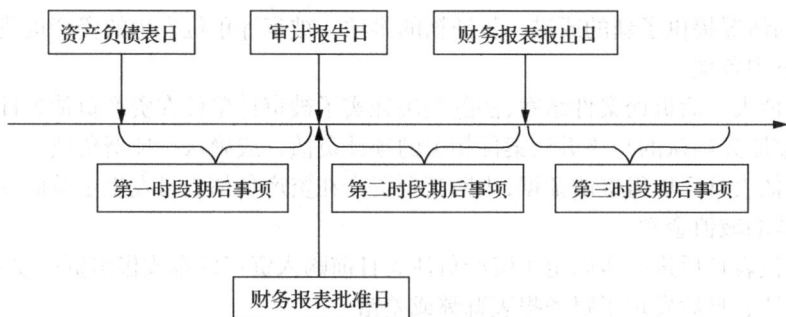

图 12-1 期后事项分段示意

② 取得并审阅股东大会、董事会和管理当局的会议记录以及涉及诉讼的相关文件等，查明识别资产负债表日后发生的对本期财务报表产生重大影响的事项。

③ 查阅股东大会、董事会及其专门委员会在资产负债表日后举行的会议的纪要，并在不能获取会议纪要时询问会议讨论的事项。

④ 尽量在接近审计报告日时，查阅最近的中期财务报表、主要会计科目、重要合同和会计凭证；如认为必要和适当，还应当查阅预算、现金流量预测及其他相关管理报告。

⑤ 尽量在接近审计报告日时，查阅被审计单位与客户、供应商等的往来信函。

⑥ 尽量在接近审计报告日时，向被审计单位律师或法律顾问询问有关诉讼和索赔事项。

⑦ 尽量在接近审计报告日时，向管理层询问可能影响财务报表的期后事项。

（2）被动识别第二时段期后事项。

审计报告日后至财务报表报出日前发现的期后事项属于第二时段期后事项。在审计报告日后，注册会计师没有责任针对财务报表实施审计程序或进行专门查询。但是，在这一阶段，被审计单位的财务报表并未报出，管理层有责任将发现的可能影响财务报表的事实告知注册会计师。在此期间，如果知悉可能对财务报表产生重大影响的事实，注册会计师应当考虑是否需要修改财务报表，并与管理层讨论，同时根据具体情况采取适当措施。

（3）没有义务识别第三时段期后事项。

财务报表报出后发生的期后事项属于第三时段期后事项。注册会计师虽没有义务针对财务报表做出查询，但并不排除注册会计师通过媒体等其他途径获悉可能对财务报表产生重大影响的期后事项的可能性。在财务报表报出后，如果知悉在审计报告日已存在的、可能导致修改审计报告的事实，注册会计师应当做出下列行为。

① 与管理层和治理层（如适用）讨论该事项。

② 确定财务报表是否需要修改。

③ 如果需要修改，询问管理层将如何在财务报表中处理该事项。

4. 期后事项审计对审计意见的影响

对期后事项，注册会计师应当区分不同时段的期后事项，以确定其对本期财务报表审计意见的影响。

（1）对于资产负债表日后至审计报告日之间发生的期后事项，注册会计师负有主动识别的义务，应设计专门的审计程序来进行审查，并根据这些事项的性质判断其对财务报表的影响程度，确定对审计意见的影响。

① 如果注册会计师识别出对财务报表有重大影响的期后事项，应当确定这些事项是否按照适用的财务报告编制基础的规定在财务报表中得到恰当反映。

② 如果所知悉的期后事项属于调整事项，注册会计师应当考虑被审计单位是否已对财务报表

做出适当的调整。如果所知悉的期后事项属于非调整事项，注册会计师应当考虑被审计单位是否在财务报表附注中予以充分披露。

（2）审计报告日后至财务报表报出日前发现的期后事项，由于注册会计师针对被审计单位的审计业务已经结束，要识别可能存在的期后事项比较困难，因此无法主动识别第二时段期后事项。对此，可根据不同情况判断期后事项对审计意见的影响。

① 如果管理层修改了财务报表，注册会计师应当根据具体情况实施必要的审计程序，重新获取充分、适当的审计证据，以验证管理层根据期后事项所做出的财务报表调整或披露是否符合企业会计准则和相关会计制度的规定，并针对修改后的财务报表出具新的审计报告。新的审计报告日期不应早于董事会或类似机构批准修改后的财务报表的日期。注册会计师应当将对期后事项的审计程序延伸至新的审计报告日。

② 如果注册会计师认为应当修改财务报表而管理层没有修改，并且审计报告尚未提交给被审计单位，注册会计师应当出具保留意见或否定意见的审计报告。

③ 如果注册会计师认为应当修改财务报表而管理层没有修改，并且审计报告已提交给被审计单位，注册会计师应当通知治理层不要将财务报表和审计报告向第三方报出。如果财务报表仍被报出，注册会计师应当采取措施防止财务报表使用者信赖该审计报告。例如，通过新闻媒体发表必要的声明，防止使用者信赖审计报告。注册会计师采取的措施取决于自身的权利和义务以及征询的法律意见。

（3）对于财务报表报出后发生的期后事项，注册会计师如果知悉在审计报告日已存在的、可能导致修改审计报告的事实，可根据不同情况判断期后事项对审计意见的影响并采取相应措施。

① 如果管理层修改了财务报表，注册会计师应当根据具体情况实施必要的审计程序，复核管理层采取的措施能否确保所有收到原财务报表和审计报告的人士了解这一情况，并针对修改后的财务报表出具新的审计报告。新的审计报告应当增加强调事项段，提请财务报表使用者注意财务报表附注中对修改原财务报表原因的详细说明，以及注册会计师出具的原审计报告。新的审计报告日期不应早于董事会或类似机构批准修改后的财务报表的日期。相应地，注册会计师应当将对期后事项的审计程序延伸至新的审计报告日。

② 如果管理层既没有采取必要措施确保所有收到原财务报表和审计报告的人士了解这一情况，又没有在注册会计师认为需要修改的情况下修改财务报表，注册会计师应当采取措施防止财务报表使用者信赖该审计报告，并将拟采取的措施通知治理层。采取的措施取决于自身的权利和义务以及征询的法律意见。

【例 12-1】中兴会计师事务所在对龙华股份有限公司 2020 年财务报表审计中发现以下情况。

龙华股份有限公司持有的一项长期股权投资在 2020 年 12 月 31 日的市价为每股 9 元，实际成本为每股 9.3 元，在 2020 年 12 月 31 日该公司按照成本与市价孰低计提了减值准备，并在财务报表中反映已计提的减值准备。2021 年 2 月 9 日，在审计结束外勤工作前，注册会计师得知该股票的市价跌到每股 7 元。

要求：对于该事项注册会计师应如何处理？

解析：该事项属于资产负债表日后非调整事项。该事项发生在审计结束外勤工作前，对于这一时段的期后事项，注册会计师负有主动识别的义务，应设计专门的审计程序来进行审查，并判断其对财务报表的影响程度，进而确定被审计单位是否在报表上正确披露。

（三）或有事项的审计

1. 或有事项的含义

或有事项是指过去的交易或者事项形成的，其结果须由某些未来事项的发生或不发生才能决定的不确定事项。常见的或有事项主要包括未决诉讼或仲裁、债务担保、产品质量保证（含产品安全保证）、承诺、亏损合同、重组义务等。

在企业经营活动中，或有事项这一特殊的经济现象已经越来越常见，并且对企业的财务状况和经营成果产生较大的影响。或有事项对企业潜在的财务影响以及企业因此需要承担的风险都有必要通过企业的财务报表或财务报表附注予以反映，使财务报表使用者能够获取真实、充分、详细的信息，帮助其进行正确的分析、判断。因此，注册会计师对被审计单位发生的或有事项应当给予必要的关注，并且需要注册会计师具备相当程度的专业判断能力。

2. 或有事项的审计目标

注册会计师对或有事项进行审计所要达到的审计目标一般包括以下几点。

（1）确定或有事项是否存在或完整。

（2）确定或有事项的确认和计量是否符合企业会计准则的规定。

（3）确定或有事项的列报是否恰当。

3. 或有事项的审计程序

由于或有事项的发生存在不确定性，在财务报表和会计账簿中没有全面披露，因此注册会计师应当采取特定的审计程序以确定或有事项的确认、计量、记录是否恰当。或有事项的审计程序包括以下步骤。

（1）向被审计单位管理层和有关人员进行询问。询问的主要内容有：被审计单位确定、评价或有事项的方针政策和工作程序；或有事项的具体内容；或有事项的会计披露等。

（2）查阅被审计单位相关资料。注册会计师应审阅的相关资料包括：被审计单位有关或有事项的全部文件和凭证；被审计单位管理层有关或有事项的书面证明；被审计单位与银行之间的往来信函；被审计单位的债务说明书等。

（3）向被审计单位的法律顾问、律师和与被审计单位有业务往来的银行函证。通过函证可以确定被审计单位或有事项的内容及其是否存在。

（4）复核现存的审计工作底稿，寻找任何可以说明或有事项的资料。

（5）向被审计单位管理层获取书面声明，保证其已按照企业会计准则的规定对其全部或有事项做了恰当反映。

（6）确定或有事项在财务报表中的披露是否恰当。《企业会计准则第 13 号——或有事项》要求企业应当在附注中披露与或有事项有关的下列信息。

① 预计负债。预计负债主要包括：预计负债的种类、形成原因以及经济利益流出不确定性的说明；各类预计负债的期初、期末余额和本期变动情况；与预计负债有关的预期补偿金额和本期已确认的预期补偿金额。

② 或有负债（不包括极小可能导致经济利益流出企业的或有负债）。或有负债主要包括：或有负债的种类及其形成原因，如已贴现商业承兑汇票、未决诉讼、未决仲裁、对外提供担保等形成的或有负债；经济利益流出不确定性的说明；或有负债预计产生的财务影响，以及获得补偿的可能性，无法预计的，应当说明原因。

③ 企业通常不应当披露或有资产，但或有资产很可能会给企业带来经济利益的，应当披露其形成的原因、预计产生的财务影响等。

4. 或有事项审计对审计意见的影响

如果注册会计师认为被审计单位管理层对或有事项做出的估计是合理的，并且进行了适当的披露，应当出具无保留意见的审计报告，并视具体情况可在审计意见段之后增加强调事项段，以强调重大或有事项。

12

如果注册会计师认为被审计单位管理层对或有事项做出的估计是不合理的，或披露不适当，注册会计师应当出具保留意见或否定意见的审计报告。

如果注册会计师审计范围受到被审计单位或客观条件的限制，无法就或有事项获取充分、适当的审计证据，应当出具保留意见或无法表示意见审计报告。

试一试

注册会计师对被审计单位（　　）项目进行审计时往往要向被审计单位的法律顾问和律师进行函证，以获取其对资产负债表日已存在的以及资产负债表日至复函日这一时期内存在的确认证据。

A. 关联方交易　　　　　　　　　B. 持续经营能力

C. 期初余额和期后事项　　　　　D. 期后事项和或有事项

二、完成审计工作

审计终完成段的主要工作是完成审计工作和编写审计报告。注册会计师按业务循环完成各财务报表项目的审计测试和一些特殊项目的审计工作后，在审计完成阶段汇总审计测试结果，进行更具综合性的审计工作，主要包括以下内容。

（一）评价审计中的重大发现

重大发现涉及会计政策的选择、运用和一贯性的重大事项，包括相关的信息披露。在审计完成阶段，项目合伙人和审计项目组考虑的重大发现和事项的例子包括几类。

（1）期中复核中的重大发现及其对审计方法的相关影响。

（2）涉及会计政策的选择、运用和一贯性的重大事项，包括相关的披露。

（3）就识别出的重大风险，对审计策略和计划的审计程序所做的重大修正。

（4）在与管理层和其他人员讨论重大发现和事项时得到的信息。

（5）与注册会计师的最终审计结论相矛盾或不一致的信息。

对实施的审计程序的结果进行评价，可能全部或部分地揭示以下事项。

（1）为了实现计划的审计目标，是否有必要对重要性进行修订。

（2）对审计策略和计划审计程序的重大修正，包括对重大错报风险评估结果的重要变动。

（3）对审计方法有重要影响的值得关注的内部控制缺陷和其他缺陷。

（4）财务报表中存在的重大错报。

（5）在实施审计程序时遇到的重大困难。

（6）向事务所内部有经验的专业人士或外部专业顾问咨询的事项。

（7）与管理层或其他人员就重大发现以及与注册会计师的最终审计结论相矛盾或不一致的信息进行的讨论。

针对重大发现，注册会计师可以向事务所内部有经验的专业人士或外部专业顾问咨询，并与管理层或其他人员就重大发现以及与注册会计师的最终审计结论相矛盾或不一致的信息进行讨论。如果审计项目组内部、项目组与被咨询者之间以及项目合伙人与项目质量控制复核人员之间存在意见分歧，审计项目组应当遵循事务所的政策和程序予以妥善处理。

（二）评价审计过程中发现的错报

1. 汇总审计差异

在完成按业务循环进行的控制测试、交易与财务报表项目的实质性程序以及特殊项目的审计

12

后，对审计项目组成员在审计中发现的被审计单位的会计处理方法与企业会计准则的规定不一致，即审计差异，审计项目经理应根据审计重要性原则予以初步确定并汇总，并建议被审计单位进行调整，使经审计的财务报表所载信息能够公允地反映被审计单位的财务状况、经营成果和现金流量。对审计差异的"初步确定并汇总"直至形成"经审计的财务报表"，主要是通过编制审计差异调整表和试算平衡表完成的。

审计差异按是否需要调整账户记录可分为核算错误和重分类错误两类。核算错误是因企业对经济业务进行了不正确的会计核算而引起的错误，又可分为建议调整的不符事项和不建议调整的不符事项。重分类错误是因企业未按企业会计准则列报财务报表而引起的错误。通常需要将这些建议调整的不符事项、重分类错误以及未调整不符事项分别汇总至账项调整分录汇总表、重分类调整分录汇总表与未更正错报汇总表，分别如表 12-3、表 12-4 和表 12-5 所示。

表 12-3　　账项调整分录汇总表

序号	内容及说明	索引号	调整内容				影响利润表+（-）	影响资产负债表+（-）
			借方项目	借方金额	贷方项目	贷方金额		

与被审计单位的沟通：

参加人员：

被审计单位：_____

审计项目组：_____

被审计单位的意见：

_____

_____

结论：

是否同意上述审计调整：_____

被审计单位授权代表签字：_____　　日期：_____

表 12-4　　重分类调整分录汇总表

序号	内容及说明	索引号	调整项目和金额			
			借方项目	借方金额	贷方项目	贷方金额

与被审计单位的沟通：

参加人员：

被审计单位：_____

审计项目组：_____

被审计单位的意见：

_____

_____

结论：

是否同意上述审计调整：_____

被审计单位授权代表签字：_____　　日期：_____

表 12-5　　　　　　　　　　　　　　未更正错报汇总表

序号	内容及说明	索引号	未调整内容				备注
			借方项目	借方金额	贷方项目	贷方金额	

未更正错报的影响：

项目	金额	百分比	计划百分比
1. 总资产	_____	_____	_____
2. 净资产	_____	_____	_____
3. 销售收入	_____	_____	_____
4. 费用总额	_____	_____	_____
5. 毛利	_____	_____	_____
6. 净利润	_____	_____	_____

结论：

被审计单位授权代表签字：_____　　　日期：_____

2. 错报的沟通和更正

除非法律法规禁止，注册会计师应当及时将审计过程中累积的所有错报与适当层次的管理层进行沟通。对于建议调整的不符事项和重分类错误，注册会计师应当要求管理层更正这些错报。

某些情况下，法律法规可能限制注册会计师向管理层或被审计单位内部的其他人员通报某些错报。注册会计师的保密义务与通报义务之间存在的潜在冲突可能很复杂。此时，注册会计师可以考虑征询法律意见。

如果管理层拒绝更正沟通的部分或全部错报，注册会计师应当了解管理层不更正错报的理由，并在评价财务报表整体是否不存在重大错报时考虑该理由。注册会计师对管理层不更正错报的理由的理解，可能影响其对被审计单位会计实务质量的考虑。

3. 评价未更正错报的影响

未更正错报，是指注册会计师在审计过程中累积的且被审计单位未予更正的错报。对错报的评价需要考虑重要性水平。注册会计师需要考虑每一单项错报，以评价其对相关类别的交易、账户余额或披露的影响，包括评价该项错报是否超过特定类别的交易、账户余额或披露的重要性水平。如果注册会计师认为某一单项错报是重大的，则需进行更正。在某些情况下，即使某些错报低于财务报表整体的重要性，但因与这些错报相关的某些情况，在将其单独或连同在审计过程中累积的其他错报一并考虑时，注册会计师也可能将这些错报评价为重大错报。例如，某项错报的金额虽然低于财务报表整体的重要性，但对被审计单位的盈亏状况有决定性的影响，注册会计师应认为该项错报是重大错报。确定一项分类错报是否重大，还需要进行定性评估。即使分类错报超过了在评价其他错报时运用的重要性水平，但注册会计师可能仍然认为该分类错报对财务报表整体不产生重大影响。

除非法律法规禁止，注册会计师应当与治理层沟通未更正错报，以及这些错报单独或汇总起来可能对审计意见产生的影响。在沟通时，注册会计师应当逐项指明重大的未更正错报。注册会计师应当要求被审计单位更正未更正错报。注册会计师应当与治理层沟通与以前期间相关的未更正错报对相关类别的交易、账户余额或披露以及财务报表整体的影响。

12

4. 获取书面声明

注册会计师应当要求管理层和治理层（如适用）提供书面声明，说明其是否认为未更正错报单独或汇总起来对财务报表整体的影响不重大。这些错报项目的概要应当包含在书面声明中或附在其后。在某些情况下，管理层和治理层（如适用）可能并不认为注册会计师提出的某些未更正的错报是错报。基于这一原因，他们可能在书面声明中增加以下表述："因为（描述理由），我们不同意……事项和……事项构成错报。"然而，即使获取了这一声明，注册会计师仍需要对未更正错报的影响形成结论。

试一试

在评价未更正错报的影响时，下列说法不正确的是（　　　）。

A. 注册会计师应该从金额和性质两个方面确定未更正错报是否重大

B. 注册会计师应该要求被审计单位更正未更正错报

C. 被审计单位必须更正未更正错报

D. 注册会计师应该考虑以前期间未更正错报的影响

（三）复核财务报表和审计工作底稿

1. 对财务报表总体合理性进行总体复核

在审计结束或临近结束时，注册会计师运用分析程序的目的是确定经审计调整后的财务报表整体是否与对被审计单位的了解一致，是否具有合理性。注册会计师应当围绕这一目的运用分析程序。

在运用分析程序进行财务报表总体复核时，如果识别出以前未识别的重大错报风险，注册会计师应当重新考虑对全部或部分各类交易、账户余额、披露评估的风险是否恰当，并在此基础上重新评价之前计划的审计程序是否充分，是否有必要追加审计程序。

2. 复核审计工作底稿

会计师事务所应当建立完善的审计工作底稿分级复核制度。对审计工作底稿的复核可分为项目组内部复核和项目质量控制复核两个层次。

（1）项目组内部复核

项目组内部复核又分为两个层次：项目负责经理的现场复核和项目合伙人的复核。

① 项目负责经理的现场复核。由项目负责经理对审计工作底稿的复核属于第一级复核。该级复核通常在审计现场完成，以便及时发现和解决问题，争取审计工作的主动。

② 项目合伙人的复核。项目合伙人对审计工作底稿实施复核是项目组内部最高级别的复核。该复核既是对项目负责经理复核的再监督，也是对重要审计事项的把关。根据审计准则的规定，项目合伙人应当对会计师事务所分派的每项审计业务的总体质量负责；项目合伙人应当对项目组按照会计师事务所复核政策和程序实施的复核负责。

③ 项目组内部复核的执行。审计项目复核贯穿审计全过程，随着审计工作的开展，复核人员在审计计划阶段、执行阶段和完成阶段及时复核相应的工作底稿。例如，在审计计划阶段复核记录审计策略和审计计划的工作底稿，在审计执行阶段复核记录控制测试和实质性程序的工作底稿，在审计完成阶段复核记录重大事项、审计调整及未更正错报的工作底稿等。

（2）独立的项目质量控制复核

项目质量控制复核是指在出具报告前，对项目组做出的重大判断和在准备报告时形成的结论做出客观评价的过程，也称独立复核。质量控制准则规定，会计师事务所应当制定政策和程序，要求对特定业务（包括所有上市实体财务报表审计）实施项目质量控制复核，以客观评价项目组做出的重大判断以及在编制报告时得出的结论。

① 质量控制复核人员。会计师事务所在确定质量控制复核人员的资格要求时，需要充分考虑质量控制复核工作的重要性和复杂性，安排经验丰富的注册会计师担任项目质量控制复核人员，例如，有一定执业经验的合伙人，或专门负责质量控制复核的注册会计师等。

② 质量控制复核的执行。审计准则规定，只有完成了项目质量控制复核，才能签署审计报告。项目质量控制复核人员在业务过程中的适当阶段及时实施项目质量控制复核，有助于重大事项在审计报告日之前得到迅速、满意的解决。注册会计师要考虑在审计过程与项目质量控制复核人员积极协调配合，使其能够及时实施项目质量控制复核，而非在出具审计报告前才实施项目质量控制复核。例如，在审计计划阶段，项目质量控制复核人员复核项目组对会计师事务所独立性的评价、项目组在制定审计策略和审计计划时做出的重大判断及发现的重大事项等。

（四）评价独立性和道德问题

项目合伙人应当考虑项目组成员是否遵守职业道德规范，在整个审计过程中对项目组成员违反职业道德规范的迹象保持警惕，并就审计业务的独立性是否得到遵守形成结论。在签署审计报告前，项目合伙人应确信，审计过程中产生的所有独立性和道德问题已经得到圆满解决，并与审计准则和职业道德守则的独立性要求一致。

（五）获取管理层书面声明

书面声明，是指管理层向注册会计师提供的书面陈述，用以确认某些事项或支持其他审计证据。书面声明不包括财务报表及其认定，以及支持性账簿和相关记录。

书面声明是注册会计师在财务报表审计中需要获取的必要信息，是审计证据的重要来源。如果管理层修改书面声明的内容或不提供注册会计师要求的书面声明，可能使注册会计师警觉存在重大问题的可能性。而且，在很多情况下，要求管理层提供书面声明而非口头声明，可以促使管理层更加认真地考虑声明所涉及的事项，从而提高声明的质量。

尽管书面声明提供了必要的审计证据，但其本身并不为所涉及的任何事项提供充分、适当的审计证据。而且，管理层已提供可靠书面声明的事实，并不影响注册会计师就管理层责任履行情况或具体认定获取的其他审计证据的性质和范围。

注册会计师应当要求管理层就下列事项提供书面声明：①按照审计业务约定条款，已向注册会计师提供所有相关信息，并允许注册会计师不受限制地接触所有相关信息以及被审计单位内部人员和其他相关人员；②所有交易均已记录并反映在财务报表中。

如果未从管理层获取其确认已履行责任的书面声明，注册会计师在审计过程中获取的有关管理层已履行这些责任的其他审计证据是不充分的。这是因为，仅凭其他审计证据不能判断管理层是否在认可并理解其责任的基础上，编制和列报财务报表并向注册会计师提供了相关信息。

书面声明的日期应当尽量接近对财务报表出具审计报告的日期，但不得在审计报告日后。书面声明应当涵盖审计报告针对的所有财务报表和期间。由于书面声明是必要的审计证据，在管理层签署书面声明前，注册会计师不能发表审计意见，也不能签署审计报告。而且，由于注册会计师关注截止审计报告日发生的、可能需要在财务报表中做出相应调整或披露的事项，书面声明的日期应当尽量接近对财务报表出具审计报告的日期，但不得在其之后。

如果注册会计师认为管理层书面声明不可靠，或者管理层不提供有关事项的书面声明，则注册会计师无法获取充分、适当的审计证据，这对财务报表的影响可能是广泛的，并不局限于财务报表的特定要素、账户或项目。在这种情况下，注册会计师需要对财务报表发表无法表示意见。

12

（六）正式签发审计报告

确保审计工作完成后，撰写审计总结，完成审计工作完成情况核对表，正式签发审计报告。

试一试

下列工作中，属于审计完成阶段的是（   ）。
A. 对内部控制进行控制测试
B. 对账户余额进行实质性测试
C. 风险评估程序
D. 复核财务报表和审计工作底稿

三、编写审计报告

（一）审计报告的含义和作用

审计报告是指注册会计师根据审计准则的规定，在执行审计工作的基础上，对财务报表发表审计意见的书面文件。

审计报告是注册会计师在完成审计工作后向授权者或委托者提供的最终产品，是评价被审计单位财务情况合法性和公允性的重要工具，也是表明注册会计师完成了审计任务并愿意承担审计责任的证明文件。因此，注册会计师必须慎重对待审计报告，对审计报告的真实性、合法性负责，如实反映审计的范围、审计的依据、实施的审计程序和应发表的审计意见。编写审计报告是审计过程中极为重要的一个环节。审计报告的编写和出具对于反映审计意见、证明审计事项、体现审计质量和效果等均具有重要的意义。

注册会计师签发的审计报告，主要具有鉴证、保护和证明三方面的作用。

1. 鉴证

注册会计师签发的审计报告，不同于政府审计和内部审计的审计报告，是以超然独立的第三者身份，对被审计单位财务报表合法性、公允性发表意见。这种意见，具有鉴证作用，得到了政府及其各部门和社会各界的普遍认可。政府有关部门，如财政部门、税务部门等了解、掌握企业的财务状况和经营成果的主要依据是企业提供的财务报表。财务报表是否合法、公允，主要依据注册会计师的审计报告做出判断。股份制企业的股东，主要依据注册会计师的审计报告来判断被投资企业的财务报表是否公允地反映了财务状况和经营成果，以进行投资决策。

2. 保护

注册会计师通过审计，可以对被审计单位财务报表出具不同类型审计意见的审计报告，以提高或降低财务报表使用者对财务报表的信赖程度，能够在一定程度上对被审计单位的财产、债权人和股东的权益及企业利害关系人的利益起到保护作用。如投资者为了降低投资风险，在进行投资之前，需要查阅被投资企业的财务报表和注册会计师的审计报告，了解被投资企业的经营情况和财务状况。投资者根据注册会计师的审计报告做出投资决策，可以降低其投资风险。

3. 证明

审计报告是对注册会计师审计任务完成情况及其结果所做的总结，它可以表明审计工作的质量并明确注册会计师的审计责任。因此，审计报告可以对审计工作质量和注册会计师的审计责任起证明作用。审计报告，可以证明注册会计师在审计过程中是否实施了必要的审计程序，是否以审计工作底稿为依据发表审计意见，发表的审计意见是否与被审计单位的实际情况相一致，审计工作的质量是否符合要求。审计报告，可以证明注册会计师对审计责任的履行情况。

（二）审计报告的要素

审计报告的内容因不同的审计主体、审计目的、审计对象和审计报告的读者等而不同。一般来说，审计报告主要包括文字、报表和其他三部分内容。文字部分主要说明审计过程、审计结论、审计建议等，这是审计报告的主体部分。报表部分主要包括已审的财务报表或其他能对审计事项进行说明的附表。其他部分是对文字部分的补充和说明。审计报告的要素如下。

1. 标题

审计报告的标题应当统一规范为"审计报告"。

2. 收件人

审计报告的收件人是指注册会计师按照业务约定书的要求致送审计报告的对象，一般是指审计业务的委托人。审计报告的收件人应当载明收件人的全称。对于股份有限公司，审计报告的收件人一般可用"××股份有限公司全体股东"；对于有限责任公司，收件人可用"××有限责任公司董事会"。

3. 审计意见

审计意见部分由两部分构成。第一部分指出已审计财务报表，应当包括下列方面。

（1）指出被审计单位的名称。

（2）说明财务报表已经审计。

（3）指出构成整套财务报表的每一财务报表的名称。

（4）提及财务报表附注。

（5）指明构成整套财务报表的每一财务报表的日期或涵盖的期间。

第二部分应当说明注册会计师发表的审计意见。审计意见应说明下列内容。

（1）财务报表是否按照适用的会计准则和相关会计制度的规定编制。

（2）财务报表是否在所有重大方面公允反映了被审计单位的财务状况、经营成果和现金流量。

因此，注册会计师完成审计工作，获取了充分、适当的审计证据，应当就上述内容对财务报表发表审计意见。

4. 形成审计意见的基础

审计报告应当包含标题为"形成审计意见的基础"的部分。该部分提供关于审计意见的重要背景，应当紧接在审计意见部分之后，并包括下列方面。

（1）说明注册会计师按照审计准则的规定执行了审计工作。

（2）提及审计报告中用于描述审计准则规定的注册会计师责任的部分。

（3）声明注册会计师按照与审计相关的职业道德要求对被审计单位保持了独立性，并履行了职业道德方面的其他责任。声明中应当指明适用的职业道德要求，如中国注册会计师职业道德守则。

（4）说明注册会计师是否相信获取的审计证据是充分、适当的，为发表审计意见提供了基础。

5. 管理层对财务报表的责任段

审计报告应当包含标题为"管理层对财务报表的责任"的部分，用以描述被审计单位中负责编制财务报表的人员的责任。其中应当说明管理层负责下列方面。

（1）按照适用的财务报告编制基础编制财务报表，使其实现公允反映；并设计、执行和维护必要的内部控制，以使财务报表不存在舞弊或错误导致的重大错报。

（2）评估被审计单位的持续经营能力和使用持续经营假设是否适当，并披露与持续经营相关的事项（如适用）。对管理层评估责任的说明应当包括描述在何种情况下使用持续经营假设是恰当的。

6. 注册会计师的责任段

审计报告应当包含标题为"注册会计师对财务报表审计的责任"的部分，其中应包括下列内容。

12

（1）说明注册会计师的目标是对财务报表整体是否不存在舞弊或错误导致的重大错报获取合理保证，并出具包含审计意见的审计报告。

（2）说明合理保证是高水平的保证，但按照审计准则执行的审计并不能保证一定会发现存在的重大错报。

（3）说明错报可能由舞弊或错误导致。在说明错报可能由舞弊或错误导致时，注册会计师应当从下列两种做法中选择一种。

① 描述如果合理预期错报单独或汇总起来可能影响财务报表使用者依据财务报表做出的经济决策，则通常认为错报是重大的。

② 根据适用的财务报告编制基础，提供关于重要性的定义或描述。

（4）说明在按照审计准则执行审计工作的过程中，注册会计师运用职业判断，并保持职业怀疑。

（5）通过说明注册会计师的责任，对审计工作进行描述。

7. 按照相关法律法规的要求报告的事项（如适用）

如果注册会计师在对财务报表出具的审计报告中履行其他报告责任，应当在审计报告中将其单独作为一部分，并以"按照相关法律法规的要求报告的事项"为标题。此时，审计报告应当区分为"对财务报表出具的审计报告"和"按照相关法律法规的要求报告的事项"两部分，以便将其同注册会计师的财务报表报告责任明确区分。在另外一些情况下，相关法律法规可能要求或允许注册会计师在单独出具的报告中进行报告。

8. 注册会计师的签名和盖章

审计报告应当由项目合伙人和另一名负责该项目的注册会计师签名和盖章。在审计报告中指明项目合伙人有助于进一步增强对审计报告使用者的透明度，有利于增强项目合伙人的个人责任感。因此，对上市实体整套通用目的财务报表出具的审计报告应当注明项目合伙人。

9. 会计师事务所的名称、地址及盖章

根据《中华人民共和国注册会计师法》的规定，注册会计师承办业务，应由其所在会计师事务所统一受理并与委托人签订委托合同。因此，审计报告除了应由注册会计师签名盖章外，还应载明会计师事务所的名称和地址，并加盖会计师事务所公章。

注册会计师在审计报告中载明会计师事务所地址时标明会计师事务所所在的城市即可。在实务中，审计报告通常载于会计师事务所统一印刷的、标有该所详细通信地址的信笺上，因此，无须在审计报告中注明详细地址。

10. 报告日期

审计报告应当注明报告日期。审计报告的日期不应早于注册会计师获取充分、适当的审计证据（包括管理层认可对财务报表的责任且已批准财务报表的证据），并在此基础上对财务报表形成审计意见的日期。注册会计师在确定审计报告日期时应当考虑：①应当实施的审计程序已经完成；②应当提请被审计单位调整的事项已经提出，被审计单位已经做出调整或拒绝做出调整；③管理层已经正式签署财务报表。

审计报告的日期向审计报告使用者表明，注册会计师已考虑其知悉的、截至审计报告日发生的事项和交易的影响。注册会计师对审计报告日后发生的事项和交易的责任，在《中国注册会计师审计准则第 1332 号——期后事项》中做出了规定。因此，审计报告的日期非常重要。注册会计师对不同时段的财务报表期后事项有着不同的责任，而审计报告的日期是划分时段的关键时点。在审计实务中，注册会计师在正式签署审计报告前，通常把审计报告草稿和已审计财务报表草稿一同提交给管理层。如果管理层批准并签署已审计财务报表，注册会计师即可签署审计报告。注册会计师签署审计报告的日期通常与管理层签署已审计财务报表的日期为同一天，或者晚于管理

层签署已审计财务报表的日期。

11. 关键审计事项（上市实体整套通用目的财务报表审计报告）

关键审计事项，是指注册会计师根据职业判断认为对当期财务报表审计最为重要的事项。在审计报告中沟通关键审计事项，可以提高已执行审计工作的透明度，从而提高审计报告的决策相关性和有用性。沟通关键审计事项还能够为财务报表使用者提供额外的信息，以帮助其了解被审计单位、已审计财务报表中涉及重大管理层判断的领域，以及注册会计师根据职业判断认为对当期财务报表审计最为重要的事项。沟通关键审计事项，还能够为财务报表预期使用者就与被审计单位、已审计财务报表或已执行审计工作相关的事项进一步与管理层和治理层沟通提供基础。在某些情况下，关键审计事项可能涉及某些敏感信息，沟通这些信息可能为被审计单位带来较为严重的负面影响，法律法规也可能禁止公开披露某事项，此时注册会计师可以不在审计报告中沟通关键审计事项。

关键审计事项不是必需的，《中国注册会计师审计准则第 1504 号——在审计报告中沟通关键审计事项》要求注册会计师在上市实体整套通用目的财务报表审计报告中增加关键审计事项部分，用于沟通关键审计事项。为达到突出关键审计事项的目的，注册会计师应当在审计报告中单设一部分，以"关键审计事项"为标题，并在该部分使用恰当的子标题逐项描述关键审计事项。

> **试一试**
>
> 审计报告的基本要素不包括（　　　）。
>
> A. 审计意见 　　　　　　　　　B. 管理层对财务报表责任段
> C. 注册会计师责任段 　　　　　D. 强调事项段

（三）审计报告的类型

注册会计师的目标是在评价根据审计证据得出的结论的基础上，对财务报表形成审计意见，并通过书面报告的形式清楚地表达审计意见。

如果认为财务报表在所有重大方面按照适用的财务报告编制基础编制并实现公允反映，注册会计师应当发表无保留意见。当存在下列情形之一时，注册会计师应当在审计报告中发表非无保留意见：①根据获取的审计证据，得出财务报表整体存在重大错报的结论；②无法获取充分、适当的审计证据，不能得出财务报表整体不存在重大错报的结论。

审计意见的基本类型如图 12-2 所示。

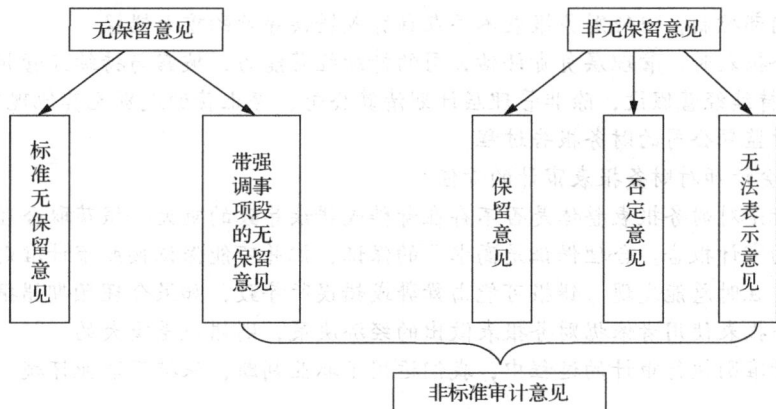

图 12-2　审计意见的基本类型

1. 无保留意见

如果认为财务报表符合下列所有条件，注册会计师应当出具无保留意见的审计报告。

（1）财务报表已经按照适用的会计准则和相关会计制度的规定编制，在所有重大方面公允反映了被审计单位的财务状况、经营成果和现金流量。

（2）注册会计师已经按照《中国注册会计师审计准则》的规定计划和实施审计工作，在审计过程中未受到限制。

当出具无保留意见的审计报告时，注册会计师应当以"我们认为"作为意见段的开头，并使用"在所有重大方面""公允反映"等术语。对上市实体整套财务报表审计出具的无保留意见审计报告参考格式如下。

审计报告

ABC 股份有限公司全体股东：

一、对财务报表审计的报告

（一）审计意见

我们审计了 ABC 股份有限公司（以下简称 ABC 公司）财务报表，包括 20×1 年 12 月 31 日的资产负债表，20×1 年度的利润表、现金流量表、所有者权益变动表以及财务报表附注。

我们认为，后附的财务报表在所有重大方面按照《企业会计准则》的规定编制，公允反映了公司 20×1 年 12 月 31 日的财务状况以及 20×1 年度的经营成果和现金流量。

（二）形成审计意见的基础

我们按照《中国注册会计师审计准则》的规定执行了审计工作。审计报告的"注册会计师对财务报表审计的责任"部分进一步阐述了我们在这些准则下的责任。按照中国注册会计师职业道德守则，我们独立于公司，并履行了职业道德方面的其他责任。我们相信，我们获取的审计证据是充分、适当的，为发表审计意见提供了基础。

（三）关键审计事项

关键审计事项是根据我们的职业判断，认为对本期财务报表审计最为重要的事项。这些事项是在对财务报表整体进行审计并形成意见的背景下进行处理的，我们不对这些事项提供单独的意见。

（按照《中国注册会计师审计准则第 1504 号——在审计报告中沟通关键审计事项》的规定描述每一关键审计事项。）

（四）管理层和治理层对财务报表的责任

管理层负责按照《企业会计准则》的规定编制财务报表，使其实现公允反映，并设计、执行和维护必要的内部控制，以使财务报表不存在舞弊或错误导致的重大错报。

在编制财务报表时，管理层负责评估公司的持续经营能力，披露与持续经营相关的事项（如适用），并运用持续经营假设，除非管理层计划清算公司、停止营运或别无其他现实的选择。

治理层负责监督公司的财务报告过程。

（五）注册会计师对财务报表审计的责任

我们的目标是对财务报表整体是否不存在舞弊或错误导致的重大错报获取合理保证，并出具包含审计意见的审计报告。合理保证是高水平的保证，但并不能保证按照审计准则执行的审计在某一重大错报存在时总能发现。错报可能由舞弊或错误所导致，如果合理预期错报单独或汇总起来可能影响财务报表使用者依据财务报表做出的经济决策，则错报是重大的。

在按照审计准则执行审计的过程中，我们运用了职业判断，保持了职业怀疑。我们同时开展以下工作。

（1）识别和评估舞弊或错误导致的财务报表重大错报风险；对这些风险有针对性地设计和实

施审计程序；获取充分、适当的审计证据，作为发表审计意见的基础。由于舞弊可能涉及串通、伪造、故意遗漏、虚假陈述或凌驾于内部控制之上，未能发现舞弊导致的重大错报的风险高于未能发现错误导致的重大错报的风险。

（2）了解与审计相关的内部控制，以设计恰当的审计程序，但目的并非对内部控制的有效性发表意见。

（3）评价管理层选用会计政策的恰当性和做出会计估计及相关披露的合理性。

（4）对管理层使用持续经营假设的恰当性得出结论。同时，基于所获取的审计证据，对是否存在与事项或情况相关的重大不确定性，从而可能导致对公司的持续经营能力产生重大疑虑得出结论。如果我们得出结论认为存在重大不确定性，审计准则要求我们在审计报告中提请报告使用者注意财务报表中的相关披露；如果披露不充分，我们应当发表非无保留意见。我们的结论基于审计报告日可获得的信息。然而，未来的事项或情况可能导致公司不能持续经营。

（5）评价财务报表的总体列报、结构和内容（包括披露），并评价财务报表是否公允反映交易和事项。

除其他事项外，我们与治理层就计划的审计范围、时间安排和重大审计发现（包括我们在审计中识别的值得关注的内部控制缺陷）进行沟通。

从与治理层沟通的事项中，我们确定哪些事项对当期财务报表审计最为重要，因而构成关键审计事项。我们在审计报告中描述这些事项，除非法律法规不允许公开披露这些事项，或在极其罕见的情形下，如果合理预期在审计报告中沟通某事项造成的负面后果超过产生的公众利益方面的益处，我们确定不应在审计报告中沟通该事项。

二、按照相关法律法规的要求报告的事项

（本部分的格式和内容，取决于法律法规对其他报告责任的性质的规定。）

××会计师事务所　　　　　　　　　　　中国注册会计师：×××（项目合伙人）

（盖章）　　　　　　　　　　　　　　　　　（签名并盖章）

　　　　　　　　　　　　　　　　　　　中国注册会计师：×××

中国××市　　　　　　　　　　　　　　　（签名并盖章）

　　　　　　　　　　　　　　　　　　　20×2年×月×日

2. 非无保留意见

非无保留意见，是指对财务报表发表的保留意见、否定意见或无法表示意见。表12-6列示了注册会计师对导致发表非无保留意见事项的性质和这些事项对财务报表产生或可能产生影响的广泛性做出的判断，以及注册会计师的判断对审计意见类型的影响。

表12-6　　　　　　　　　导致非无保留意见事项的性质与审计意见类型的关系

导致发表非无保留意见事项的性质	这些事项对财务报表产生或可能产生影响的广泛性	
	重大但不具有广泛性	重大且具有广泛性
财务报表存在重大错报	保留意见	否定意见
无法获取充分、适当的审计证据	保留意见	无法表示意见

（1）保留意见。

如果认为财务报表整体是公允的，但还存在下列情形之一，注册会计师应当出具保留意见的审计报告。

① 在获取充分、适当的审计证据后，注册会计师认为错报单独或汇总起来对财务报表影响更大，但不具有广泛性。

12

② 注册会计师无法获取充分、适当的审计证据以作为形成审计意见的基础，但认为未发现的错报（如存在）对财务报表可能产生的影响重大，但不具有广泛性。

当出具保留意见的审计报告时，注册会计师应当在审计意见段中使用"除……的影响外"等术语。如果因审计范围受到限制，注册会计师还应当在注册会计师的责任段中提及这一情况。对上市实体整套财务报表审计出具的保留意见审计报告（财务报表存在重大错报）的参考格式如下。

审计报告

ABC 股份有限公司全体股东：

一、对财务报表审计的报告

（一）保留意见

我们审计了 ABC 股份有限公司（以下简称 ABC 公司）财务报表，包括 20×1 年 12 月 31 日的资产负债表，20×1 年度的利润表、现金流量表、所有者权益变动表以及财务报表附注。

我们认为，除"形成保留意见的基础"部分所述事项产生的影响外，后附的财务报表在所有重大方面按照《企业会计准则》的规定编制，公允反映了 ABC 公司 20×1 年 12 月 31 日的财务状况以及 20×1 年度的经营成果和现金流量。

（二）形成保留意见的基础

ABC 公司 20×1 年 12 月 31 日资产负债表中存货的列示金额为×元。管理层根据成本对存货进行计量，而没有根据成本与可变现净值孰低的原则进行计量，这不符合《企业会计准则》的规定。公司的会计记录显示，如果管理层以成本与可变现净值孰低来计量存货，存货列示金额将减少×元。相应地，资产减值损失将增加×元，所得税、净利润和股东权益将分别减少×元、×元和×元。

我们按照《中国注册会计师审计准则》的规定执行了审计工作。审计报告的"注册会计师对财务报表审计的责任"部分进一步阐述了我们在这些准则下的责任。按照中国注册会计师职业道德守则，我们独立于 ABC 公司，并履行了职业道德方面的其他责任。我们相信，我们获取的审计证据是充分、适当的，为发表保留意见提供了基础。

（三）关键审计事项

关键审计事项是根据我们的职业判断，认为对本期财务报表审计最为重要的事项。这些事项是在对财务报表整体进行审计并形成意见的背景下进行处理的，我们不对这些事项提供单独的意见。除"形成保留意见的基础"部分所述事项外，我们确定下列事项是需要在审计报告中沟通的关键审计事项。

（按照《中国注册会计师审计准则第 1504 号——在审计报告中沟通关键审计事项》的规定描述每一关键审计事项。）

（四）管理层和治理层对财务报表的责任

（略）

（五）注册会计师对财务报表审计的责任

（略）

二、按照相关法律法规的要求报告的事项

（略）

××会计师事务所　　　　　　　　　　　中国注册会计师：×××（项目合伙人）

（盖章）　　　　　　　　　　　　　　　（签名并盖章）

　　　　　　　　　　　　　　　　　　　中国注册会计师：×××

中国××市　　　　　　　　　　　　　　（签名并盖章）

　　　　　　　　　　　　　　　　　　　20×2 年×月×日

（2）否定意见。

在获取充分、适当的审计证据后，如果认为错报单独或汇总起来对财务报表的影响重大且具有广泛性，注册会计师应当发表否定意见。

当发表否定意见时，注册会计师应当根据适用的财务报告编制基础在审计意见段中说明：注册会计师认为，由于导致否定意见的事项段所述事项的重要性，财务报表没有在所有重大方面按照适用的财务报告编制基础编制，未能实现公允反映。对上市实体整套财务报表审计出具的否定意见审计报告的参考格式如下。

审计报告

ABC 股份有限公司全体股东：

一、对财务报表审计的报告

（一）否定意见

我们审计了 ABC 股份有限公司（以下简称 ABC 公司）财务报表，包括20×1年12月31日的资产负债表，20×1年度的利润表、现金流量表、所有者权益变动表以及财务报表附注。

我们认为，由于"形成否定意见的基础"段所述事项的重要性，后附的财务报表没有在所有重大方面按照《企业会计准则》的规定编制，未能公允反映 ABC 公司及其子公司20×1年12月31日的财务状况以及20×1年度的经营成果和现金流量。

（二）形成否定意见的基础

如财务报表附注×所述，ABC 公司的长期股权投资未按《企业会计准则》的规定采用权益法核算。如果按权益法核算，ABC 公司的长期投资账面价值将减少×万元，净利润将减少×万元，从而导致 ABC 公司由盈利×万元变为亏损×万元。

我们按照《中国注册会计师审计准则》的规定执行了审计工作。审计报告的"注册会计师对财务报表审计的责任"部分进一步阐述了我们在这些准则下的责任。按照中国注册会计师职业道德守则，我们独立于 ABC 公司，并履行了职业道德方面的其他责任。我们相信，我们获取的审计证据是充分、适当的，为发表否定意见提供了基础。

（三）关键审计事项

关键审计事项是根据我们的职业判断，认为对本期财务报表审计最为重要的事项。这些事项是在对财务报表整体进行审计并形成意见的背景下进行处理的，我们不对这些事项提供单独的意见。除"形成否定意见的基础"部分所述事项外，我们确定下列事项是需要在审计报告中沟通的关键审计事项。

（按照《中国注册会计师审计准则第1504号——在审计报告中沟通关键审计事项》的规定描述每一关键审计事项。）

（四）管理层和治理层对财务报表的责任

（略）

（五）注册会计师对财务报表审计的责任

（略）

二、按照相关法律法规的要求报告的事项

（略）

××会计师事务所　　　　　　　　　　　　　中国注册会计师：×××（项目合伙人）

（盖章）　　　　　　　　　　　　　　　　　　（签名并盖章）

　　　　　　　　　　　　　　　　　　　　　中国注册会计师：×××

　　　　　　　　　　　　　　　　　　　　　　（签名并盖章）

中国××市　　　　　　　　　　　　　　　　20×2年×月×日

12

（3）无法表示意见。

如果无法获取充分、适当的审计证据以作为形成审计意见的基础，但认为未发现的错报（如存在）对财务报表可能产生的影响重大且具有广泛性，注册会计师应当发表无法表示意见的审计报告。在极其特殊的情况下，可能存在多个不确定事项，即使注册会计师对每个单独的不确定事项获取了充分、适当的审计证据，但由于不确定事项之间可能存在相互影响，以及可能对财务报表产生累积影响，注册会计师不可能对财务报表形成审计意见。在这种情况下，注册会计师应当发表无法表示意见的审计报告。

当由于无法获取充分、适当的审计证据而发表无法表示意见的审计报告时，注册会计师应当在审计意见段中说明：由于导致无法表示意见的事项段所述事项的重要性，注册会计师无法获取充分、适当的审计证据以为发表审计意见提供基础，因此注册会计师不对这些财务报表发表审计意见。对上市实体整套财务报表审计出具的无法表示意见审计报告的参考格式如下。

审计报告

ABC 股份有限公司全体股东：

一、对财务报表审计的报告

（一）无法表示意见

我们接受委托，审计 ABC 股份有限公司（以下简称 ABC 公司）财务报表，包括 20×1 年 12 月 31 日的资产负债表，20×1 年度的利润表、现金流量表、所有者权益变动表以及财务报表附注。

我们不对后附的 ABC 公司财务报表发表审计意见。由于"形成无法表示意见的基础"部分所述事项的重要性，我们无法获取充分、适当的审计证据以作为对财务报表发表审计意见的基础。

（二）形成无法表示意见的基础

我们于 20×2 年 1 月接受 ABC 公司的审计委托，因而未能对 ABC 公司 20×1 年初金额为×元的存货和年末金额为×元的存货实施监盘程序。此外，我们也无法实施替代审计程序获取充分、适当的审计证据。因此，我们无法确定是否有必要对存货以及财务报表其他项目做出调整，也无法确定应调整的金额。

（三）管理层和治理层对财务报表的责任

（略）

（四）注册会计师对财务报表审计的责任

我们的责任是按照《中国注册会计师审计准则》的规定，对 ABC 公司的财务报表执行审计工作，以出具审计报告。但由于"形成无法表示意见的基础"部分所述的事项，我们无法获取充分、适当的审计证据以作为发表审计意见的基础。

按照中国注册会计师职业道德守则，我们独立于 ABC 公司，并履行了职业道德方面的其他责任。

二、按照相关法律法规的要求报告的事项

（略）

××会计师事务所　　　　　　　　　　中国注册会计师：×××（项目合伙人）
（盖章）　　　　　　　　　　　　　　（签名并盖章）

　　　　　　　　　　　　　　　　　　中国注册会计师：×××
　　　　　　　　　　　　　　　　　　（签名并盖章）

中国××市　　　　　　　　　　　　　20×2 年×月×日

试一试

无法表示意见和保留意见的区别在于（　　）。
A. 拒绝进行调整金额的大小
B. 拒用会计政策的严重程度
C. 会计估计的不合理性
D. 注册会计师审计范围受到限制的严重程度

3. 在审计报告中增加强调事项段或其他事项段

（1）强调事项段。

审计报告的强调事项段是指审计报告中含有的一个段落，该段落提及已在财务报表中恰当列报或披露的事项，根据注册会计师的职业判断，该事项对财务报表使用者理解财务报表至关重要。

带强调事项无保留意见审计报告

如果认为有必要提醒财务报表使用者关注已在财务报表中列报或披露，且根据职业判断认为对财务报表使用者理解财务报表至关重要的事项，在同时满足下列条件时，注册会计师应当在审计报告中增加以下强调事项段。

① 该事项不会导致注册会计师发表非无保留意见。

② 该事项未被确定为审计报告中沟通的关键审计事项。某一事项如果确定为关键审计事项，根据注册会计师的职业判断，可能对财务报表使用者理解财务报表至关重要。该事项在关键审计事项部分列报，可以使该事项的列报更为突出，或在关键审计事项的描述中增加额外信息，以指明该事项对财务报表使用者理解财务报表的重要程度。某一事项可能未被确定为关键审计事项，但根据注册会计师的判断，其对财务报表使用者理解财务报表至关重要（例如期后事项）。如果注册会计师认为有必要提请财务报表使用者关注该事项，根据审计准则的规定，该事项将包含在审计报告的强调事项段中。

某些审计准则对特定情况下在审计报告中增加强调事项段提出具体要求，这些情形包括以下几个方面。

① 法律法规规定的财务报告编制基础不可接受，但其是由法律或法规做出的规定。

② 提醒财务报表使用者注意财务报表按照特殊目的编制基础编制。

③ 注册会计师在审计报告日后知悉了某些事实（即期后事项），并且出具了新的审计报告或修改了审计报告。

除上述审计准则要求增加强调事项的情形外，注册会计师可能认为需要增加强调事项段的情形举例如下。

① 异常诉讼或监管行动的未来结果存在不确定性。

② 提前应用（在允许的情况下）对财务报表有广泛影响的新会计准则。

③ 存在已经或持续对被审计单位财务状况产生重大影响的特大灾难。

强调事项段的过多使用会降低注册会计师沟通所强调事项的有效性。此外，与财务报表中的列报或披露相比，在强调事项段中包括过多的信息，可能隐含着这些事项未被恰当列报或披露。因此，强调事项段应当仅提及已在财务报表中列报或披露的信息。

如果在审计报告中增加强调事项段，注册会计师应当采取下列措施。

① 将强调事项段作为单独的一部分置于审计报告中，并使用包含"强调事项"这一术语的适当标题。

② 明确提及被强调事项以及相关披露的位置，以便能够在财务报表中找到对该事项的详细描述。强调事项段应当仅提及已在财务报表中列报或披露的信息。

12

③ 指出审计意见没有因该强调事项而改变。

增加强调事项段是为了提醒财务报表使用者关注某些事项，并不影响注册会计师的审计意见，为了使财务报表使用者明确这一点，注册会计师应当在强调事项段中指明，该段内容仅用于提醒财务报表使用者关注，并不影响已发表的审计意见。

对非上市实体整套财务报表审计出具的带强调事项段的保留意见审计报告参考格式如下。

审计报告

ABC 股份有限公司全体股东：

一、对财务报表审计的报告

（一）保留意见

我们审计了 ABC 股份有限公司（以下简称 ABC 公司）财务报表，包括20×1年12月31日的资产负债表，20×1年度的利润表、现金流量表、所有者权益变动表以及财务报表附注。

我们认为，除"形成保留意见的基础"部分所述事项产生的影响外，后附的财务报表在所有重大方面按照《企业会计准则》的规定编制，公允反映了 ABC 公司20×1年12月31日的财务状况以及20×1年度的经营成果和现金流量。

（二）形成保留意见的基础

ABC 公司20×1年12月31日资产负债表中列示的以公允价值计量且其变动计入当期损益的金融资产为×元，管理层对这些金融资产未按照公允价值进行后续计量，而是按照其历史成本进行计量，这不符合企业会计准则的规定。如果按照公允价值进行后续计量，ABC 公司20×1年度利润表中公允价值变动损益将减少×元，20×1年12月31日资产负债表中以公允价值计量且其变动计入当期损益的金融资产将减少×元。相应地，所得税、净利润和股东权益将分别减少×元、×元和×元。

我们按照《中国注册会计师审计准则》的规定执行了审计工作。审计报告的"注册会计师对财务报表审计的责任"部分进一步阐述了我们在这些准则下的责任。按照中国注册会计师职业道德守则，我们独立于 ABC 公司，并履行了职业道德方面的其他责任。我们相信，我们获取的审计证据是充分、适当的，为发表保留意见提供了基础。

（三）强调事项——火灾的影响

我们提醒财务报表使用者关注，财务报表附注×描述了火灾对 ABC 公司的生产设备造成的影响。本段内容不影响已发表的审计意见。

（四）管理层和治理层对财务报表的责任

（略）

（五）注册会计师对财务报表审计的责任

（略）

二、按照相关法律法规的要求报告的事项

（略）

××会计师事务所　　　　　　　　　　中国注册会计师：×××（项目合伙人）

（盖章）　　　　　　　　　　　　　　（签名并盖章）

　　　　　　　　　　　　　　　　　中国注册会计师：×××

　　　　　　　　　　　　　　　　　（签名并盖章）

中国××市　　　　　　　　　　　　20×2年×月×日

试一试

关于审计报告的强调事项段，下列说法中正确的是（　　　）。

A. 只在无保留意见的审计报告中出现

    B.　强调事项段的内容可能会影响已发表的审计意见

    C.　强调事项段的内容仅用于引起财务报表使用者的关注

    D.　强调事项段一般在意见段之后，有时也可以在意见段之前

（2）其他事项段。

其他事项段是指审计报告中含有的一个段落，该段落提及未在财务报表中列报或披露的事项，根据注册会计师的职业判断，该事项与财务报表使用者理解审计工作、注册会计师的责任或审计报告相关。

如果认为有必要沟通虽然未在财务报表中列报或披露，但根据职业判断认为与财务报表使用者理解审计工作、注册会计师的责任或审计报告相关的事项，在同时满足下列条件时，注册会计师应当在审计报告中增加其他事项段。

① 未被法律法规禁止。

② 该事项未被确定为在审计报告中沟通的关键审计事项。

具体来说，需要在审计报告中增加其他事项段的情形包括以下几个方面。

① 与使用者理解审计工作相关的情形。

② 与使用者理解注册会计师的责任或审计报告相关的情形。

③ 对两套以上财务报表出具审计报告的情形。

④ 限制审计报告分发和使用的情形。

需要注意的是，其他事项段的内容明确反映了未被要求在财务报表中列报或披露的其他事项。其他事项段不包括法律法规或其他职业准则禁止注册会计师提供的信息。其他事项段也不包括要求管理层提供的信息。

如果在审计报告中包含其他事项段，注册会计师应当将该段落作为单独的一部分，并使用"其他事项"或其他适当标题。对非上市实体整套财务报表审计出具的带其他事项段的无保留意见审计报告参考格式如下。

审计报告

ABC 股份有限公司全体股东：

一、对财务报表审计的报告

（一）审计意见

我们审计了 ABC 股份有限公司（以下简称 ABC 公司）财务报表，包括 20×1 年 12 月 31 日的资产负债表，20×1 年度的利润表、现金流量表、所有者权益变动表以及财务报表附注。

我们认为，后附的财务报表在所有重大方面按照《企业会计准则》的规定编制，公允反映了 ABC 公司 20×1 年 12 月 31 日的财务状况以及 20×1 年度的经营成果和现金流量。

（二）形成审计意见的基础

我们按照《中国注册会计师审计准则》的规定执行了审计工作。审计报告的"注册会计师对财务报表审计的责任"部分进一步阐述了我们在这些准则下的责任。按照中国注册会计师职业道德守则，我们独立于 ABC 公司，并履行了职业道德方面的其他责任。我们相信，我们获取的审计证据是充分、适当的，为发表保留意见提供了基础。

（三）其他事项

20×0 年 12 月 31 日的资产负债表，20×0 年度的利润表、现金流量表、所有者权益变动表以及财务报表附注由其他会计师事务所审计，并于 20×1 年 3 月 31 日发表了无保留意见。

（四）管理层和治理层对财务报表的责任

（略）

12

（五）注册会计师对财务报表审计的责任

（略）

二、按照相关法律法规的要求报告的事项

（略）

××会计师事务所　　　　　　　　　　中国注册会计师：×××（项目合伙人）

（盖章）　　　　　　　　　　　　　　（签名并盖章）

　　　　　　　　　　　　　　　　　　中国注册会计师：×××

中国××市　　　　　　　　　　　　　（签名并盖章）

　　　　　　　　　　　　　　　　　　20×2年×月×日

（3）与治理层的沟通。

如果拟在审计报告中增加强调事项段或其他事项段，注册会计师应当就该事项和拟使用的措辞与治理层沟通。

与治理层的沟通能使治理层了解注册会计师拟在审计报告中所强调的特定事项的性质，并在必要时为治理层提供向注册会计师做出进一步澄清的机会。当然，当审计报告中针对某一特定事项增加其他事项段在连续审计业务中重复出现时，注册会计师可能认为没有必要在每次审计业务中重复沟通。

【例12-2】中华会计师事务所接受委托，于2021年3月28日在现场结束对亚新有限责任公司（以下简称亚新公司）2020年度财务报表的审计。亚新公司的总资产为8 000万元，总负债为5 600万元，利润总额为200万元。在审计计划中，项目负责人、注册会计师王旭将财务报表层的重要性水平定为总资产的0.5%，主任会计师在复核审计工作底稿时，注意到以下事项。

（1）亚新公司长期股权投资中，有向境外子公司的投资额100万元，因受条件限制，注册会计师无法去现场审计，所发出的询证函也没有回音。

（2）亚新公司于2020年6月发生一起赔偿诉讼案，被索赔总额500万元，2021年2月23日，法院判决公司须赔偿原告方450万元，对此，亚新公司已计提420万元的其他应付款，并已在2020年报表附注中披露，注册会计师建议调整借记营业外支出30万元，贷记其他应付款30万元，亚新公司予以拒绝。

（3）2021年1月20日，亚新公司仓库发生严重火灾，因火灾造成部分原材料毁损200万元，公司于当月按规定进行了相应的会计处理。

（4）亚新公司以其已在年末进行盘点为由，拒绝王旭等人对其公司价值5 000万元的存货进行监盘。

要求：分别就上述4个事项，考虑重要性水平，说明注册会计师应发表的审计意见类型，并简要说明理由。

解析：首先，确定该笔审计业务适用的重要性水平：重要性=8 000×0.5%=40（万元）

其次，根据重要性水平，判断审计意见类型。

事项（1），应发表保留意见。因审计范围受到限制，无法获得充分的审计证据，虽影响重大，但不至于发表无法表示意见。

事项（2），应发表无保留意见。错报金额小于重要性水平，可发表无保留意见。

事项（3），应发表带强调事项的无保留意见。因存在对持续经营能力产生重大影响的事项，但不影响审计意见类型，所以发表带强调事项段的无保留意见。

事项（4），应发表无法表示意见。审计范围受到重大限制，对财务报表可能产生的影响重大且具有广泛性，应发表无法表示意见。

四、审计档案归档与保管

（一）审计档案的结构

对每项具体审计业务，注册会计师应当将审计工作底稿归整为审计档案。以下是典型的审计档案结构。

1. 沟通和报告相关工作底稿

（1）审计报告和经审计的财务报表。

（2）与主审注册会计师的沟通和报告。

（3）与治理层的沟通和报告。

（4）与管理层的沟通和报告。

（5）管理建议书。

审计档案的归档

2. 审计完成阶段工作底稿

（1）审计工作完成情况核对表。

（2）管理层声明书原件。

（3）重大事项概要。

（4）错报汇总表。

（5）被审计单位财务报表和试算平衡表。

（6）有关列报的工作底稿（如现金流量表、关联方和关联交易的披露等）。

（7）财务报表所属期间的董事会会议纪要。

（8）总结会议纪要。

3. 审计计划阶段工作底稿

（1）总体审计策略和具体审计计划。

（2）对内部审计职能的评价。

（3）对外部专家的评价。

（4）对服务机构的评价。

（5）被审计单位提交资料清单。

（6）集团注册会计师的指示。

（7）前期审计报告和经审计的财务报表。

（8）预备会议纪要。

4. 特定项目审计程序表

（1）舞弊。

（2）持续经营。

（3）对法律法规的考虑。

（4）关联方。

5. 进一步审计程序工作底稿

（1）有关控制测试工作底稿。

（2）有关实质性程序工作底稿（包括实质性分析程序和细节测试）。

（二）审计档案的归档

在审计报告日后将审计工作底稿归整为最终审计档案是一项事务性的工作，不涉及实施新的

12

审计程序或得出新的结论。注册会计师应当按照会计师事务所质量控制政策和程序的规定，及时将审计工作底稿归整为最终审计档案。

注册会计师应当按照会计师事务所质量控制政策和程序的规定，及时将审计工作底稿归整为最终审计档案。审计工作底稿的归档期限为审计报告日后 60 天内。如果注册会计师未能完成审计业务，审计工作底稿的归档期为审计业务中止后的 60 天内。

如果在归档期间对审计工作底稿做出的变动属于事务性的，注册会计师可以做出变动，主要包括以下几点。

（1）删除或废弃被取代的审计工作底稿。

（2）对审计工作底稿进行分类、整理和交叉索引。

（3）对审计档案归整工作的完成核对表签字认可。

（4）记录在审计报告日前获取的、与项目组成员进行讨论并达成一致意见的审计证据。

（三）审计档案的保管

会计师事务所应当自审计报告日起，对审计工作底稿至少保存 10 年。如果注册会计师未能完成审计业务，会计师事务所应当自审计业务中止日起，对审计工作底稿至少保存 10 年。

在完成最终审计档案的归整后，注册会计师不应在规定的保存期限届满前删除或废弃任何性质的审计工作底稿。需要变动审计工作底稿的情形如下。

（1）注册会计师已实施了必要的审计程序，取得了充分、适当的审计证据并得出了恰当的审计结论，但审计工作底稿的记录不够充分。

（2）审计报告日后，发现例外情况要求注册会计师实施新的或追加审计程序，或导致注册会计师得出新的结论。例外情况主要是指审计报告日后发现与已审计财务信息相关，且在审计报告日已经存在的事实，该事实如果被注册会计师在审计报告日前获知，可能影响审计报告。例如，注册会计师在审计报告日后才获知法院在审计报告日前已对被审计单位的诉讼赔偿事项做出最终判决结果。

在完成最终审计档案的归整工作后，如果发现有必要修改现有审计工作底稿或增加新的审计工作底稿，无论修改或增加的性质如何，注册会计师均应记录下列事项。

（1）修改或增加审计工作底稿的理由。

（2）修改或增加审计工作底稿的时间和人员，以及复核的时间和人员。

【例 12-3】2021 年 2 月 15 日，信诚会计师事务所完成了对立新股份有限公司 2020 年度财务报表的审计工作。注册会计师王芳安排助理人员对立新股份有限公司审计工作的档案进行整理。

要求： 立新股份有限公司 2020 年度财务报表审计的审计档案应如何归档和保管？

解析： 审计工作底稿归档期限应为审计报告日后 60 天内，信诚会计师事务所应当在 2021 年 4 月 16 日前对立新股份有限公司审计工作底稿进行归档。审计档案归档后，信诚会计师事务所应保存立新股份有限公司审计档案至 2031 年 2 月 15 日。

试一试

在归整或保存审计工作底稿时，下列表述中正确的是（   ）。

A. 在完成最终审计档案的归整工作以后，不得修改现有审计工作底稿

B. 在完成最终审计档案的归整工作以后，不得增加新的审计工作底稿

C. 如果未能完成审计业务，会计师事务所应当自审计报告之日起，对审计工作底稿至少保存 10 年

D. 如果未能完成审计业务，会计师事务所应当自审计业务中止日起，对审计工作底稿至少保存 10 年

项目实施

首先，注册会计师根据所发现的情况，提出了以下审计调整意见。下列分录中单位为万元。

（1）补提坏账准备14万元。调整分录为：

借：信用减值损失   140 000

  贷：坏账准备   140 000

说明：调整后使资产负债表中的"应收账款"减少14万元，超过了应收账款的重要性水平；同时利润表中的"信用减值损失"增加14万元，"利润总额"减少14万元。

（2）无法支付的应付账款应计入营业外收入，而不能计入资本公积。调整分录为：

借：资本公积——其他资本公积   100 000

  贷：营业外收入——无法支付的应付款项 100 000

说明：调整后使资产负债表中的"资本公积"减少10万元，超过了资本公积的重要性水平；同时利润表中的"营业外收入"增加10万元，"利润总额"增加10万元。

（3）因无望再收到所需的C公司产品，故应将"预付账款——C公司"科目的1万元转入"其他应收款——C公司"科目，并补提坏账准备。调整分录为：

借：其他应收款——C公司   10 000

  贷：预付账款——C公司   10 000

对于"预付账款——D公司"科目的-2万元，应进行重分类调整。调整分录为：

借：预付账款——D公司   20 000

  贷：应付账款——D公司   20 000

（4）应当补提固定资产折旧48万元，调整分录为：

借：管理费用——折旧费   480 000

  贷：累计折旧   480 000

说明：上述调整使"累计折旧"增加48万元，超过了累计折旧的重要性水平；同时使"管理费用"增加48万元，利润表中"利润总额"减少48万元。

（5）经过上述（1）、（2）、（4）调整后，立华股份有限公司2020年度利润总额减少52万元。相应地，应当调整所得税和利润分配项目。

调整所得税：（-14+10-48）×25%=-13（万元）。

借：应交税费——应交所得税   130 000

  贷：所得税费用   130 000

调整盈余公积：（-14+10-48）×（1-25%）×10%=3.9（万元）。

借：盈余公积——法定盈余公积   39 000

  贷：利润分配——未分配利润   39 000

然后，将发现问题进行分类汇总，填制账项调整分录汇总表（见表 12-7）、重分类调整分录汇总表（见表 12-8）与未更正错报汇总表（见表 12-9）。

表12-7   账项调整分录汇总表   单位：万元

序号	内容及说明	索引号	调整内容				影响利润表 +（-）	影响资产负债表+（-）
			借方项目	借方金额	贷方项目	贷方金额		
1			信用减值损失	14	坏账准备	14	-14	-14

续表

序号	内容及说明	索引号	调整内容 借方项目	借方金额	贷方项目	贷方金额	影响利润表+（－）	影响资产负债表+（－）
2			资本公积	10	营业外收入	10	10	-10
3			管理费用	48	累计折旧	48	-48	-48
4			应交税费	13	所得税费用	13	13	13
5			盈余公积	3.9	利润分配	3.9		

表12-8　　　　重分类调整分录汇总表　　　　单位：万元

序号	内容及说明	索引号	调整项目和金额 借方项目	借方金额	贷方项目	贷方金额
1			预付账款	2	应付账款	2

表12-9　　　　未更正错报汇总表　　　　单位：万元

序号	内容及说明	索引号	未调整内容 借方项目	借方金额	贷方项目	贷方金额	备注
1			其他应收款	1	预付账款	1	

如果立华股份有限公司接受了注册会计师所有的调整意见，注册会计师认为调整后的财务报表在所有重大方面按照适用的财务报告编制基础编制并实现公允反映，因此信永会计师事务所可以为立华股份有限公司出具以下的审计报告。

审计报告

立华股份有限公司全体股东：

一、对财务报表审计的报告

（一）审计意见

我们审计了立华股份有限公司（以下简称立华公司）财务报表，包括2020年12月31日的资产负债表，2020年度的利润表、现金流量表、所有者权益变动表以及财务报表附注。

我们认为，后附的财务报表在所有重大方面按照《企业会计准则》的规定编制，公允反映了公司2020年12月31日的财务状况以及2020年度的经营成果和现金流量。

（二）形成审计意见的基础

我们按照《中国注册会计师审计准则》的规定执行了审计工作。审计报告的"注册会计师对财务报表审计的责任"部分进一步阐述了我们在这些准则下的责任。按照中国注册会计师职业道德守则，我们独立于公司，并履行了职业道德方面的其他责任。我们相信，我们获取的审计证据是充分、适当的，为发表审计意见提供了基础。

（三）管理层和治理层对财务报表的责任

管理层负责按照《企业会计准则》的规定编制财务报表，使其实现公允反映，并设计、执行和维护必要的内部控制，以使财务报表不存在舞弊或错误导致的重大错报。

在编制财务报表时，管理层负责评估公司的持续经营能力，披露与持续经营相关的事项（如适用），并运用持续经营假设，除非管理层计划清算公司、停止营运或别无其他现实的选择。

治理层负责监督公司的财务报告过程。

（四）注册会计师对财务报表审计的责任

我们的目标是对财务报表整体是否不存在舞弊或错误导致的重大错报获取合理保证，并出具包含审计意见的审计报告。合理保证是高水平的保证，但并不能保证按照审计准则执行的审计在某一重大错报存在时总能发现。错报可能由舞弊或错误所导致，如果合理预期错报单独或汇总起来可能影响财务报表使用者依据财务报表做出的经济决策，则错报是重大的。

在按照审计准则执行审计的过程中，我们运用了职业判断，保持了职业怀疑。我们同时开展以下工作。

（1）识别和评估舞弊或错误导致的财务报表重大错报风险；对这些风险有针对性地设计和实施审计程序；获取充分、适当的审计证据，作为发表审计意见的基础。由于舞弊可能涉及串通、伪造、故意遗漏、虚假陈述或凌驾于内部控制之上，未能发现舞弊导致的重大错报的风险高于未能发现错误导致的重大错报的风险。

（2）了解与审计相关的内部控制，以设计恰当的审计程序，但目的并非对内部控制的有效性发表意见。

（3）评价管理层选用会计政策的恰当性和做出会计估计及相关披露的合理性。

（4）对管理层使用持续经营假设的恰当性得出结论。同时，基于所获取的审计证据，对是否存在与事项或情况相关的重大不确定性，从而可能导致对公司的持续经营能力产生重大疑虑得出结论。如果我们得出结论认为存在重大不确定性，审计准则要求我们在审计报告中提请报告使用者注意财务报表中的相关披露；如果披露不充分，我们应当发表非无保留意见。我们的结论基于审计报告日可获得的信息。然而，未来的事项或情况可能导致公司不能持续经营。

（5）评价财务报表的总体列报、结构和内容（包括披露），并评价财务报表是否公允反映交易和事项。

除其他事项外，我们与治理层就计划的审计范围、时间安排和重大审计发现（包括我们在审计中识别的值得关注的内部控制缺陷）进行沟通。

从与治理层沟通的事项中，我们确定哪些事项对当期财务报表审计最为重要，因而构成关键审计事项。我们在审计报告中描述这些事项，除非法律法规不允许公开披露这些事项，或在极其罕见的情形下，如果合理预期在审计报告中沟通某事项造成的负面后果超过产生的公众利益方面的益处，我们确定不应在审计报告中沟通该事项。

二、按照相关法律法规的要求报告的事项

（略）

信永会计师事务所   中国注册会计师：赵磊

（盖章）

              中国注册会计师：张伟

中国济南市

              2021 年 2 月 18 日

视野拓展

对"万福生科"财务造假的反思

万福生科全称为万福生科（湖南）农业开发股份有限公司（股票代码300268），成立于2003

年，2009 年完成股份制改造，2011 年 9 月在深圳证券交易所挂牌上市。2012 年 8 月，湖南证监局在对万福生科的例行检查中偶然发现两套账本，万福生科财务造假问题便由此浮现。截止到 2013 年 5 月，证监会对该造假案件的行政调查已终结。调查结果显示，一方面，万福生科涉嫌欺诈发行股票和违法信息披露。万福生科在上市前的 2008 至 2010 年累计虚增销售收入约 46 000 万元，虚增营业利润约 11 298 万元；上市后披露的 2011 年年报和 2012 年半年报累计虚增销售收入 44 500 万元，虚增营业利润 10 070 万元，同时隐瞒重大停产事项。另一方面，相关中介机构未能勤勉尽责。保荐机构平安证券、审计机构中磊会计师事务所和法律服务机构湖南博鳌律师事务所在相关业务过程中未能保持应有的谨慎性和独立性，出具的报告存在虚假记载。

根据《证券法》等相关法律的规定，证监会责令万福生科改正违法行为，给予警告，并处以 30 万元罚款；因其相关行为涉嫌犯罪，证监会已将万福生科董事长龚永福和财务总监移送公安机关追究刑事责任；对三家中介机构处以"没一罚二"的行政处罚，暂停平安证券保荐机构资格 3 个月，撤销平安证券和中磊会计师事务所证券服务业务许可，不接受湖南博鳌律师事务所 12 个月内出具的证券发行专项文件；同时对相关责任人采取警告、罚款和终身证券市场禁入措施。

每当发生重大造假案，广大投资者总是会在网上写下"血泪追问"：为什么某些上市公司明火执仗做大盗无人阻挡？为什么它们居然能够长期逍遥法外，骗走无数金钱？这除了制度有待完善的原因之外，资本市场从业人员整体素质有待提高也是原因之一。为了识破和战胜财务造假行为，我们需要成熟的制度和资本市场，更需要成熟的资本市场从业人员。一方面，要加强以诚信为目标的会计人员、审计人员和保荐代理人职业道德建设，必须多管齐下，开展全方位、多形式、多渠道的职业教育，逐步培养职业道德情感，树立职业道德观念，提高职业道德水平。另一方面，要提升相关中介人员如审计人员和保荐代理人等的专业胜任能力。由于现代审计的复杂性、财务造假手段的隐蔽性，审计人员和保荐代理人的专业胜任能力至关重要。在对万福生科的审计过程中，如果审计人员具有扎实的工程管理专业知识，或许可避免审计疏漏。因此，只有提升审计人员的专业胜任能力，才能切实提高审计质量，防范财务造假。

练习与实训

一、单项选择题

1. 注册会计师出具保留意见的审计报告时，需要在（   ）解释出具该意见类型的理由。
   A. 形成保留意见的基础段　　　　　B. 财务报表附注
   C. 注册会计师责任段　　　　　　　D. 意见段

2. 如果实施相关审计程序后无法获取有关期初余额的充分、适当的审计证据，注册会计师应当出具（   ）的审计报告。
   A. 无保留意见加强调事项段　　　　B. 保留意见
   C. 无法表示意见　　　　　　　　　D. 保留意见或无法表示意见

3. 在意见段中使用了"除上述待定问题的影响外"的术语，这种审计报告是（   ）。
   A. 无保留意见审计报告　　　　　　B. 保留意见审计报告
   C. 否定意见审计报告　　　　　　　D. 无法表示意见审计报告

4. （   ）情况下，注册会计师应该出具带有强调事项段的无保留意见审计报告。
   A. 注册会计师认为被审计单位编制财务报表所依据的持续经营假设是合理的，但存在可能导致对其持续经营能力产生重大疑虑的事项，管理层已经在财务报表中做了适当披露
   B. 重要报表项目的披露不符合国家颁布的《企业会计准则》和相关会计制度的规定

C. 重要会计政策的选用不符合国家颁布的《企业会计准则》和相关会计制度的规定

D. 审计范围受到严重限制，无法取得充分、适当的审计证据

5. 注册会计师应将（　　　）附于审计报告后。

A. 股东大会决议　　　B. 已审计的财务报表　C. 董事会决议　　　D. 监事会决议

6. 注册会计师的审计报告的主要作用是（　　　）。

A. 检查　　　　　　B. 评价　　　　　　C. 监督　　　　　　D. 鉴证

7. 由于（　　　），注册会计师将极有可能出具无法表示意见的审计报告。

A. 可能对财务报表产生重大影响，但被审计单位进行了恰当的处理

B. 重要信息披露不充分

C. 客户施加的范围限制

D. 子公司的其他注册会计师发表了保留意见

8. 审计工作底稿的归档期限为（　　　）。

A. 财务报表报出日前 60 日内　　　　　　B. 审计报告日前 60 日内

C. 财务报表报出日后 60 日内　　　　　　D. 审计报告日后 60 日内

9. 审计报告收件人是（　　　）。

A. 审计业务的委托者　　　　　　　　　B. 审计报告的使用者

C. 被审计单位　　　　　　　　　　　　D. 证券监管部门

10. 下列专用术语表明发表的审计意见是否定意见的是（　　　）。

A. 由于上述问题造成的重大影响　　　　B. 除上述问题造成的影响以外

C. 除存在上述问题以外　　　　　　　　D. 由于无法获取必要的审计证据

二、多项选择题

1. 审计意见的基本类型包括（　　　）。

A. 无保留意见　　　B. 保留意见　　　C. 否定意见　　　D. 无法表示意见

2. 期初余额审计的目标有（　　　）。

A. 证实期初余额不存在对本期财务报表产生重大影响的错报

B. 证实上期期末余额已正确结转至本期

C. 证实被审计单位一贯运用恰当的会计政策

D. 确认前任注册会计师审计意见是否恰当

3. 下列应当出现在否定意见审计报告中的措辞有（　　　）。

A. 除……的影响外　　　　　　　　　　B. 由于上述问题造成的重大影响

C. 鉴于上述事实　　　　　　　　　　　D. 由于受到前段所述事项的重大影响

4. 如果需要修改已审计财务报表而被审计单位拒绝修改，注册会计师应当出具（　　　）的审计报告。

A. 带强调事项的无保留意见　　　　　　B. 保留意见

C. 否定意见　　　　　　　　　　　　　D. 无法表示意见

5. 注册会计师应当出具保留意见审计报告的情况有（　　　）。

A. 财务报表没有按照适用的会计准则和相关会计制度的规定编制，虽影响重大，但不至于出具否定意见的审计报告

B. 审计范围受到限制，虽影响重大，但不至于出具无法表示意见的审计报告

C. 财务报表没有按照适用的会计准则和相关会计制度的规定编制

D. 审计范围受到限制

12

6. 审计报告的基本内容包括（　　　）。

A. 意见段
B. 形成审计意见的基础
C. 强调事项段
D. 管理层对财务报表责任段

7. 审计报告的意见段应当包括（　　　）。

A. 已审财务报表的名称
B. 注册会计师的审计责任
C. 管理层对财务报表的会计责任
D. 财务报表附注

8. 审计工作底稿的复核人可以是（　　　）。

A. 审计项目负责人或项目经理
B. 项目合伙人
C. 专家或业务助理人员
D. 专职独立的质量控制复核人员

9. 在审计报告日后至财务报表报出日前，如果知悉可能对财务报表产生重大影响的事实，注册会计师应当考虑是否需要修改财务报表，同时根据情况采取适当措施，措施包括（　　　）。

A. 如果管理层修改了财务报表，注册会计师应当根据具体情况实施必要的审计程序，并针对修改后的财务报表出具新的审计报告

B. 如果注册会计师认为应当修改财务报表而管理层没有修改，并且审计报告尚未提交给被审计单位，注册会计师应当出具保留意见或否定意见的审计报告

C. 如果注册会计师认为应当修改财务报表而管理层没有修改，并且审计报告已提交给被审计单位，注册会计师应当通知治理层不要将财务报表和审计报告向第三方报出

D. 如果财务报表仍被报出，注册会计师应采取措施防止报表使用者信赖该审计报告

10. 如果注册会计师首次接受委托，按照规定对存货实施了一定的审计程序，仍不能获得有关期初存货余额充分、适当的审计证据，应出具的审计意见有（　　　）。

A. 无保留意见　　B. 保留意见　　C. 否定意见　　D. 无法表示意见

三、判断题

1. 如果被审计单位管理当局拒绝在管理层声明书上签名，注册会计师应当考虑签发保留意见或无法表示意见的审计报告。　　　　　　　　　　　　　　　（　　）

2. 审计报告的收件人是指注册会计师按照业务约定书的要求致送审计报告的对象，可以用全称也可以用简称。　　　　　　　　　　　　　　　　　　（　　）

3. 审计报告的语言表达要准确无误，不能出现类似"可能""大概""也许""应该是"等模糊词语使报告使用者产生误解。　　　　　　　　　　　　　　（　　）

4. 如果审计范围受到严重限制，无法取得充分、适当的审计证据，注册会计师应当考虑出具否定意见的审计报告。　　　　　　　　　　　　　　　（　　）

5. 如果认为财务报表整体是公允的，但因审计范围受到限制不能获取充分、适当的审计证据，虽影响重大但不至于出具无法表示意见的审计报告，则应出具保留意见的审计报告。（　　）

6. 对于审计档案，会计师事务所应当从已审财务报表年末日起至少保存10年。（　　）

7. 在审计报告中增加的强调事项段是提醒财务报表使用者关注某些事项，如果强调事项非常重要则会影响发表的审计意见。　　　　　　　　　　　　（　　）

8. 正确区分资产负债表日后调整和非调整的期后事项，关键在于正确确定期后事项主要情况出现的时间。　　　　　　　　　　　　　　　　　　　（　　）

9. 如果上期财务报表是由其他会计师事务所审计的，注册会计师在审计本期财务报表时对期初余额不负任何责任，也无须考虑其对审计意见类型的影响。　　　　　（　　）

10. 注册会计师执业过程中发现无法胜任此项工作，那么应出示拒绝表示意见的审计报告。（　　）

四、实训题

1. 公开发行股票上市的甲股份有限公司（以下简称"甲公司"）系 ABC 会计师事务所的常年审计客户。A 和 B 注册会计师负责对甲公司 2020 年度财务报表进行审计，确定财务报表层次的重要性水平为 200 万元。其他相关资料如下。

甲公司未经审计的 2020 年度财务报表部分项目的年末余额或年度发生额如表 12-10 所示。

表 12-10　　　　　　　　　　　　　　报表项目资料　　　　　　　　　　　　　单位：万元

项目	2020 年度年末余额或年度发生额
资产总额	90 000
营业收入	60 000
利润总额	3 000
净利润	2 500

注册会计师 A、B 于 2021 年 3 月 28 日完成了对甲公司 2020 年度财务报表的实地审计工作，现在正草拟审计报告。在复核审计工作底稿的过程中注意到以下事项。

（1）甲公司的海外子公司（其利润占总利润的 55%）由其他注册会计师审计，注册会计师以审计问卷的方式商请其他注册会计师答复，没有获得回复。

（2）甲公司管理部门 2018 年 12 月购入一台机器设备，该设备预计使用 6 年，按照直线法计提折旧，每年折旧额是 5 万元；2020 年 1 月 10 日停止使用，考虑到该设备已停止使用，也从当月起对该设备停止计提折旧，甲公司未在财务报表附注中披露这一事项。

（3）甲公司于 2020 年 10 月销售一批 Y 产品，按规定在当月确定收入 9 000 万元，结转成本 6 400 万元。由于质量问题，该批产品于 2021 年 1 月 15 日退回。甲公司将该项销售退回事宜在 2020 年度合并财务报表附注的资产负债表日后事项部分披露为："本公司于 2020 年 10 月销售一批 Y 产品，按规定在当月确认收入 9 000 万元，结转成本 6 400 万元。由于质量问题，该批产品于 2021 年 1 月 15 日退回，本公司因此调整 2021 年 1 月的主营业务收入和主营业务成本。"

（4）自 2021 年 1 月后，甲公司拥有的 F 证券价格大幅度下跌，甲公司如果在 3 月 10 日将其拥有的 F 证券卖出，将导致 5 700 万元投资损失，甲公司已在 2020 年度财务报表附注中披露了这一事项。

（5）2020 年 12 月，甲公司购入 500 万元汽车电子仪表。2021 年 1 月 7 日，甲公司遭受水灾，导致该批仪表全部报废。甲公司对 2020 年度财务报表做如下调整：借记"资产减值损失"账户 500 万元，贷记"存货——存货跌价准备"账户 500 万元。

要求：（1）如果不考虑审计重要性水平，针对资料中事项（1）至事项（5），分别回答 A 和 B 注册会计师是否需要提出审计处理建议。

（2）如果考虑审计重要性水平，假定甲公司分别只存在 5 个事项中的 1 个事项，并且拒绝接受 A、B 注册会计师提出的审计处理建议（如果有），在不考虑其他条件的前提下，指出 A、B 注册会计师应当针对该 5 个独立存在的事项分别出具何种意见类型的审计报告。

2. 2021 年 3 月 15 日，信义会计师事务所 A 注册会计师完成了对佳成股份有限公司 2020 年年度报表的审计工作，4 月 1 日双方约定从下年起不再合作。2021 年 5 月 20 日，A 注册会计师意识到佳成股份有限公司存在舞弊行为，私下修改了部分审计工作底稿。2021 年 6 月 1 日，佳成股份有限公司财务舞弊案爆发，A 注册会计师擅自销毁了佳成股份有限公司审计工作底稿。

要求：（1）请确认佳成股份有限公司的审计档案应保存至什么时候。

（2）A 注册会计师私下修改、销毁审计工作底稿是否妥当，请简要说明理由。

12

参考文献

[1] 中国注册会计师协会. 注册会计师全国统一考试辅导教材：审计[M]. 北京：经济科学出版社，2020.

[2] 中华人民共和国财政部. 中国注册会计师执业准则2020[M]. 上海：立信会计出版社，2020.

[3] 中国注册会计师协会. 中国注册会计师执业准则应用指南2020[M]. 上海：立信会计出版社，2020.

[4] 中华人民共和国财政部. 企业会计准则2021年版[M]. 上海：立信会计出版社，2021.

[5] 中华人民共和国财政部. 企业会计准则应用指南2021年版[M]. 上海：立信会计出版社，2021.

[6] 秦荣生，卢春泉. 审计学[M]. 10版. 北京：中国人民大学出版社，2019.

[7] 朱荣恩，王英姿. 审计学[M]. 4版. 北京：高等教育出版社，2017.

[8] 刘明辉，史德刚. 审计[M]. 7版. 大连：东北财经大学出版社，2019.

[9] 宋常. 审计学[M]. 8版. 北京：中国人民大学出版社，2018.

[10] 丁瑞玲，吴溪. 审计学[M]. 6版. 北京：经济科学出版社，2018.